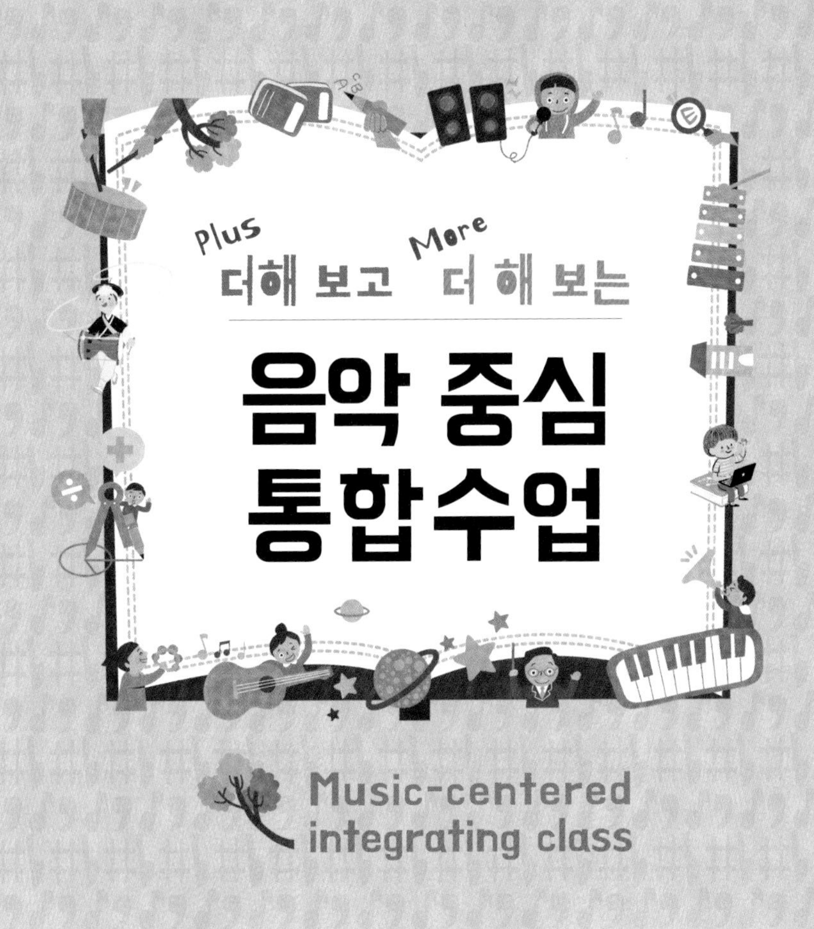

Plus 더해 보고 More 더 해 보는

음악 중심 통합수업

Music-centered integrating class

최은아 · 김경태 · 김성지 · 박은실 · 양병훈 · 조은숙 공저

임미경 감수

학지사

들어가는 말

모든 것은 연결되어 있다.
모든 길은 서로 만나고,
모든 강물은 같은 바다로 흘러간다.

- 파울로 코엘료

오늘날 현대 사회에서는 연결과 통합이 중요하게 부각되고 있다. 이러한 맥락에서 현행 교육과정 또한 다른 교과와 연계하여 통합적으로 접근하는 수업을 강조하고 있다. 그렇다면 교육과정에서 통합적으로 접근하는 수업이 강조되는 이유는 무엇인지, 무엇을 어떻게 통합해서 가르쳐야 하는지, 통합수업에서 각 교과의 위치는 어떻게 자리매김해야 하는지, 각 교과를 중심으로 한 통합수업은 어떻게 설계하고 실행해야 하는지에 대한 질문이 생겨난다.

이 책은 이와 같은 질문에서 출발하였으며, 음악과를 중심으로 통합수업 방안을 탐색하면서 그 답을 찾아가고자 한다.

왜 통합수업이 필요한가

'통합'이란 새롭게 만들어야 하는 무언가가 아니라 삶 자체의 속성을 근간으로 한다. 모든 길이 서로 이어져 있고, 모든 강물이 바다에서 만나듯 우리의 삶은 서로 연결되어 있다. 삶의 맥락에서 이루어지는 수업, 그리고 수업에서 다루는 각 교과의 지식과 기능 또한 서로 연결되어 있다. '통합'은 지식을 의미 있게 연결하는 하나의 방법으로, 통합적인 배움의 환경에서 좀 더 의미 있는 학습을 경험할 수 있으며 교과에 대한 이해, 나아가 세상에 대한 이해가 더욱 깊어질 수 있으리라 생각한다.

이러한 맥락에서 볼 때, 학생들이 각 교과의 연관성을 이해하고 교과 영역을 가로질러 지식을 통합하도록 돕는 것은 매우 중요하다. 무엇보다 삶에서 마주하게 되는 통합적이고 복합적인 문제들을 해결하기 위해서는 직면한 상황의 핵심 문제를 파악하고, 문제를 다양한 관점에서 바라보며 서로 다른 정보의 연관성을 찾아 창의적인 해결 방법을 찾을 수 있어야 한다. 특히 코로나19와 함께 가까이 다가온 인공지능 시대를 맞이하여 지식의 원리에 대한 이해를 바탕으로 창의적이면서 융합적으로 과제를 수행하는 능력은 매우 중요해지고 있다.

학생 중심 수업의 관점에서도 통합수업은 중요하다. 학생들은 핵심 개념을 중심으로 교과 내, 교과 간, 주제 중심 등의 통합수업에 참여하여 실제적이고 통합적인 지식을 가지게 될 뿐만 아니라, 자신의 선행지식을 사용하여 새로운 지식을 능동적으로 구성해 갈 수 있다. 더불어 전체를 조망할 수 있는 종합적인 사고력도 가질 수 있다.

학교 현장에서는 프로젝트 수업, 주제 중심 교육과정 재구성, STEAM 교육, 지속가능발전교육(ESD) 등 이미 다양한 이름과 형태로 통합교육이 이루어져 왔고, 다가오는 미래에는 실제적인 통합수업을 설계하고 실천할 수 있는 교사의 역량이 더욱 요구될 것이다.

무엇을, 어떻게 통합해야 하는가

수업에서 통합의 대상이나 수준, 정도와 유형은 매우 다양하다. 교육과정 수준에서부터 학습주제, 목표, 개념이나 원리, 내용, 활동, 자료 구성 등 각각의 수업 요소에 이르기까지, 또한 교과 내 통합에서 교과 간 통합, 초학문적 주제에 의한 통합에 이르기까지 통합의 실제 모습은 다양하게 나타날 수 있다. 따라서 통합수업을 설계할 때에는 우선 통합수업의 의도와 방향을 정한 후, 해당하는 수업 내용과 요소를 면밀히 탐색・분석하고, 알맞은 통합 수준과 방법을 선택해야 한다.

통합의 유형은 다음과 같이 구분할 수 있다.

첫째, '다학문적 통합' 유형은 서로 다른 학문의 독립성을 유지하면서, 특정 주제를 여러 학문의 입장에서 학습할 수 있도록 하는 방식이다. 학문 사이의 결합 정도는 상대적으로 약하지만, 개별 학문의 절차와 기능 등이 중심을 이루는 가운데 학문 간의 연관을 꾀함으로써 개별 학문의 내용을 더욱 의미 있게 이해하도록 할 수 있다.

둘째, '간학문적 통합' 유형은 둘 이상의 교과 및 지식의 경계를 중첩하여 통합하는 것이다. 여러 학문을 가로지르는 공통적 개념, 주제, 문제, 쟁점 등을 중심으로 교육과정을 편성하는 것이며, 이를 통해 새로운 통합적 이해에 도달할 수 있다.

셋째, '초학문적 통합' 유형은 교과 및 영역의 경계를 초월하여 통합하는 것이다. 실제적인 삶의 문제를 중심에 두고 각 교과의 핵심 개념을 하나의 실(thread)을 사용하여 엮는 것으로, 자신을 포함한 인간과 세상에 대한 보다 깊은 이해로 나아갈 수 있다.

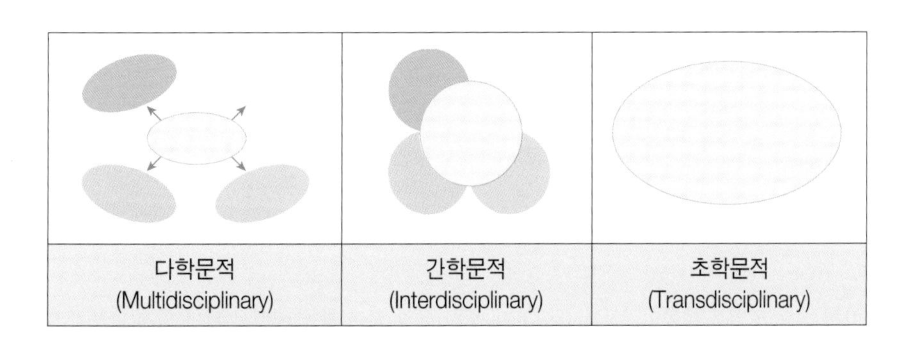

Let's Start, 음악 중심 통합수업!

다른 모든 교과와 같이 '음악 교과'는 통합수업으로 나아가는 하나의 길이고, 통합수업과 삶을 조망하는 하나의 렌즈이다. 따라서 음악 중심 통합수업을 위해서는 '음악'이라는 렌즈의 성능이 좋아야 한다. 이러한 관점에서 이 책은 음악과 각 영역의 지도법에 대한 이해를 바탕으로 통합의 범위를 확장하고자 하였으며, 크게 '음악 교과 내 통합수업'과 '음악 교과 중심의 교과 간 통합수업'의 두 부분으로 구성하였다.

제1부 음악 교과 안에서 수업 더하기에서는 '음악 교과 내 통합수업'에 대하여 다루었다. 일반적으로 음악 교과의 주요 활동 영역은 '노래 부르기' '악기 연주하기' '음악 만들기' '음악 감상하기'로 구분할 수 있으며, 각 영역의 통합적 접근을 통해 음악적 지식과 기능에 대한 배움을 심화할 수 있다. 이에 따라 여기에서는 먼저 각 활동 영역별 지도 방법에 대해 살펴본 후, 이를 바탕으로 '음악 교과 내 통합수업' 방안을 탐색한 사례를 소개하였다.[1]

한편, 코로나19 이후 활성화되고 있는 SMART 교육의 시대적 필요성을 반영하여, 디지털 매체를 활용한 음악수업 또는 온라인 음악수업 시 활용할 수 있는 다양한 앱, 프로그램 등을 각 영역별로 소개하였다.

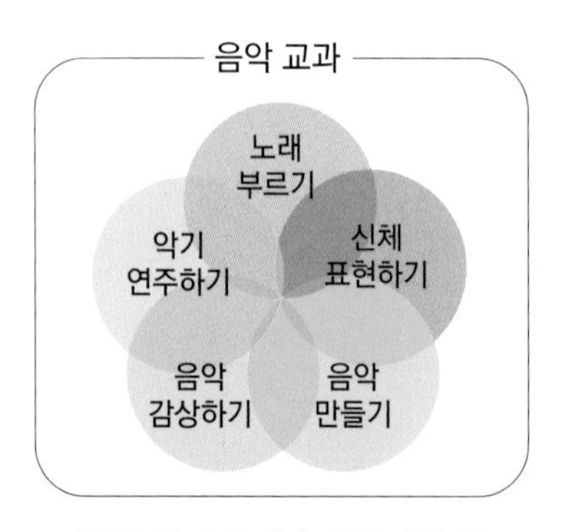

〈음악 교과 안에서 수업 더하기〉

1 네 가지 주요 영역과 더불어, '신체 표현하기' 또한 음악 교과 활동 내에서 의미 있게 다루는 영역이라 할 수 있다. 이를 고려해 통합수업 실제 사례에서는 '신체 표현하기'를 또 다른 하나의 영역으로 간주하여 함께 구성하고 제시하였다.

제2부 음악 교과를 넘어 수업 더하기에서는 '음악 교과 중심의 교과 간 통합수업'에 대하여 다루었다. 앞서 살펴보았듯 여러 교과를 통합하는 형태와 방법은 매우 다양한데, 여기에서는 두 가지 내용으로 나누어 제시해 보았다.

먼저, 다른 교과와 수업 더하기에서는 각 교과의 독립성을 존중하면서도 음악 교과와 서로 비슷한 개념 · 원리 · 내용 · 주제 · 분야를 연결시키는 '다학문적 통합', 그리고 각 교과의 경계를 허물고 음악 교과와 공통적인 개념 · 원리 · 내용 · 주제 · 분야를 중심으로 엮는 '간학문적 통합' 유형의 수업사례를 소개하였다.

다음으로, 주제를 중심으로 수업 더하기에서는 학습자의 삶 중심에서 특정 주제를 선정한 후 음악을 비롯한 여러 교과의 내용 · 지식을 보다 포괄적 · 융합적 · 종합적인 형태로 활용하는 '초학문적 통합' 유형의 수업사례로, '회복탄력성' '환경' '다문화' 등의 주제를 중심으로 수업사례를 소개하였다.

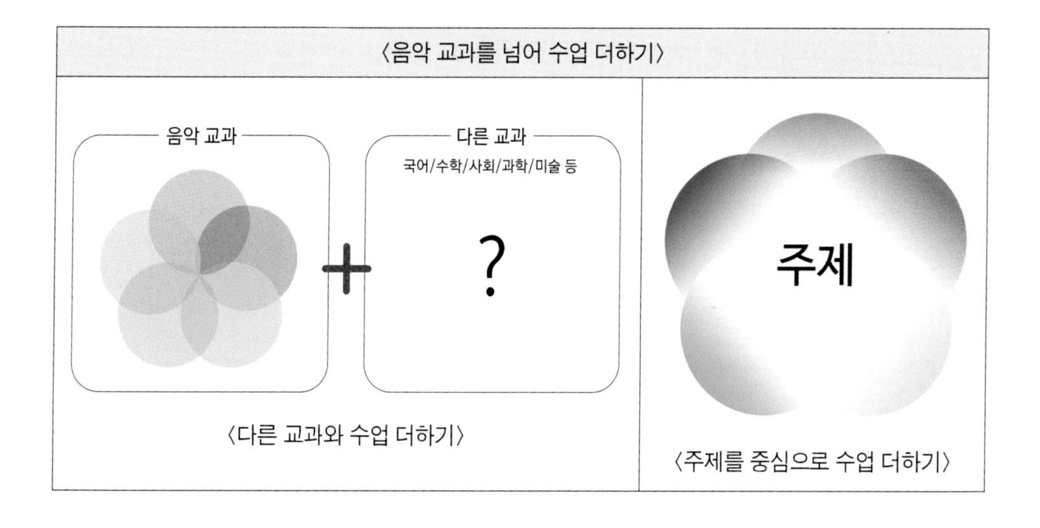

더해 보고(plus), 더 해 보는(more) 음악 중심 통합수업을 위하여

초등교사들은 여러 교과를 가르쳐야 한다. 여러 교과를 가르치는 것은 쉬운 일이 아니며, 더욱이 여러 교과에 대한 지식과 이해를 바탕으로 각각을 연계하여 가르치는 것은 꽤 어렵게 느껴지는 것이 사실이다. 그러나 앞서 말한 바와 같이 각 교과를 연계하여 가르치는 것은 시대적 요구라 할 수 있으며, 이를 위해서는 통합수업에 대한 접근 방법을 아는 것, 설계를 위한 안목을 형성하는 것이 필요하다.

이 책은 초등교사들이 이러한 안목을 갖고 더욱 쉽게, 구체적으로 음악 중심 통합수업을 설계하고 실행하는 데 도움이 되고자 하였다. 먼저, 음악 활동 영역별로 수업에서 필요한 지도 방법을 안내하였으며, 이를 토대로 '음악 교과 안에서' 그리고 '음악 교과를 넘어' 여러 내용과 활동을 더해 보고(plus), 더 많이(more) 실행하며 도전해 볼 수 있도록 다양하고 구체적인 수업안을 제시하였다.

저자들이 궁극적으로 지향하는 바는 어떠한 유형과 방법으로 통합을 하든, 음악 교과의 지식과 기능을 습득하는 것을 넘어 학생들의 총체적인 경험과 삶을 확장함으로써 실제 세상으로 한 걸음 더 나아가도록 이끄는 것이다. 이 책이 즐거움 속에서 배움이 일어나는 수업, 지식과 함께 의미를 발견하는 수업, 풍성하고 생기 있는 수업 등을 만들기 위해 지금도 노력하는 수많은 교사에게 작은 도움이 되길 바란다.

무엇보다 각 저자의 원고를 꼼꼼하게 읽어서 지도해 주시고, 길을 잃지 않도록 늘 방향을 잘 잡아 주신 임미경 교수님께 깊은 감사의 마음을 전해 드린다. 또한 이 책의 출판을 도와주신 학지사 김진환 사장님과 편집팀 여러분께도 깊이 감사드린다.

저자 일동

추천사

서구적 음악교수법이 우리나라 학술지에 처음으로 소개된 1971년의 인천교육대학교 『교육논총』 이후 40년이 지난 이때, 초등음악교육전공 박사들이 주축을 이루어 교육현장과 더 밀착되고 참신한 음악수업 방안들을 발표하게 되어 참으로 대견하고 의미 있다고 생각한다. 과반수의 필자가 교사경력 20년인 만큼 교육현장의 현실을 잘 알고 있어서 충분히 실현 가능한 수업방식들을 제시했으며 경력에서 나오는 재밌는 아이디어도 많이 보여 주고 있다.

이 책은 요즘의 대세인 융합교육과 스마트 기반의 음악수업을 특화하면서 다양한 교수법들(달크로즈, 코다이, 오르프, 포괄적 음악성 등등)이 음악활동들과 서로 어우러지고, 교과 간이나 주제 중심으로도 융합하며, 스마트폰이나 앱 프로그램, QR 코드를 활용한 신나는 활동들로도 가득하다.

학교교육 현직에 있으면서도 먼저 배운 자로서 도움을 주고자 매진한 결과인 이 책이 초등음악을 가르치는 교사들에게 흥미로운 수업 아이디어를 많이 얻어 가는 기회가 되기를 기원한다.

임미경(전주교육대학교 명예교수)

차례

제2장 악기 연주하기+α / 73

제3장 음악 만들기+α / 129

제2부

음악 교과를 넘어 수업 더하기

제5장 다른 교과와 수업 더하기 / 207

제6장 주제를 중심으로 수업 더하기 / 249

제1부

음악 교과 안에서 수업 더하기

제1장

노래 부르기 + α

Zoom in
노래 부르기 지도방법

| 김성지 · 조은숙 |

어린이들이 노래를 부르는 것은 말하는 것만큼이나 자연스러운 행위이다. 어린이들이 노는 모습을 관찰하다 보면 자신의 일상이나 느낌을 단순한 가락이나 리듬꼴로 반복적으로 흥얼거리거나 짧은 노래를 만들어 부르는 모습을 흔하게 접할 수 있다. 어린이들에게 노래는 행복, 사랑, 꿈, 기쁨, 슬픔 같은 다양한 감정이나 생활 모습을 드러내는 중요한 표현 방법인 것이다.

학교에서의 가창 지도 역시 학생들이 자연스럽고 편안하게 노래 부르고 생활 속에서 노래를 즐길 수 있도록 하는 데 목표를 두며, 이를 위해서는 다양한 전략과 자료를 활용한 통합적 지도가 필요하다. 학생들은 다양한 놀이와 움직임, 악기 연주, 신체표현, 춤, 창작활동 같은 흥미로운 활동과 함께 즐겁게 노래를 익히고 부르면서, 리듬, 가락, 형식 등의 음악적 개념들을 자연스럽게 배우고 다채로우면서도 의미 있는 음악적 경험을 만들어 나갈 수 있을 것이다.

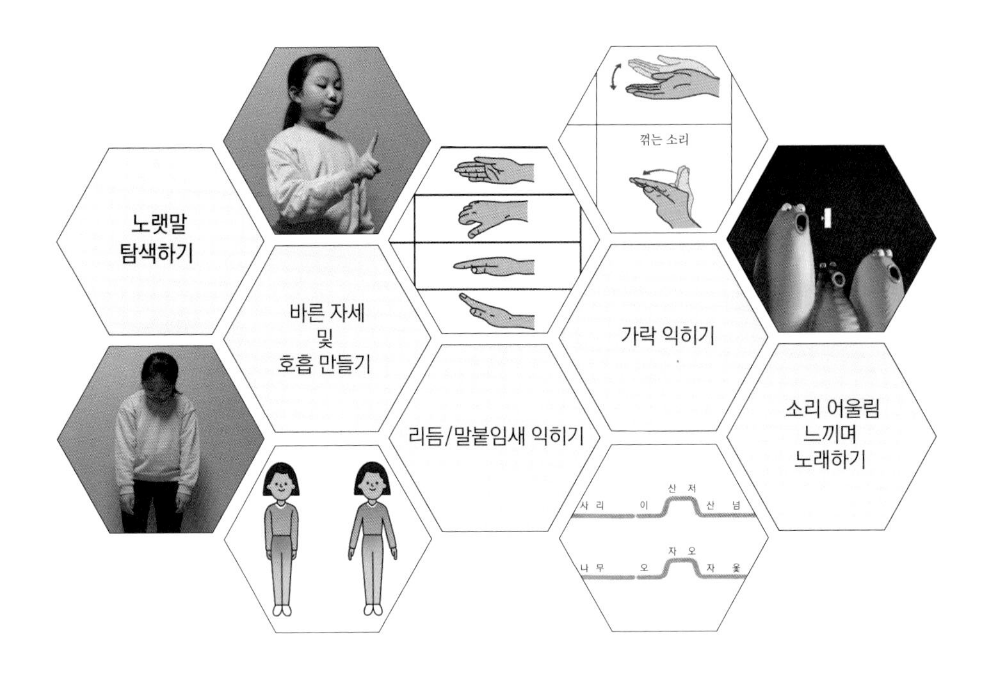

1. 노랫말 탐색하기

#노랫말 의미 찾기 #스토리텔링

노랫말의 의미를 탐색하는 활동은 노래에 공감하고 표현력 있게 부르도록 하는 데 도움을 준다. 이때 노랫말을 읽고 내용을 파악하는 것을 넘어, 시의 배경 상황을 상상하거나 이야기로 구성해 보도록 할 수 있다.

1) 노랫말의 상황과 내용 추측하기

노랫말을 읽고 표면적인 의미를 파악한 후, 다음과 같은 질문을 통해 노랫말의 상황과 내용에 대해 상상하고 추측해 보도록 한다(고선미, 2015, p. 566).

- 무엇에 관한 노래인가
- 노래가 진행되면서 어떤 상황을 설명하는가

- 누가 노래를(이야기를) 하는가
- 누구에게 이야기하는 노래인가
- 언제 일어난 일인가
- 어디서 일어난 일인가
- 주요 갈등은 무엇인가
- 갈등은 해결되는가
- 해결된다면 어떻게 해결되는가

2) 노랫말의 내용을 이야기로 구성하기

노랫말의 내용과 가락의 흐름을 고려하며, 관련된 이야기를 구성할 수 있다. 이야기는 교사가 구성하여 들려줄 수도 있고, 노래를 익히고 난 후 학생들이 구성해 보도록 할 수도 있다. 노랫말과 가락의 흐름에 적절한 상상이 발휘된 이야기들은 학생들이 노래에 공감하며 보다 표현력 있는 노래를 부를 수 있도록 돕는다.

예시 1 노랫말에 대한 이야기 만들기

악보 1-1 <달팽이의 하루>

보슬보슬 비가 오는 날이에요. …… 귀요미 달팽이는 통통 튀는 빗방울을 타고 풀잎에서 재미있게 미끄럼도 타며 귀요미 여자 친구네 집으로 열심히 가고 있어요. 신나서 가지만 여자 친구 집은 정말 멀리 있어서 그렇게 쉽게 모습을 드러내지 않네요. …….

(고선미, 2015, p. 569)

2. 바른 자세 및 호흡 만들기

#상상한 대로 소리 내 봐 #보컬 트레이닝

바른 자세와 호흡은 좋은 소리로 노래를 부르기 위해 반드시 갖추어야 할 기초이다. 교사는 바른 자세를 위해 어린이들이 어깨를 펴서 머리를 바로 올리고, 척추를 곧게 펴고 앉거나 서 있을 수 있도록 지도해야 한다. 그리고 바른 호흡을 위해 숨을 들이마실 때 아랫배가 부풀어 오르는 복식호흡을 지도해야 한다. 바른 자세와 길고 안정적인 호흡을 돕기 위한 여러 전략들이 활용될 수 있는데, 이미지 상상하기 및 놀이 전략은 학생들의 흥미를 유발할 뿐 아니라 잘못된 습관들을 자연스럽게 교정할 수 있어 가창의 기초 기능을 지도하기에 유용하다. 모든 활동에서 교사가 먼저 시범을 보이고 그것을 학생들이 모방하도록 하는 것이 효과적이다.

예시 2 바른 자세를 위한 이미지 상상하기

- 자신이 꼭두각시 인형이라고 상상하며 힘을 빼고 선다. 누군가 꼭두각시 인형의 머리 위 끈을 천천히 들어 올리고 있다고 상상하며 천천히 상체를 편다.
- 자신이 떠오를 준비가 된 부풀어진 풍선이라고 상상하며 다리를 살짝 벌리고 상체를 펴서 선다(Anderson & Lawrence, 2014, p. 73).

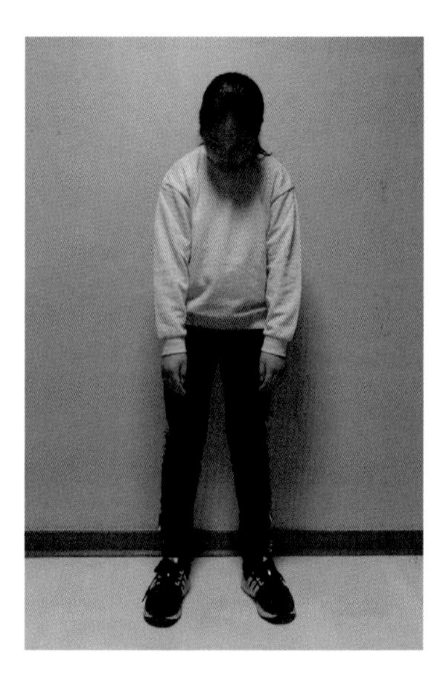

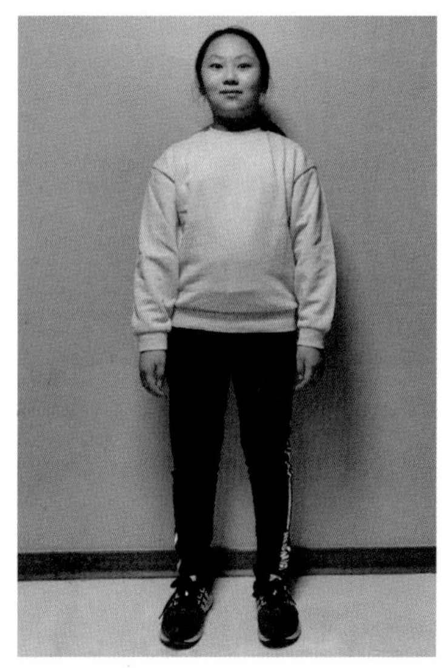

예시 3 호흡을 위한 이미지 상상하기

- 좋아하는 축구팀이 골라인 근처에서 실수하는 모습을 보고 놀랐을 때처럼 재빨리 숨을 들이마신다.
- 자신의 손가락을 불붙은 초라고 상상한다. 숨을 들이마시고 손가락 '초' 위로 가만히 바람을 불어 본다. 이때 '불꽃'이 깜박거리긴 하지만 꺼지지는 않도록 분다(Anderson & Lawrence, 2014, p. 73).

예시 4 놀이를 활용한 호흡 훈련: 길게 소리 내기

- 교사의 신호에 맞춰 코와 입으로 숨을 깊게 들이마신다. 꽃향기를 맡듯이 코와 입으로 숨을 깊게 들이마시면서 아랫배를 부풀어 오르게 한다.
- 윗니와 아랫니 사이로 일정하게 공기가 "스"라고 발음하는 느낌으로 빠져나가게 한다. "스" 하면서 공기를 뺄 때, 중간에 끊지 않고 10초 이상 천천히 빼 낸다.
- 익숙해지면 15초 이상, 20초 이상 등으로 소리 내는 시간을 늘려 연습한다.
- 모두 일어서서 신호에 맞춰 숨을 들이마시고 일정한 음정(예: A음)에 맞춰 "이" 소리를 낸다.
- 소리가 먼저 끊긴 학생들은 자리에 앉는다.
- 길게 소리 내기 왕이 된 학생은 점수를 얻는다.

3. 리듬/말붙임새 익히기

#재미있는 말리듬 #리듬음절 #장단과 말붙임새

언어에서 의미를 가진 기초 단위가 '단어'라면, 음악에서 의미를 가진 기초 단위는 '패턴'이라 할 수 있다. 모든 음악은 리듬적, 가락적 혹은 화성적으로 반복되는 패턴을 가지고 있다. 어린이들이 패턴들을 듣고 따라하도록 지도하는 것은 노래를 익히는 데 할애되는 시간을 절약할 수 있도록 하며, 긴 음악 작품을 지각적으로 듣는 데 도움을 준다.

1) 리듬 읽기

리듬을 정확히 읽고 익히기 위해 리듬의 음가마다 이름을 붙인 것을 리듬음절이라고 한다. 리듬음절의 사용은 리듬꼴들을 자연스럽게 기억하고 동일한 리듬꼴과 서로 다른 리듬꼴들을 구별하도록 돕는다. 다양한 말을 붙여서 읽는 말리듬(speech rhythm)이나 코다이 교수법의 리듬음절을 활용할 수 있다.

예시 5 코다이 리듬음절

홑박자($\frac{2}{4}$, $\frac{3}{4}$, $\frac{4}{4}$)				겹박자($\frac{6}{8}$, $\frac{9}{8}$, $\frac{12}{8}$)	
	타아아아		트리올라 (셋잇단)		툼
	타아		팀 리		툼 툼
	타		리팀		투 움
	티티		티리리리 (티리티리)		타 티
	타 이티		티 티리		티타
	싱코파 (당김음)		레스트(쉼)		티티티

2) 리듬꼴 구별하기

악곡에 사용된 리듬꼴들을 찾아 구별하는 활동은 리듬을 익히고 노래의 형식을 파악하는 데 도움을 준다. 같고 다른 리듬꼴들을 찾아 색이 다른 손수건이나 깃발, 색깔 손전등 등을 사용하여 구별할 수 있으며, 이를 신체표현과 연계하여 활동할 수 있다.

예시 6 리듬꼴 구별하기

악보 1-2 <잠자리>

- 색으로 표현하기
  - 학생들은 각각 2개의 손전등에 빨강과 파랑 셀로판지를 붙여 준비한다.
  - <잠자리> 노래를 부르며 A 리듬꼴이 나올 때는 빨간 손전등을, B 리듬꼴이 나올 때는 파란 손전등을 천장에 비추며 대조되는 리듬꼴을 시각적으로 구별한다.

- 신체 표현하기
  - 노래를 부르면서 각 리듬꼴에 맞춰 신체표현을 한다.
  - A 리듬꼴: 잠자리 모습처럼 양팔을 펴고 4분음표에 맞춰 양팔을 흔든다.
  - B 리듬꼴: 잠자리를 잡으려는 강아지처럼 두 손을 앞으로 하고 2분음표에 맞춰 친구들에게 조심조심 다가간다.

3) 장단별 말붙임새와 빠르기 익히기

초등학교에서 주로 사용하는 단모리장단, 자진모리장단, 세마치장단, 굿거리장단, 중중모리장단의 소박과 기준박의 기본 구조를 제시하여 말붙임새와 빠르기를 익힐 수 있다.

예시 7 장단별 말붙임새와 빠르기

장단명	장단의 기본 구조에 따른 말붙임새
단모리장단 (♩=116~144)	손 | 치 | 기 | | 손 | 치 | 기  | 손 치 기 손 치 기 (〈손치기 발치기〉, 전라도 민요, 국립국악원 편보)
자진모리장단 (♩.=90~110)	꼬 | | 불 | 꼬 | 불 | | 고 | | 사 | 리 | | 꼬 불 꼬 불 고 사 리  (〈나물노래〉, 전라도 민요, 국립국악원 편보)
세마치장단 (♩.=72~108)	아 | | | – | | 리 | 랑 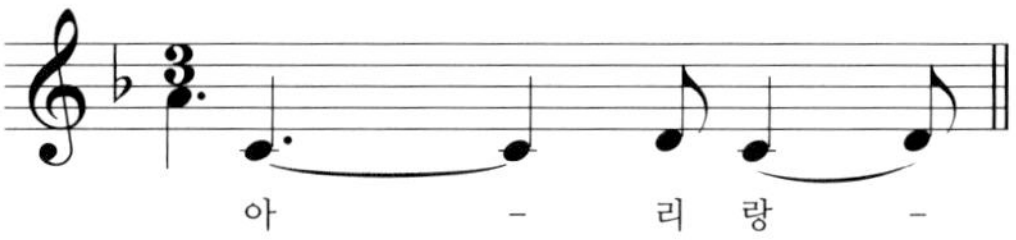 | | – 아 – 리 랑 – (〈아리랑〉, 경기도 민요, 국립국악원 편보)

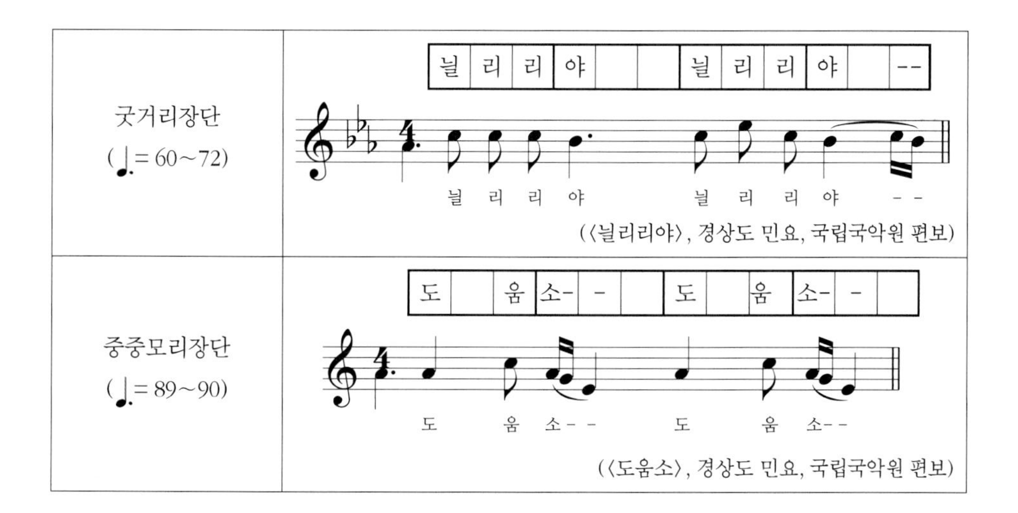

4. 가락 익히기

#음치 탈출 #코다이 손기호 #달크로즈 팔동작

1) 신체동작으로 음높이 익히기

노래의 가락을 계명창으로 부를 때 음높이를 시각적으로 인지하여 부를 수 있도록 손이나 팔의 동작을 활용할 수 있다. 계명창을 위해 주로 사용되는 동작에는 코다이 교수법의 손기호나 달크로즈 교수법의 팔동작 등이 있다.

예시 8 코다이 손기호

- 음정 간의 거리를 시각적으로 보여 주는 손동작으로, 음높이와 계이름에 관한 개념을 구체적으로 형성시킬 수 있다.
- 코다이 손기호를 처음 익힐 때, 가사에 계이름이 나오는 동요(<통통통통> <도레미송>) 또는 순차적 가락의 동요(<우리집은 웃음바다>)를 활용할 수 있다.

계이름	손기호
도	
티(시)	
라	
소(솔)	
파	
미	
레	
도	

예시 9 달크로즈 팔동작

- 음정 간의 거리를 시각적으로 보여 주는 팔동작으로, 노래의 가락이 자연스럽게 연결되도록 표현할 수 있다.
- 달크로즈 팔동작을 처음 익힐 때는 낮은 음, 중간 음, 높은 음의 높낮이 개념을 익힐 수 있도록 계이름에 맞게 양팔을 아래, 중간, 위로 구분시키는 연습을 먼저 한다.
- 양팔을 조금씩 들어 올리며 '도'에서 '높은 도'까지의 한 옥타브를 순서대로 연습하고, 간단한 동요의 계이름에 맞춰 달크로즈 팔동작을 익힐 수 있다.

2) 음높이에 집중하여 부르기

마음속으로 일정 가락이나 음정을 상상하는 내청(inner hearing) 훈련은 정확한 음높이로 노래하는 데 도움이 된다. 예를 들어, 제재곡을 소리 내어 노래 부르다가 교사의 신호에 따라 마음속으로 노래하고 다시 소리 내어 부르도록 하면서 음높이에 집중하도록 할 수 있다.

예시 10 한 음씩 추가하여 부르기/음소거하여 부르기

- 으뜸음인 '도'를 중심으로 한 음씩 올라갔다 내려가는 패턴의 가락을 부른다.
- 첫 번째 마디는 '도', 두 번째 마디는 '도-레-도', 세 번째 마디는 '도-레-미-레-도'의 방식으로 진행된다.
- 빠르지 않게 정확한 음정으로 부르도록 하며, '높은 도'까지 올라가면 마무리한다.
- 익숙해지면 각 패턴의 가장 높은 음(<악보 1-3>의 빨간색 음)을 소리 내지 않고 노래하는 방식으로 진행한다.

악보 1-3 한 음씩 추가하여 부르기

3) 가락선 그리기

가락선 그리기를 활용하여 노랫가락이 올라가고 내려가는 움직임을 시각적으로 확인하며 노래 부를 수 있다. 허공에 손가락으로 그리기, 칠판에 그리기, 종이에 그리기, 몸 전체를 이용하여 가락 진행에 따라 이동하기 등의 방법을 활용할 수 있다.

예시 11 〈이 몸이 새라면〉 가락선

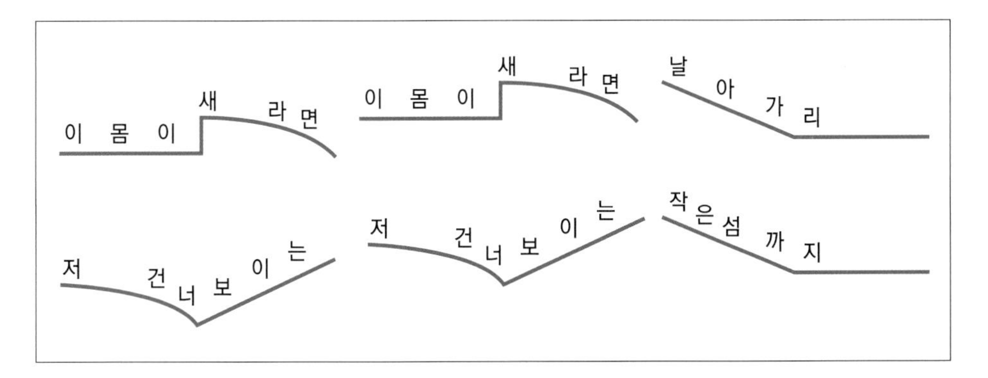

예시 12 〈나물노래〉 가락선

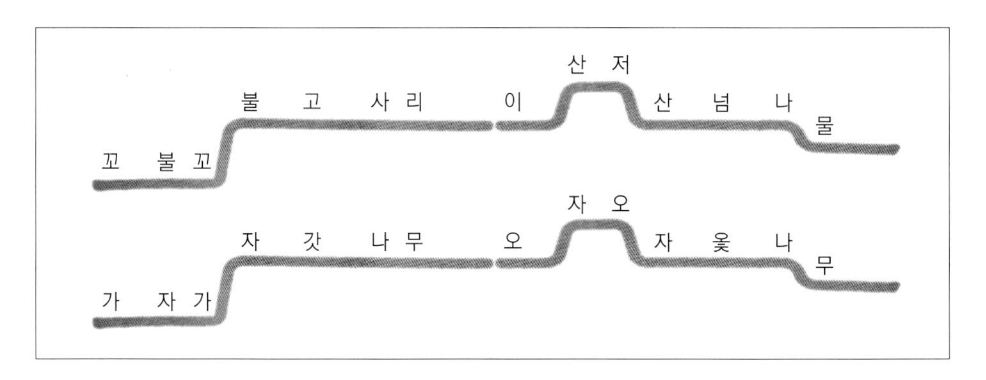

4) 시김새 살려 부르기

우리나라 민요는 주요한 음악적 특징에 따라 몇 개의 토리권, 즉 경토리권(경기민요: 서울 및 경기 지역), 육자배기토리권(남도민요: 충청도와 전라도 지역), 수심가토리권(서도민요: 평안도와 황해도 지역), 메나리토리권(동부민요: 함경도와 강원도, 경상도 지역), 서우제소리토리권(제주민요) 등으로 분류한다(이용식, 2006; e-국악아카데미/열린강좌/교육 · 체험/토리별 특징 강좌 참조).

서도민요
(수심가토리권)
경기민요
(경토리권)
동부민요
(메나리토리권)
남도민요
(육자배기토리권)
제주민요
(서우제소리토리권)

〈우리나라의 민요권〉

우리나라 민요의 대표적인 시김새는 남도민요의 굵게 떠는 소리, 꺾는 소리, 서도민요의 잘게 밀어 떠는 소리, 흘러내리는 소리 등이다. 이러한 시김새의 멋과 특징을 표현하기 위해서 다양한 방법을 활용할 수 있다.

예시 13 빠르기를 달리하여 시김새 소리내기

순서	굵게 떠는 소리(남도민요)	잘게 밀어 떠는 소리(서도민요)
단계 1 (느리게)	 아 아 아 아	 아 아 아 아
단계 2 (보통 빠르기)	 아 아 아 아	 아 아 아 아
단계 3 (빠르게)	 아 아 아 아	 아 아 아 아

예시 14 손으로 표현하며 시김새 소리내기

	떠는 소리	• 표현 방법: 오른(왼)손을 가로방향으로 펼쳐 천천히 위아래로 흔들면서 또는 잘게 치켜 위로 떨면서 소리를 표현한다.
	꺾는 소리	• 표현 방법: 오른(왼)손을 한 음 정도 높은 음에서 낮은 음으로 빠른 속도로 꺾어 표현한다.
	흘러내리는 소리	• 표현 방법: 오른(왼)손을 위쪽에서 아래쪽으로 살짝 끌어내리듯이 표현한다.

예시 15 종이에 그림을 그리며 시김새 소리내기

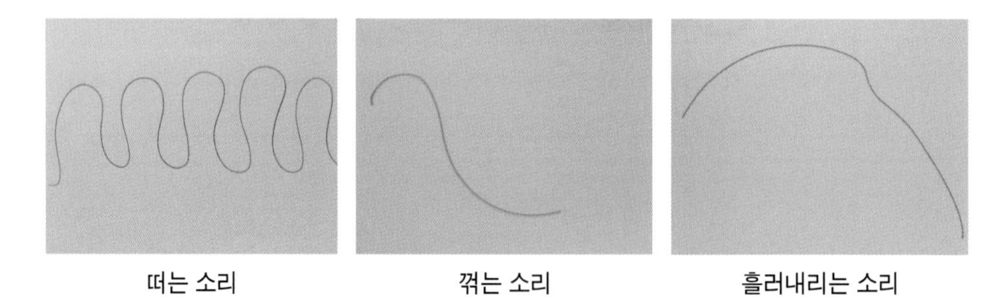

떠는 소리　　꺾는 소리　　흘러내리는 소리

5. 소리의 어울림 느끼며 노래하기

#돌림노래 #짝노래 #가락 오스티나토

1) 돌림노래 부르기

돌림노래는 한두 마디 후에 주어진 선율을 정확하게 모방하여 부르는 노래로, 어린이들이 화음의 개념을 이해하는 데 도움을 줄 수 있다.

예 〈안녕〉 〈시계〉 〈동네 한 바퀴〉 〈개구리송〉 〈쿠카부라〉 〈바누와(Banuwa)〉 〈리리 리자로 끝나는 말〉 〈눈 오는 아침에〉 〈One bottle of pop〉 〈Dona Nobis Pacem〉

예시 16 놀이를 활용한 돌림노래 지도 방법

1. 노래 전체를 익히고 부른다.
2. 악보 및 가사가 한 소절씩 적혀 있는 종이를 교실 벽에 붙인다.
3. 돌림노래의 성부 수에 따라 모둠을 나눈다.
4. 첫 번째 모둠부터 출발한다. 첫 번째 종이가 있는 장소에서 노래를 부른다.
5. 첫 번째 모둠이 다 부르고 다음 장소로 이동할 때, 두 번째 모둠이 처음 장소로 들어와 노래를 부른다.
6. 같은 방법으로 계속 이동하며 노래를 부른다.
7. 첫 번째 모둠이 모든 장소를 다 통과하면 완전히 바깥으로 빠져 다음 모둠들이 모든 장소를 지날 때까지 기다린다.

(같이교육, 2018, p. 31)

2) 짝노래(파트너송) 부르기

짝노래(파트너송)는 2개의 노래를 동시에 부르는 방식을 말한다. 짝노래를 선택할 때는 2개의 노래가 같은 길이, 같은 조성, 같은 박자를 가지며 동일한 화음 진행이어야 하고, 서로의 가사를 보완할 때 더 잘 어울리는 노래가 된다. 〈산토끼〉와 〈비행기〉, 〈잠자리 꽁꽁〉과 〈참새노래〉는 짝노래로 부르기에 좋은 예로 소리의 어울림을 느낄 수 있다. 특히 전래동요나 민요는 5음 바탕으로 반음이 없기 때문에 짝노래로 부르기에 좋다(길애경, 임미경, 2013, p. 76).

예시 17 짝노래 부르기 — 기초 단계

- 쉽고 익숙한 곡들로 중학년 정도의 학생들도 어렵지 않게 부를 수 있다.
- 노래를 부를 때는 피아노로 화음 연주를 해 주는 것이 도움이 된다.

악보 1-4 <산토끼>

악보 1-5 <비행기>

예시 18 짝노래 부르기 — 심화 단계

- <엄마 돼지 아기 돼지> 음원에 맞춰 <열 꼬마 인디언>을 부르는 방식으로 보다 쉽게 짝노래를 익힐 수 있다.
- 각 노래의 가사에 어울리는 신체 표현과 함께 부를 수 있다.

악보 1-6 <열 꼬마 인디언>

악보 1-7 <엄마 돼지 아기 돼지>

3) 오스티나토 활용

오스티나토는 일정한 리듬꼴이나 가락꼴을 계속하여 반복하는 것을 말한다. 노래를 부를 때 반복되는 리듬이나 가락의 오스티나토가 사용되면 그 노래를 보다 풍성하게 만들어 준다. 제재곡의 리듬, 가락을 이용하여 어울리는 오스티나토를 만들어 활용하거나 제재곡의 일정 가락을 오스티나토로 활용할 수 있다(참고 p. 88).

악보 1-8 <난 산이 좋아>의 가락 오스티나토

스마트한 '노래 부르기' 활동

예시 19 온라인 합창 영상 만들기

- 온라인 수업에서 학생들의 가창활동을 지원하기 위해 온라인 합창(버추얼 콰이어) 영상 편집 프로그램을 이용할 수 있다(예: Movavi, premiere pro, Final Cur Pro, LumaFusion).
- 교사가 학생들에게 MR 반주 파일을 보내면, 학생들은 반주 파일에 맞춰 노래 부르는 영상을 찍어 해당 영상을 교사에게 다시 보내도록 한다. 이 영상 파일들을 프로그램에서 편집하여 온라인 합창 영상을 만들 수 있다.
- 학생들이 영상을 찍을 때는 다음 항목들에 유념하도록 안내한다.
  1. 촬영용 핸드폰 이외에 MR 반주를 들을 수 있는 기기가 따로 준비되어야 한다.
  2. 학생의 가창 영상의 스타일은 편집을 위하여 통일시키는 것이 좋다. 일반적으로 화면은 가로로, 배경은 단순하게, 얼굴 위치는 가운데로, 영상 앞뒤로 3초씩의 여유를 갖고 녹화하는 것을 권장한다.
  3. 가창 영상 촬영 시 음악은 이어폰으로 듣고 녹음에는 자신의 목소리만 나오도록 하며, 주변 소음은 최대한 들어가지 않도록 녹음한다.
  4. 편집에 용이하도록 학생들의 영상 파일 이름(예: _5_학년 _1_반 이름 _김○○_)을 통일하는 것이 좋다.

예시 20 '블롭 오페라' 앱을 활용하여 소리의 어울림 체험하기

- 구글의 Arts & Culture에서 만든 AI 활용 오페라 음악 만들기 조작 앱으로, 소프라노, 메조소프라노, 테너, 베이스를 노래하는 캐릭터들을 조작하여 노래를 화음으로 만들고 들을 수 있다. 자신이 만든 노래를 녹음할 수 있고, 다른 사람에게 공유 가능하다.
- 검색창에 'Blob Opera'를 검색하여 이용할 수 있다.

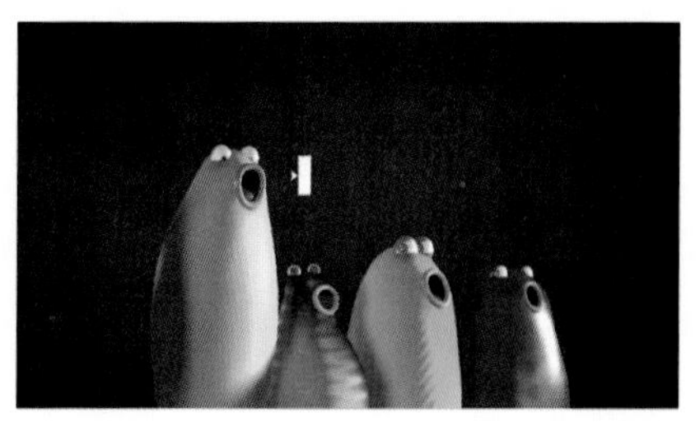

Plus & More 노래 부르기 중심 수업 더하기

노래 부르기 악기 연주하기

1. 소고랑 함께 노래해요

학년	저학년
제재곡	꼭꼭 숨어라
개념	음높이, 반복되는 리듬과 가락
통합활동	장단에 맞추어 소고 연주하며 노래 부르기
수업자료	악보, 소고, 장구(교사)

악보 1-9 <꼭꼭 숨어라>

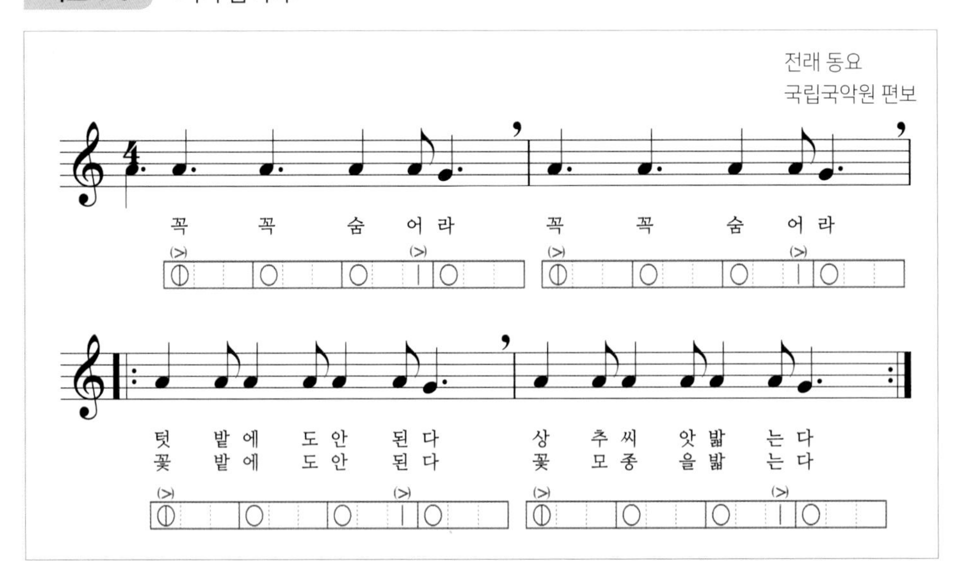

말붙임새 익히기

- 가로 정간보를 보면서 교사의 시범에 따라 가사의 말붙임새를 익힌다.

꼭			꼭			숨		어	라		
텃		밭	에		도	안		된	다		

꼭			꼭			숨		어	라		
상		추	씨		앗	밟		는	다		

가락 익히기

- 교사의 시범창을 듣고 한 장단씩 가락을 익힌 후 장단을 늘려 가며 가락을 익힌다.
  - 교사: 꼭 꼭 숨어라, 학생: 꼭 꼭 숨어라
  - 교사: 꼭 꼭 숨어라/꼭 꼭 숨어라, 학생: 꼭 꼭 숨어라/꼭 꼭 숨어라

Tip

오선보 외에도 학생 발달 수준에 따라 그림이나 가락선 악보를 활용하여 가락을 익힐 수 있어요.

소고춤 추며 노래 부르기

- 자진모리장단의 기본박인 4박에 알맞은 소고 동작 네 가지를 만들어 연습한다.

소고 동작	소고 북면 치기			소고 북면 돌려 치기			오른팔 접고 왼팔 펴기			왼팔 접고 오른팔 펴기		
장단	⦶			○			○		|	○		

- 소고 동작이 익숙해지면 소고춤을 장단에 맞추어 반복하면서 노래를 부른다.

Tip

자진모리장단의 기본형에 대한 개념 이해 활동은 생략하거나 강조하지 않아야 하고, 신체 동작은 4박에 맞추어 네 가지 동작을 반복하는 활동을 하는 게 쉬워요.

노래 부르기 신체 표현하기

2. 놀이랑~ 노래랑~

학년	중학년
제재곡	〈자진강강술래〉〈남생아 놀아라〉〈대문놀이〉
개념	놀이요, 자진모리장단, 메기고 받는 형식
통합활동	자진모리장단에 맞추어 노래를 부르면서 강강술래 놀이하기
수업자료	악보, 강강술래 놀이 관련 영상이나 삽화 등

악보 1-10 <자진강강술래>

악보 1-11 <남생아 놀아라>

악보 1-12 <대문놀이>

말붙임새 익히기

- 자진모리장단(3소박4박자)의 구조에 유의하며 제재곡들의 말붙임새를 간단히 익힌다.

가락 익히기

- '메기는 소리'와 '받는 소리'를 구분하고, 교사의 시범창이나 영상 자료를 듣고 따라 부르는 방식으로 노래를 부르며 가락을 간단히 익힌다.

우리나라 민요를 지도할 때에는 전문가창을 활용하는 방법도 고려해 볼 수 있어요. 특히 교사는 소리의 비전문가이기 때문에 전문가창을 들으면 더욱 민요의 맛을 느낄 수 있지요. 그러나 놀이를 할 때 부르는 동요(민요)는 시김새 표현을 강조하지 않아요(조은숙, 2002).

노래 부르면서 놀이하기

- 강강술래의 기본 동작인 원무의 기본 대형을 맞춘 뒤 오른쪽 방향으로 천천히 돌면서 〈자진강강술래〉를 부른다. 계속 돌면서 〈남생아 놀아라〉〈대문놀이〉를 이어 부른다.
- 원무 동작이 익숙해지면, 자진모리장단에 맞추어 〈자진강강술래〉〈남생아

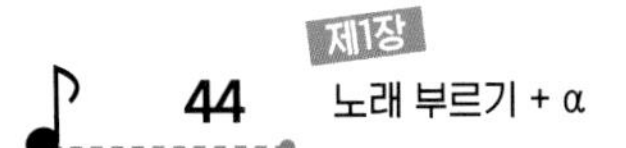

놀아라〉〈대문놀이〉 등을 이어 부르면서 놀이를 한다.

Tip

학년의 발달 단계에 따라 '강강술래' 관련 다양한 놀이를 통합하여 종합적으로 지도할 수 있어요. 특히 '청어 엮기 · 풀기'는 놀이가 다소 복잡하고 난이도가 있어서 여러 차시의 지도와 연습이 요구되지만 한번 익히고 나면 학생들의 흥미와 재미, 참여도가 매우 높은 활동이어서 교육적 효과가 높아요.

노래 부르기 신체 표현하기

3. 신체로 표현하며 노래해요

학년	중학년
제재곡	〈체체쿨레〉
개념	반복되는 가락, 주고받는 형식
통합활동	가사의 내용에 따라 신체 표현을 하며 노래 부르기
수업자료	악보, 음원

악보 1-13 <체체쿨레>

노래 익히기

- 노래의 리듬에 맞춰 원어로 노랫말을 읽는다.
- 노랫말의 뜻을 파악한다.

〈체체쿨레〉의 노랫말은 의성어로 구성되어 있으며, 다음과 같은 의미를 갖고 있다.
- 체체쿨레: 다같이 노래를 부르기 위해 주의를 끌기 위한 의성어
- 체체 코피사: '코피'라는 사람의 이름을 부르며 주의를 끌고 있음
- 코피사 랑가: 2번 가사의 '코피사'라는 가사에 의성어 추가
- 카카쉬 랑가: 3번 가사와 라임을 맞춘 의성어
- 쿰 어덴데: '쿰'은 아래쪽을 뜻하는 의성어이며, '어덴데'는 위아래로 움직이라는 의미

- 전체 노래를 들으며 가락을 익힌다.
- 교사의 범창을 한 마디씩 따라 부른다. 노래가 익숙해지면 마지막 두 마디는 다 함께 부른다.
- 학생들을 두 모둠으로 나누어 주고받으며 노래를 부른다. 마지막 두 마디는 다 함께 부른다.

노랫말에 어울리는 신체 표현하기

- 노래를 부르며 교사의 동작을 따라한다.

놀이하기

- 교사의 선창을 따라 부르며 마지막 마디의 가락 알아맞히기 놀이를 진행한다.

| 놀이 방법 |

1. 교사의 노래와 동작을 따라하며 노래 부른다.
2. 마지막 마디에 이르면 학생들은 교사가 '헤이'라고 부르며 만세 동작을 할지 '쿵 어덴데'라고 부르며 발목 건드리기 동작을 할지 추측하고, 하나를 선택하여 동작과 함께 부른다.
3. 교사가 부른 것과 동일한 노랫말과 동작을 취한 학생은 1점을 얻는다.
4. 여러 번 반복하며 놀이를 진행한다.

신체 표현 만들기

- 선창을 할 학생이 노래를 부르며 새로운 동작으로 신체 표현을 하면, 다른 학생들이 노래와 동작을 따라한다.

| 활동 방법 |

1. 큰 원을 만들어 둥글게 선다.
2. 선창을 할 학생이 원 안에 들어간다.
3. 선창 학생이 노래를 부르며 새로운 동작으로 신체 표현을 한다.
4. 다른 학생들은 선창 학생의 노래와 동작을 그대로 따라한다.
5. 노래가 끝나면 다 같이 "체 체 체체쿨레"라고 외친다.
6. 외치는 동안 선창 학생은 다음 선창을 할 학생을 지목하고, 지목당한 학생이 원 안으로 들어간다.
7. 새로운 선창 학생이 노래를 부르며 새로운 동작으로 신체 표현을 하고, 다른 학생들은 그대로 따라한다.

노래 부르기 신체 표현하기 음악 만들기

4. 손으로 가락을 그리며 노래해요

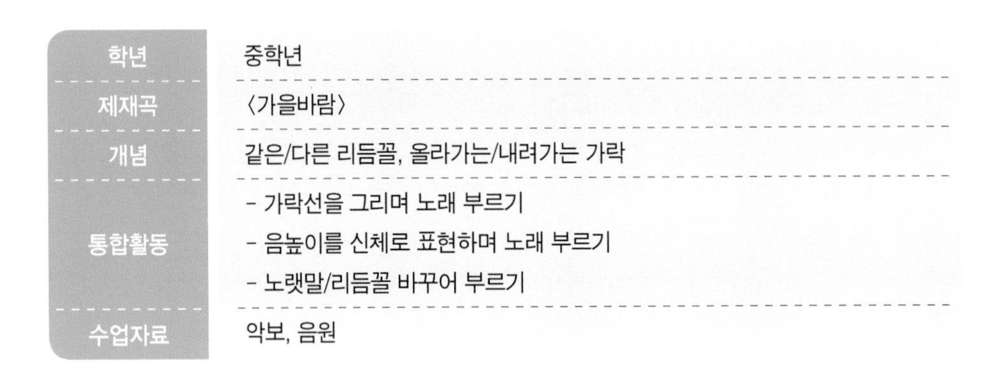

학년	중학년
제재곡	〈가을바람〉
개념	같은/다른 리듬꼴, 올라가는/내려가는 가락
통합활동	- 가락선을 그리며 노래 부르기 - 음높이를 신체로 표현하며 노래 부르기 - 노랫말/리듬꼴 바꾸어 부르기
수업자료	악보, 음원

악보 1-14 <가을바람>

노래 익히기

- 전체 노래를 들으며, 노래의 특징을 이야기 나눈다.
- 노랫말을 리듬에 맞춰 읽는다.
- 리듬꼴이 같거나 다른 부분을 찾는다.

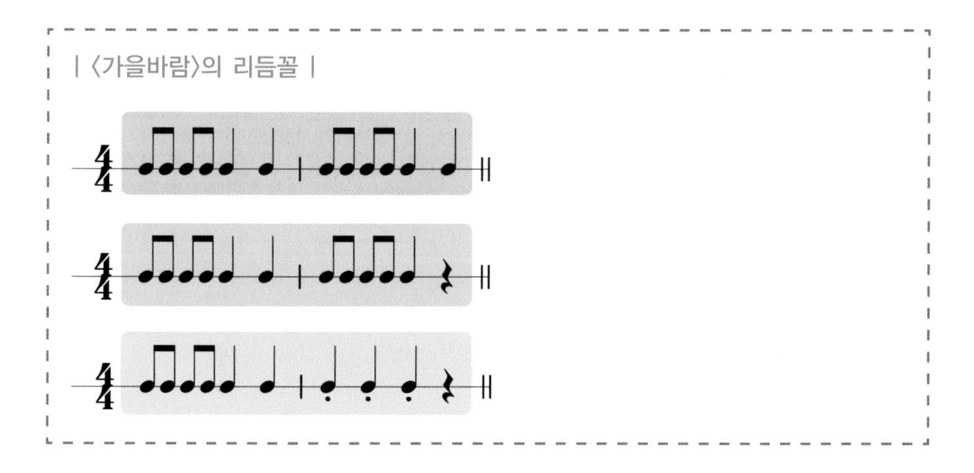

• 세 개의 리듬꼴을 코다이 리듬음절로 읽는다.

- 티티티티 타 타 / 티티티티 타 타
- 티티티티 타 타 / 티티티티 타 (쉼)
- 티티티티 타 타 / 타 타 타 (쉼)

• 교사의 범창을 두 마디씩 따라 부르며 노래를 익힌다.

가락선 그리며 노래 부르기

• 악보에 빨간색으로 표시된 음들을 달크로즈 팔동작으로 표현한다.

- 노래와 팔동작을 통해 노랫가락의 전반적인 움직임을 이해한다.
  - 첫째 단: 내려가는 가락
  - 둘째 단: 올라가는 가락
  - 셋째 단: 내려가는 가락
- 노래의 계이름을 따라부르며 전체 가락을 달크로즈 팔동작으로 표현한다.
- 가사로 노래 부르며 달크로즈 팔동작을 한다. 둘째 단의 "뱅글뱅글뱅글" 부분은 가사의 느낌을 살려 손목을 돌리며 표현할 수 있다.

노랫말/리듬꼴 바꾸어 표현하기

- 〈가을바람〉 둘째 단의 두 마디 노랫말과 리듬꼴을 바꾸어 부른다. 가을과 관련된 내용을 생각하며 노랫말을 바꾸어 보도록 할 수 있다.
- 학생들이 바꾼 리듬과 노랫말을 교사와 문답형식으로 주고받는다. 교사가 〈가을바람〉 둘째 단의 리듬을 제시하면 학생들은 창작한 가사와 리듬을 부른다.
  - 교사 → 학생 1 → 교사 → 학생 2 → ⋯

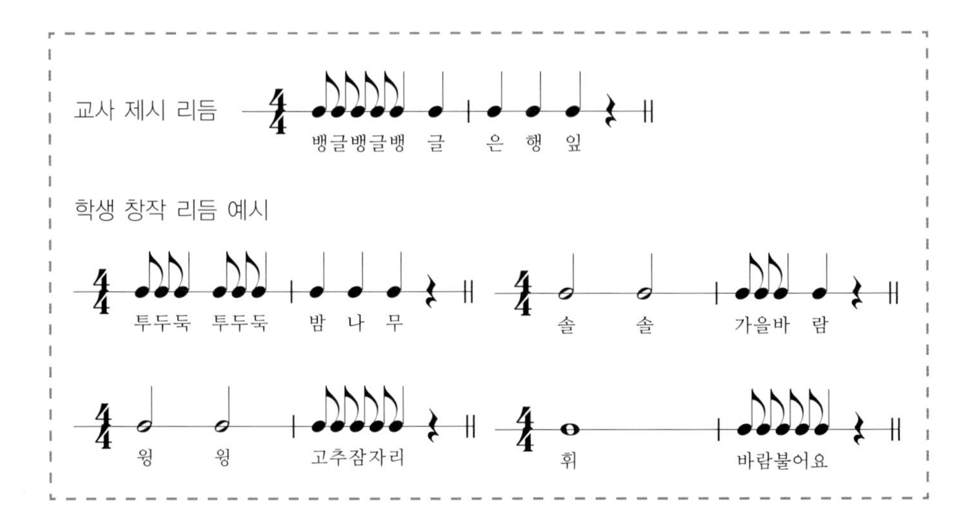

 노래 부르기 신체 표현하기 음악 만들기

5. 노래 속 이야기를 음악으로 표현해요

학년	중학년
제재곡	〈소풍〉
개념	기본박, 3/4박자, I도 / V도 화음
통합활동	- 기본박을 악기로 연주하며 노래 부르기 - 기본박에 맞춰 신체 표현하며 노래 부르기 - 가사의 내용에 어울리는 즉흥 연주하기
수업자료	악보, 음원, 다양한 악기(트라이앵글, 탬버린, 마라카스, 우드블록, 실로폰, 핑거심벌즈, 카바사, 버드휘슬, 리코더, 레인메이커)

악보 1-15 <소풍>

기본박과 리듬 익히기

- 전체 노래를 들으며, 노래의 분위기와 박자를 파악한다.
- 노래의 기본박을 신체로 연습한다.
- 신체 표현으로 기본박을 치며 노래의 리듬에 맞춰 가사를 읽는다.
- 신체 표현을 리듬악기로 바꾸어 기본박을 연주하면서 리듬에 맞춰 가사를 읽는다.

가락 익히기

- 노래의 가락을 코다이 손기호와 함께 계이름으로 노래한다. 처음에는 리듬에 상관 없이 계이름으로 부를 수 있으나 다시 반복할 때는 리듬에 맞춰 부른다.
- 기본박 신체 표현을 하며 가사로 노래 부른다.
- 기본박 리듬 반주와 함께 가사로 노래 부른다.

화음 익히기

- 가락에 어울리는 기본 화음을 신체 표현으로 연습한다. I도 화음에서는 양 무릎의 중앙을 치고 V도 화음에서는 왼쪽 무릎 바깥과 오른쪽 무릎 중앙을 친다.

| 화음진행표와 화음 신체 표현 예시 |

첫째 단	I I V I
둘째 단	I I V I
셋째 단	V I V I
넷째 단	I I V I

도 솔

I도: 양쪽 무릎 중앙

시 솔

V도: 왼쪽 무릎 바깥 + 오른쪽 무릎 중앙

- 계이름으로 노래하면서 가락에 어울리는 화음을 신체로 표현한다.
- 신체 표현으로 연습한 화음 진행을 실로폰으로 연주한다.

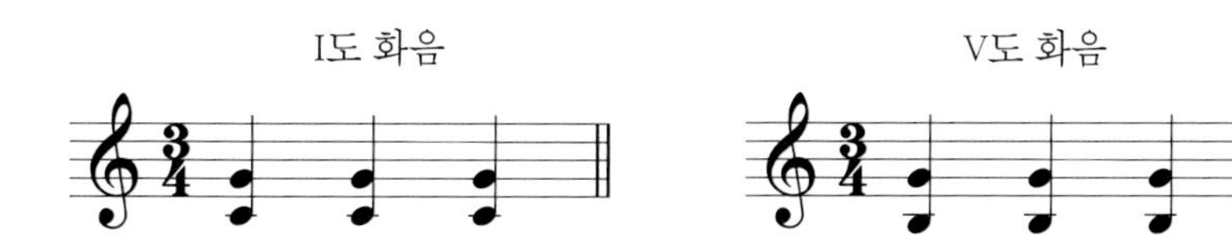

- 계이름으로 노래하면서 화음을 실로폰으로 연주한다.
- 리듬 반주, 화음 반주와 함께 노랫말로 노래 부른다.

즉흥연주하기

- 노랫말의 내용들을 바탕으로 이야기를 만든다.
- 이야기를 낭독하며 다양한 악기로 이야기의 내용을 즉흥연주한다.

가사	활동
향기로운 초록 내음들은 (나무) 우리 마음을 어루만집니다.	(나무) 마라카스 흔들기
바스락거리는 낙엽을 (낙엽) 밟으며 걷는 길,	(낙엽) 카바사 연주하기, 종이 구기기
숲속에서 들려오는 아름다운 새 소리에 (새) 귀 기울이고,	(새) 버드휘슬 불기, 리코더로 높은 음 불기
졸졸 흐르는 시냇물에 (물) 손도 담가 봅니다.	(물) 레인메이커 연주하기
나도 모르게 흥얼흥얼 (음표) 노래를 부릅니다.	(음표) 허밍으로 노래 부르기

합주하며 노래하기

- 학생들을 세 그룹으로 나누어 기악 반주와 즉흥 표현이 어우러진 노래 부르기 활동을 한다.

전주		노래1절		즉흥연주		간주		노래2절		후주
I도 화음 반주 (두 마디)	→	노래 부르기+ 리듬/화음 반주	→	이야기 낭독+ 즉흥연주	→	I도 화음 반주 (두 마디)	→	노래 부르기+ 리듬/화음 반주	→	I도 화음 반주 (두 마디)

(임미경 외, 2002, pp. 286-289 재구성)

노래 부르기 악기 연주하기 신체 표현하기

6. 노래에 숨겨진 서로 다른 느낌을 찾아봐요

학년	고학년
제재곡	〈섬마을〉
개념	AB 형식, 6/8박자 리듬
통합활동	- 노랫말의 내용 상상하며 노래 부르기 - 노래에 어울리는 신체표 현하며 노래 부르기 - 노래에 어울리는 리듬 반주 만들기 - 악기로 반주하며 노래 부르기
수업자료	악보, 음원, 핸드벨

악보 1-16 <섬마을>

노래 익히기

- 노래의 분위기를 느끼며 〈섬마을〉을 듣는다.
- 노랫말을 읽고 노랫말의 뜻과 전체 내용을 살펴본다.

오색실 달아: 좋은 일과 풍어를 기원하며 여러 색의 천이나 실을 배에 매단 모습

돛을 내려라: 배 기둥에 매단 천을 내리고 바람을 받아 배가 나가도록 하는 모습

닻을 매어라: 밧줄에 닻을 튼튼히 매어서 항구에 정박을 준비를 하는 모습

- 교사를 따라 두 마디씩 리듬에 맞춰 노랫말을 읽는다.
- 악보를 보며 두 마디씩 따라 부르며 노래를 익힌다.

노랫말에 어울리는 이야기 만들기

- 노래 A 부분과 B 부분의 노랫말과 음악적 분위기 및 특징을 비교하여 파악한다.
  - A 부분: 노을이 지는 바닷가 마을의 모습을 묘사하고 있다. B 부분에 비해 부드럽고 서정적인 느낌을 주는 가락이다.
  - B 부분: 바다에 나갔던 어부들이 노를 저으며 마을로 돌아오는 내용이다. A 부분에 비해 역동적인 느낌을 주며, 우리나라 노동요에서처럼 '에헤야' 같은 후렴구가 반복적으로 사용된다.
- 노래를 들으며 가사에 담긴 이야기를 상상해 보고, A 부분과 B 부분에 대한 이야기를 구성하여 글로 적는다.
- 학생들의 발표 중 하나를 골라 〈섬마을〉 노래를 배경음악으로 이야기를 낭송한다.

| 〈섬마을〉 이야기 예시 |

A 부분

아름다운 섬마을 바닷가, 한 아이가 먼 바다를 바라보며 오도카니 앉아 있습니다. 노을 지는 저녁 바다를 바라보며 아직 돌아오지 않은 아빠를 기다리고 있습니다. 노을빛에 바다는 황금색으로 변하고, 갈매기는 금빛물결 파도 위를 끼룩끼룩 날고 있습니다. 바다는 평화롭기만 하고, 아빠의 배는 아직도 보이지 않습니다. 그때 저 멀리 배 한 척이 눈에 뜨입니다. 노을을 뒤로 하고 조금씩 포구를 향해 다가오고 있는 저 고깃배. 오색실까지 화려하게 나부낍니다. '우리 아빠 배일까?' 아이는 눈을 크게 뜨고 까치발을 하며 배를 바라봅니다. '두~와' 뱃고동소리가 울립니다. 아이는 발을 내려놓지도 못하고 포구로 들어오는 배를 숨죽이고 바라봅니다.

B 부분

아빠는 신이 납니다. 오늘은 정말 운이 좋았거든요. 큰 고기떼를 만나 오랜만에 배 안에 고기가 가득합니다. 잡은 고기들을 이리저리 정리하느라 정신이 없습니다. 그러다 하늘을 보니 어느덧 노을이 집니다. 시간이 많이 늦었네요. '이런, 기다리고 있을 텐데...' 빨리 집으로 돌아가야 한다는 생각에 마음이 급해집니다. 배 안에 고기가 가득합니다. "만선이야, 만선!" 아빠는 신나는 얼굴로 "에헤야" 구호를 외치며 기를 올립니다. 파도가 출렁출렁 거리지만, 그까짓 것 아무것도 아닙니다. 노를 잡고 힘차게 돌아갈 준비를 하지요. "에헤 에헤야" 잡은 고기들을 보면 식구들이 얼마나 좋아할까요? 그 모습을 생각하니 힘이 불끈 납니다. "에헤야" 소리치며 돛을 내리고 좀 더 속도를 내어 봅니다. 점점 섬이 가까워져 옵니다. 미리 닻도 매어두고 정박할 준비를 하는 것이 좋겠습니다. 저 멀리 포구에서 보이는 것이 혹시 우리 아이일까요? "에헤 에헤야" 다시 힘을 내어 앞으로 나아갑니다.

(김성지, 2020, p. 53)

느낌을 살려 신체 표현하며 노래 부르기

- 상상하여 만든 이야기의 느낌을 노래로 어떻게 표현할 수 있을지 이야기 나눈다.
  - A 부분: 아빠를 기다리는 아이의 마음에 공감하며 부른다. 각 프레이즈의 음들을 부드럽게 연결하며 여린 세기로 노래 부른다.
  - B 부분: 고기를 가득 싣고 돌아오는 아빠의 느낌을 살려 부른다. A 부분보다 힘찬 목소리로 구성지게 노래 부른다.
- 각 부분의 느낌을 살려 신체 표현하며 노래 부른다.
  - A 부분: 두 마디 단위로 부드럽게 가락선을 그리며 노래 부른다.
  - B 부분: 한 마디 단위로 앞뒤로 힘차게 노를 젓는 동작을 하면서 부른다.

AB 형식에 알맞은 리듬 반주 만들기

- 제재곡이 서로 다른 두 개의 큰 악절로 이루어진 AB 형식임을 확인한다.
- 노래에 맞춰 주어진 리듬으로 A와 B 부분을 반주한다. 각 부분의 느낌을 살려 A부분은 마라카스, B 부분은 우드블럭 등의 다른 악기로 반주할 수 있다.

A

B

• 모둠별로 A와 B 부분의 음악적 특징을 생각하며 각 부분의 리듬 반주를 만든다. 연주할 악기를 먼저 선택하고 직접 연주하며 리듬을 만든다.

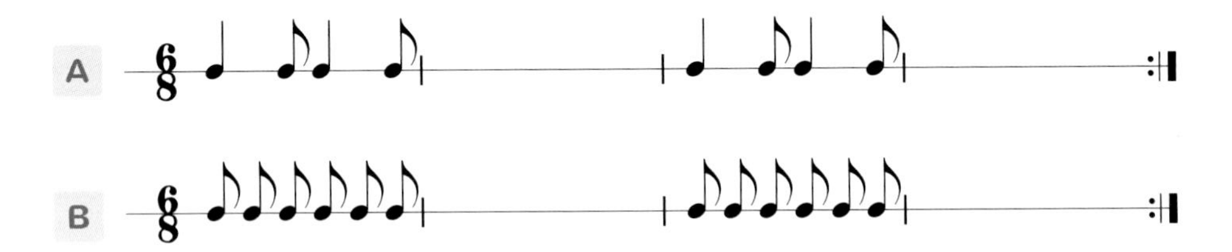

• 모둠별로 만든 리듬 반주에 맞춰 다함께 노래한다.

악기 반주에 맞춰 노래 부르기

• 노래 음원에 맞춰 핸드벨 반주를 연습한다.

• 모둠별로 만든 리듬 반주 중 하나를 고르고, 리듬 반주와 핸드벨 반주에 맞춰 느낌을 살려 노래 부른다.

반음계 핸드벨이 없는 경우에는 2번째, 6번째 마디의 B^b을 F로 바꾸어 연주할 수 있어요.

노래 부르기 신체 표현하기

7. 소리의 어울림을 느끼며 노래해요

학년	고학년
제재곡	〈줌 갈리갈리〉
개념	화음, 반복되는 리듬, 오스티나토, AB 형식
통합활동	- 소리의 어울림을 느끼며 노래 부르기 - 가락의 흐름에 알맞게 신체 표현하기 - 가락 오스티나토와 함께 노래 부르기
수업자료	악보, 음원, 피아노

악보 1-17 <줌 갈리갈리>

노래 익히기

- 전체 노래를 음원으로 들으며, 노래의 흐름을 파악한다.
- 노랫말을 읽으며 내용을 이해한다.
- 천천히 리듬에 맞춰 노랫말을 읽는다.
- 후렴 부분(A)과 노랫말 부분(B)의 가락을 차례로 익힌다.

돌림노래로 부르기

- B 부분을 음원으로 들으면서 A 부분(후렴) 부르기를 연습하고, A 부분을 음원으로 들으면서 B 부분 부르기를 연습한다.
- 학생들을 두 그룹으로 나누어 돌림노래로 부른다. A 부분에서는 각 마디의 첫 음을 정확하게 노래할 수 있도록, B 부분에서는 첫 번째 마디의 리듬에 주의하며 노래할 수 있도록 한다.

Tip

돌림노래를 부를 때 피아노로 베이스 라인을 '미 - 솔 - 미 - 시레'로 반복 진행하여 연주하면 가락을 안정적으로 노래할 수 있어요.

오스티나토에 맞춰 노래하기

- 가락 오스티나토 1과 2를 연습한다.

- 가락 오스티나토에 맞춰 노래 부른다. 박자가 빨라지지 않도록 유의한다.
  - 노래 A 부분: 가락오스티나토 1
  - 노래 B 부분: 가락오스티나토 2
- 화음으로 부르는 것이 익숙해지면, 가락 오스티나토 1을 전주로 활용하여 전체 곡을 합창한다.

신체 표현하며 노래하기

- 학생들을 두 그룹으로 나누고 큰 원 두 개를 만들어 둥글게 선다. 가락 오스티나토를 부르는 학생 그룹은 안쪽 원에, 노랫가락을 부르는 그룹은 바깥 원에 각각 둥글게 선다.
- 노랫말에 어울리는 동작을 만들어 연습한다.

| 신체 표현 예시 |

- 노래 A + 오스티나토 1: 박자에 맞춰 행진하기
- 노래 B + 오스티나토 2: 제자리에서 땅 파는 동작하기

- 둥글게 대형에 맞춰 신체 표현하며 행진하듯이 걷는다. 2~3회 반복하여 부른다.

Tip

원 대형으로 서서 움직일 때 각 그룹이 서로 반대 방향으로 움직이면 서로를 볼 수 있어 보다 적극적인 활동이 됩니다.

노래 부르기 신체 표현하기

8. 한배의 변화를 느끼며 신명 나게~

학년	고학년
제재곡	〈쾌지나칭칭나네〉
개념	굿거리장단, 자진모리장단, 한배, 긴자진 형식
통합활동	- 한배의 변화를 느끼며 장단 치기 - 한배에 맞는 다양한 움직임 체험하기
수업자료	악보, 소고, 장구, 줄넘기

악보 1-18 <쾌지나칭칭나네>

노랫말의 의미 조사하여 발표하기

- 사전 과제로 제시하여 제재곡의 유래와 가사 의미, 일 노래의 특징 등에 대해 발표하도록 한다(〈쾌지나칭칭나네〉: 경상도 지방에서 논(밭)에서 일을 하거나 일을 마치고 집으로 돌아갈 때 주로 불렀던 노래이다 등).

말붙임새와 가락 익히기

- 굿거리장단(조금 느린 3소박4박자)의 구조에 유의하며 전반부의 말붙임새를 익힌다.

전반부:

쾌지	나		칭		칭	나			네	-	

- 자진모리장단(빠른 3소박4박자)의 구조에 유의하며 후반부의 말붙임새를 익힌다.

후반부:

쾌	지	나	칭		칭	나			네	-	

- '메기는소리' 가락은 변화하고 '받는소리' 가락은 반복된다는 차이점을 알고, 교사의 시범창을 듣고 따라 부르는 방식으로 한마디씩 가락을 익힌다.

장단 연주하면서 한배의 변화 이해하기

- 전반부와 후반부의 말붙임새와 가락을 각각 익힌 후, 음악적인 차이점을 찾아보도록 하여 한배(빠르기)의 변화를 이해하게 한다. 전체를 이어서 노래 부르도록 한다.
- 굿거리장단과 자진모리장단의 기본형을 무릎장단으로 쳐 본 후 장구(소고)로 장단을 직접 연주해 보도록 한다. 각각의 장단 연주가 익숙해지면, 연주하면서 노래 부른다.

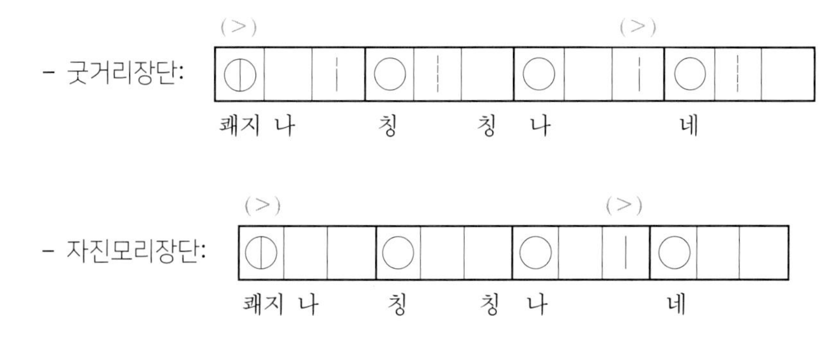

'한배'란 원래 활을 쏘아 떨어뜨린 거리라는 뜻이었으나 음악에 쓰이면서 공간을 시간화시킨 개념으로 활용하면서 속도가 빠르고 느린 정도를 의미해요.

한배에 맞추어 다양한 활동하기

- 장단의 한배에 따른 다양한 활동 방법(걷기/뛰기, 손뼉치기, 음악줄넘기 등)을 한다.

한배에 맞추어 걷기/뛰기 　 한배에 맞추어 손뼉 치기 　 한배에 맞추어 줄넘기하기

한배에 맞는 다양한 활동을 제시할 때 걷기/뛰기와 손뼉치기는 노래를 부르면서 동시에 할 수 있으나 줄넘기 활동은 노래 부르는 사람과 줄넘기하는 사람으로 역할을 나누어 진행하는 게 좋아요.

노래 부르기 · 신체 표현하기 · 음악 만들기

9. 서도민요의 시김새 맛을 느껴 봐요

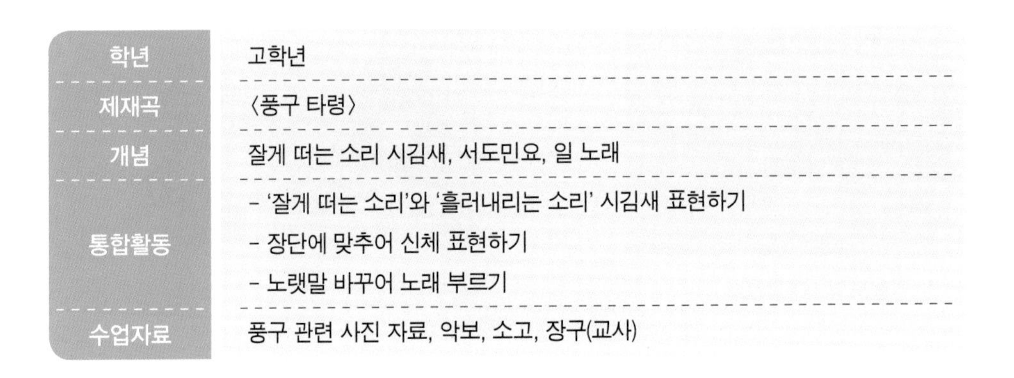

학년	고학년
제재곡	〈풍구 타령〉
개념	잘게 떠는 소리 시김새, 서도민요, 일 노래
통합활동	- '잘게 떠는 소리'와 '흘러내리는 소리' 시김새 표현하기 - 장단에 맞추어 신체 표현하기 - 노랫말 바꾸어 노래 부르기
수업자료	풍구 관련 사진 자료, 악보, 소고, 장구(교사)

악보 1-19 <풍구 타령>

역사적 유래와 노래 가사의 의미 알기

- 언제 주로 불렀던 노래인지 등의 유래와 풍구가 무엇인지를 알고 노랫말을 이해한다. 대장간이나 불 피우는 곳에서 불이 잘 타오르게 풀무질을 하면서 부르던 노래임을 알게 한다.

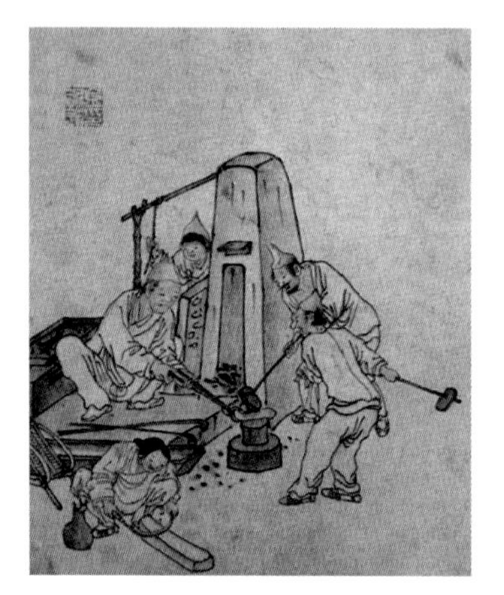

단원 김홍도의 〈대장간〉

대장간에서 일하는 사람들 각각의 모습을 표현함. 풀무로 불을 피워 쇠를 달궈 대장장이들이 도구를 만드는 모습

〈풍구〉

장작불이 활활 잘 타오르도록 바람을 불어넣는 기구로 '풀무'라고도 함

말붙임새 익히고 가락과 시김새 익히기

- 자진모리장단(3소박4박자)의 구조에 유의하며 제재곡의 말붙임새를 익힌다.

어		기	여		차	불	-	어	라		

~

- 서도민요의 시김새인 '잘게 떠는 소리'와 '흘러내리는소리'의 특징을 알고, 전문가창(유튜브에서 서도민요 '풍구타령' 영상 검색 활용)이나 교사의 시범창을 듣고 따라 부르는 방식으로 한마디씩 가락을 익힌다.

‖ 수심가토리의 구성음

- 앞서 제시한 다양한 시김새 연습 방법을 활용하여 '잘게 치켜 떠는 시김새'를 연습한 후 제재곡을 부른다. 시김새 표현이 어느 정도 익숙해지면 손가락으로 가락선을 그리며 노래 부른다.

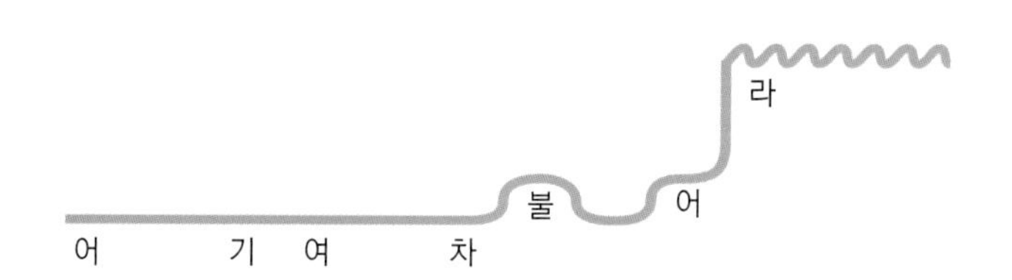

〈금다래꿍〉〈싸름〉 등 기존에 많이 알려진 서도민요를 듣고 불러보면서 서도민요의 독특한 시김새를 체험할 수 있어요.

신체 표현해 보고 부분 가사를 바꾸어 노래 부르기

• 자진모리장단에 맞추어 신체 표현(손뼉 치기나 무릎장단)을 하면서 제재곡을 부른다.

손뼉 치기												
무릎장단	양손 무릎 치기			왼손 무릎 치기			왼손 무릎 치기		오른손 무릎 치기	왼손 무릎 치기		
장단	⏀			○			○		|	○		

• 제재곡의 일부를 일(청소)과 관련된 새로운 노랫말로 바꾸어 노래 부른다.

○		○	○		○	○	○	○	○		
우		리	교		실	깨	끗	하	게		

○		○	○		○	○	○	○	○		
나		도	너		도	쓱	쓱	싹	싹		

다른 일 노래 조사하여 발표하기

• 다른 지역에서 전해 오는 여러 가지 일 노래를 조사하여 발표하고 관련곡을 감상한다.

〈멜후리는 소리〉

우리나라 서남해안의 섬들과 제주도 등에서 멸치 그물을 후리며 멸치를 잡을 때 부르는 노래로, 제주도에서는 '어 허어야디야~'로 노래가 시작된다(유튜브 "멜후리는 소리" 영상 검색 활용).

〈두레질 소리〉

웅덩이에서 논으로 물을 퍼 올릴 때 부르는 노래로 '두레-홍~'으로 노래가 시작된다(유튜브 "물두레질 소리" 영상 검색 활용).

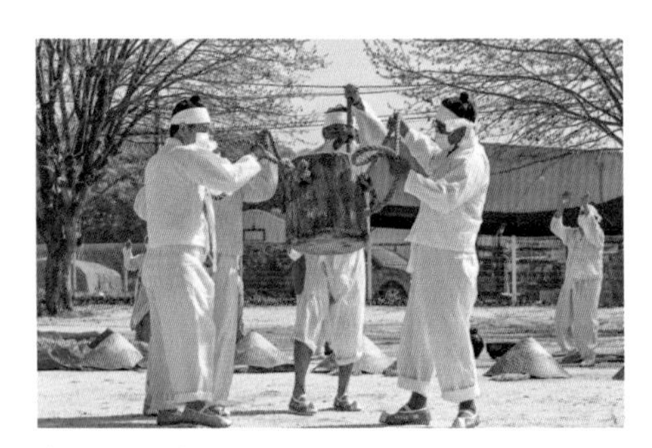

〈망깨 소리〉

무거운 돌이나 나무를 줄로 묶어 여러 사람이 들었다 놓았다 하며 땅을 다지면서 부르던 노래로 '어-여라~'로 노래가 시작된다(유튜브 "구덕망께터다지기" 영상 검색 활용).

Tip

일 노래와 관련하여 학생들도 힘들고 어려운 일을 할 때 주로 부르는 노래를 서로 얘기 나누어 보고 일 노래의 기능을 알 수 있어요.

예 숙제를 하면서 주로 부르는 노래는? 자기 방 청소를 하면서 주로 부르는 노래는?

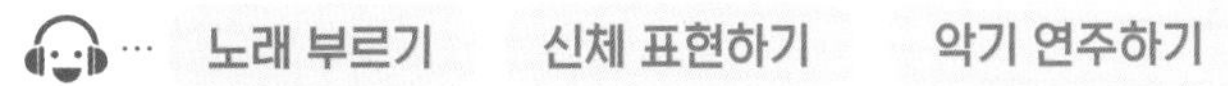

10. 생활악기와 함께 제주민요의 맛을 느껴 봐요

학년	고학년
제재곡	〈오돌또기〉
개념	제주민요, 토속 악기, 굿거리장단
통합활동	- 굿거리장단을 치면서 제주민요 부르기 - 굿거리장단에 맞추어 한삼춤 추기 - 제주도의 토속악기를 이해하고 생활 악기 만들기
수업자료	제주도 토속악기 사진자료, 악보, 생활악기 등

악보 1-20 <오돌또기>

제주도의 토속 악기 탐색하기

- 노래 제목의 의미를 알아보고, 제주도의 토속 악기를 살펴본다.
- 오돌또기: 정확한 의미는 알 수 없으며, 후렴구인 '둥그래당실~'을 노래 제목으로 사용하기도 한다. 남녀의 사랑이나 제주도의 명승지의 풍경을 노래한다. 등

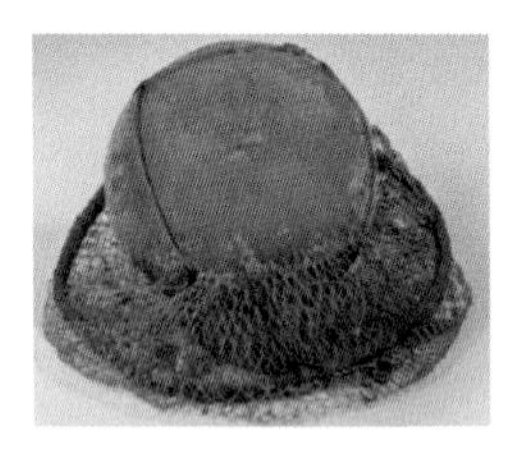

태왁: 해녀들이 물질을 할 때 바다에 띄워 놓고 채취한 해물을 담는 어구(漁具)로, 오른손에 채나 빗창을 쥐고 치고 왼손은 맨손으로 치는 악기

물장구: 조금 큰 그릇에 물을 담고 바가지를 엎어 띄워 놓고 손이나 채로 두드리는 악기

허벅: 부녀자들이 물을 길을 때 쓰는 항아리로, 왼손바닥으로 입 부분을, 오른손으로 채를 쥐고 허벅의 어깨를 치는 악기

설쇠: 제주지방 무속음악에 쓰이는 타악기로, 체를 엎은 뒤 그 위에 놋주발을 엎어 놓고 양손에 채를 들고 윗부분을 치는 악기

〈제주도 토속악기〉(김영운, 1989)

말붙임새와 가락 익히기

- 굿거리장단(3소박4박자)의 구조에 유의하며 제재곡의 말붙임새를 익힌다.

오			돌		-	또	--	-	-		기

- 전문가창이나 교사의 시범창을 듣고 한 마디씩 가락을 익힌다.
- 제주민요의 특징인 잔가락에 주의하며 손가락으로 가락선을 그리면서 전곡을 부른다.

한삼춤을 추면서 노래 부르기

- 굿거리장단에 맞추어 한삼을 끼고 신체 표현을 하면서 노래를 부른다.

신체 표현	한삼을 어깨에 올렸다 양손을 위로 올리기			팔을 위로 뻗어 왼쪽으로 흔들기			한삼을 어깨에 올렸다 양손을 위로 올리기			팔을 위로 뻗어 오른쪽으로 흔들기		
구음	덩		기덕	쿵	더러러러		쿵		기덕	쿵	더러러러	
장단	⦶		┆	○	┆		○		┆	○	┆	

Tip

한삼춤을 추면서 동시에 노래를 부르는 활동이 어려울 때에는 한삼춤을 추는 모둠과 노래를 부르는 모둠을 각각 나누어 진행할 수 있어요. 또한 한삼 준비가 어려울 때에는 화장지나 색 테이프 등을 길게 늘여서 춤출 수 있어요.

생활 악기를 만들어 연주하면서 노래 부르기

- 제주도 토속악기를 대체할 수 있는 생활 악기를 만들거나 준비한다.

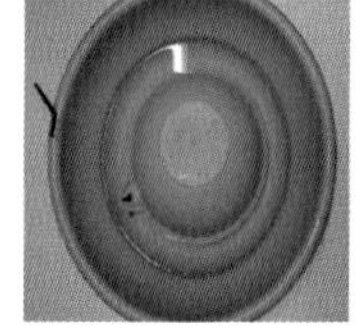
물장구의 생활 악기

허벅의 생활 악기

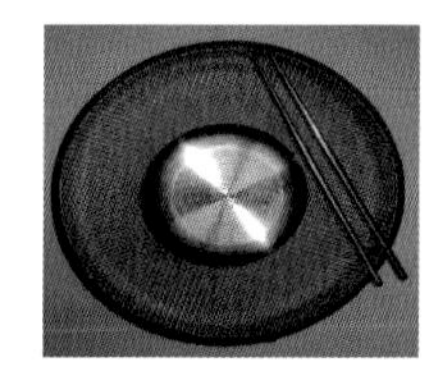
설쇠의 생활 악기

• 생활 악기로 굿거리장단을 연주하며 노래 부른다.

굿거리장단	⦶		¦	○	┆		○		¦	○	┆	

연주법	기호	방법
연주법	⦶	2개의 채나 양손으로 동시에 1번 친다.
	¦	1개의 채를 오른손에 들거나 오른손으로 살짝 1번 친다.
	○	1개의 채를 왼손에 들거나 왼손으로 1번 친다.
	┆	1개의 채를 오른손에 들거나 오른손으로 살짝 몇 번 친다.

Tip

생활 악기는 우리 주변에서 주로 접할 수 있는 다양한 일상 용품이나 물건을 활용하여 만들 수 있고, 사전 과제나 미술 시간과 연계할 수 있어요.

- **'물장구' 생활 악기**: 크기가 서로 다른 쇠로 된 그릇이나 플라스틱 그릇을 이용하여 물을 부어서 그 위에 작은 그릇을 엎어 놓고 나무젓가락이나 맨손으로 연주한다.
- **'허벅' 생활 악기**: 빈 음료수 병이나 물병의 뚜껑을 열고 맨손으로 연주한다.
- **'설쇠' 생활 악기**: 가정에서 사용하는 체를 뒤집어 놓고 그 위에 쇠 그릇을 엎어 놓은 후 쇠 젓가락으로 연주한다.

제2장
악기 연주하기 + α

Zoom in

악기 연주하기 지도방법

| 김경태 · 양병훈 |

혼자서 악기를 연주하고, 친구들과 함께 화음을 맞춰 합주도 하고, 다른 친구의 노래나 연주에 맞춰 반주를 하는 등 다양한 악기를 고루 경험할 수 있는 악기 연주 활동! 악기 연주 활동이 즐겁고 신나는 이유는 음악의 표현 수단 중 하나인 '악기'를 통해 학생들이 능동적으로 '실제적인 음악적 경험(Authentic Musical Experience)'을 할 수 있기 때문일 것이다.

악기 연주 활동이 '노래 부르기' '음악 만들기' '음악 감상하기'와 같은 다양한 영역과 함께 어우러질 때 '실제적인 음악적 경험'의 힘은 더욱 강력해진다. 노래와 함께 악기를 연주하고, 악기를 활용하여 음악을 창작하며, 감상곡을 직접 악기로 연주하는 과정을 통해 더 깊은 수준의 음악을 몸소 경험할 수 있는 것이다. 하지만 학교 현장에서는 바로 그 '악기'를 활용한다는 점 때문에 오히려 교사, 학생 모두에 부담이 되기도 한다. 이러한 악기 연주 활동의 부담을 이겨 낼 수 있도록 악기 연주하기 지도 방법 일곱 가지를 소개한다.

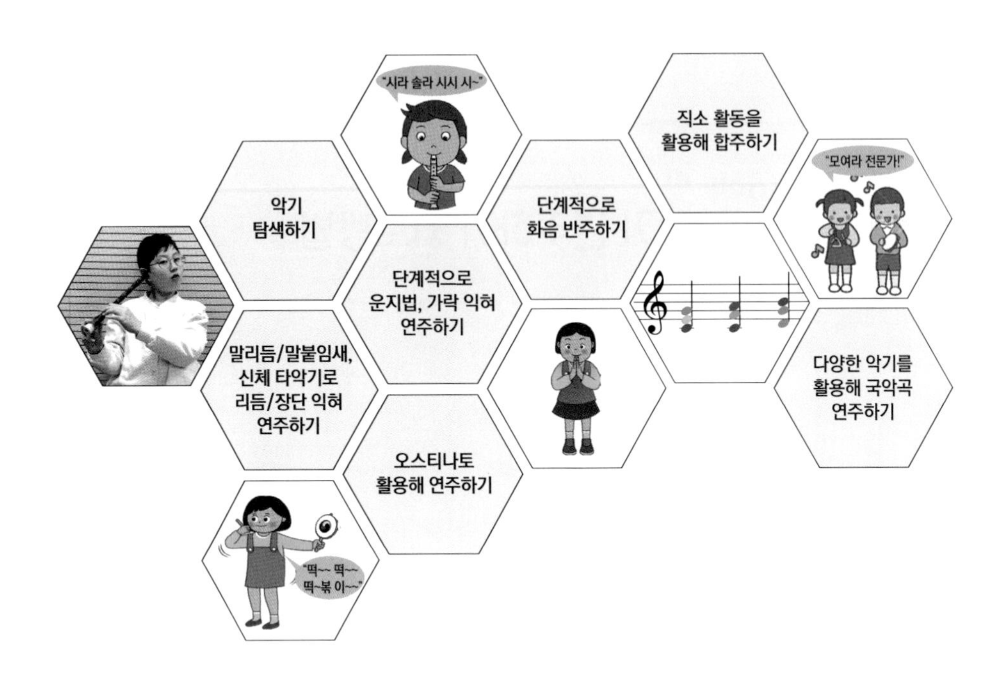

1. 악기 탐색하기

#두근두근 악기와의 첫 만남 #악기와 친구 되기 #넌 어떤 악기니? #내 맘대로 연주해

악기를 맨 처음으로 접할 때, 올바른 연주 자세와 주법에 대해 교사가 일방적으로 알려 주기에 앞서 먼저 학생 스스로 악기를 자유롭게 탐색해 보며 친해지는 기회를 주는 것은 어떨까?

예시 1 리코더 탐색하기

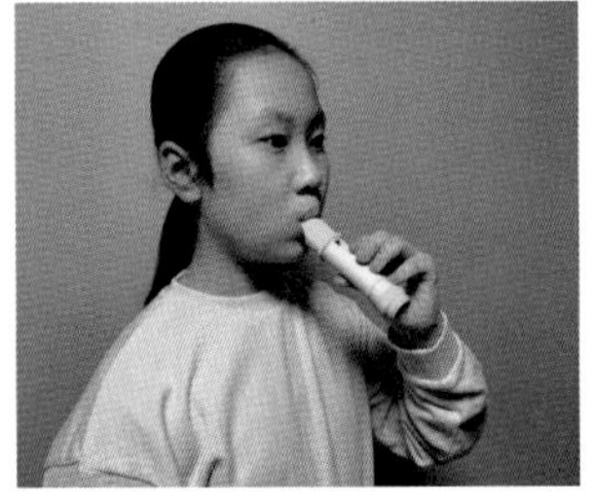
윗관의 아래 구멍을 열고 소리 내요.

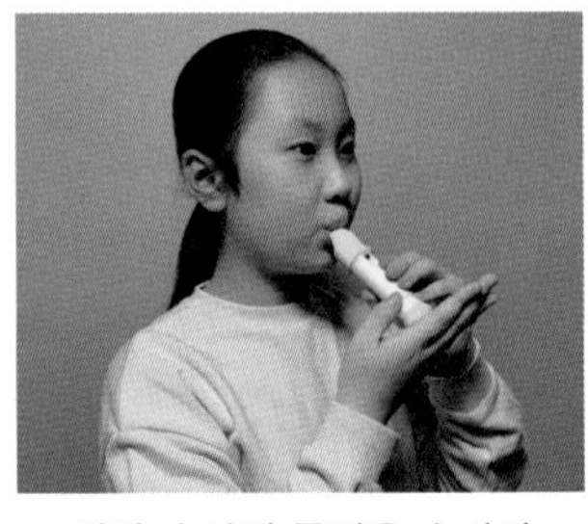
윗관이 아래 구멍을 손바닥으로 열었다 막았다 해요.

윗관의 아래 구멍에 손가락을 넣어 왔다 갔다 움직여요.

- 새로 만난 친구 '리코더'에 나만의 이름을 지어 준다.
- 리코더의 윗관을 분리한 뒤 다양하게 소리를 내 본다.

  ㉠ 생일 촛불 끄는 것처럼 강하게 '후~' 불기, 호루라기 불 듯 '호르르' 소리 내 보기, 혀를 대어 '투투' 소리 내 보기, 손가락을 넣어 보거나 손바닥으로 막아 보기 등
- 윗관만을 갖고 소리 내는 것과 중간, 끝관을 차례로 연결한 뒤 소리 내는 것을 비교해 보고 음색, 음높이, 느낌 등에서 어떤 차이가 있는지 생각을 나눈다.
- 지공을 하나씩 막아 보면서 음색, 음높이에 어떤 차이가 있는지 느껴 본다.

예시 2 단소 탐색하기

단소의 모양과 두께를 관찰해요.

손가락으로 구멍을 하나씩 막아 보아요.

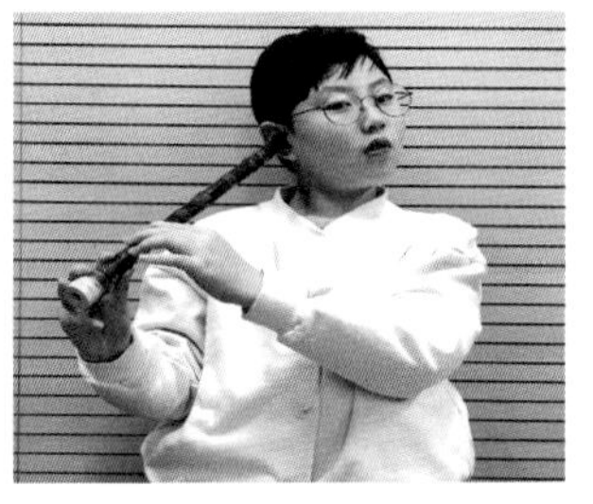

단소의 취구를 귀에 대고, 구멍을 차례로 막아 보아요.

- 새로 만난 친구 '단소'에 나만의 이름을 지어 준다.
- 이전에 만난 친구 리코더와 같은 점/다른 점이 무엇인지 찾아본다(취구, 지공의 개수, 모양, 두께 등). 특히 리코더는 입을 대고 김을 불어 넣으면 바로 소리가 나지만 단소는 그렇지 않다. 어떻게 하면 소리가 날지 탐색해 본다.
- 단소 취구를 귀에 대고 구멍을 차례로 막아 보면서 소리의 변화를 느껴 본다.

예시 3 장구 탐색하기

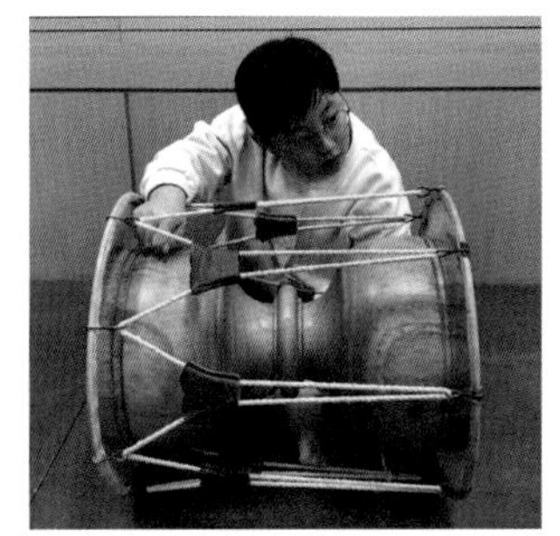

울림통을 두드려 소리의 울림을 들어 봐요.

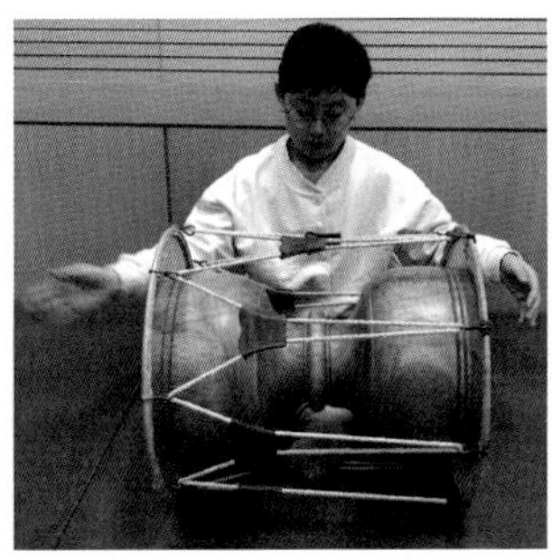

양쪽 가죽 면을 번갈아 두드리며 소리를 들어 봐요.

조이개를 오른쪽으로 조이면서 소리를 들어 봐요.

- 새로 만난 친구 '장구'에 나만의 이름을 지어 준다.
- 장구의 양쪽 가죽 면의 복판과 채편을 다양하게 두드리며 음색의 차이를 느껴 본다.
- 장구의 조이개를 줄였다 풀었다 하며 장구의 복판을 두드리고 음색의 차이를 느껴 본다.
- 장구의 양쪽 가죽 면을 손바닥과 장구채로 번갈아 가며 두드려 보고, 장구채의 손잡이 부분과 윗부분을 번갈아 잡아 두드려 보면서 소리의 변화를 느껴 본다.

예시 4 붐웨커 탐색하기

입으로 불거나 몸에 두드려 보며 소리를 들어 봐요.

붐웨커끼리 부딪쳐 보며 소리를 들어 봐요.

- 새로 만난 친구 '붐웨커'에 나만의 이름을 지어 준다.
- 여러 가지 방식으로 붐웨커를 연주해 보며 다양하게 소리를 내 본다.
  예 책상/바닥/몸/벽에 치기, 붐웨커끼리 부딪치기, 입으로 불기, 손으로 튕기기 등
- 길이가 다른 붐웨커를 각각 귀에 대 보고 소리를 들어 보고, 차례대로 두드려 보기도 하며 길이에 따라 소리에 어떤 차이가 있는지 느껴 본다.

Tip

'악기 가져가기' 놀이로 악기 탐색활동을 시작해 봐요!(김항성 외, 2019)

- 교실 가운데에 학생 수 이상의 악기를 쌓아 놓고 원으로 둘러앉습니다.
- 한 사람씩 차례대로 악기를 골라 가져갑니다. 이때 악기 소리가 나지 않게 조심히 가져가서 자기 자리에 내려놓습니다.
- 악기를 가져가는 동안 소리가 나면 가져가던 악기를 다시 원래대로 놓고 돌아와 다음 차례를 기다립니다.
- 모두 악기를 가져가면 각자 악기 탐색활동을 시작합니다.

2. 말리듬/말붙임새, 신체 타악기로 리듬/장단 익혀 연주하기

#리듬/장단 연주의 꿀팁 #말하면서 느끼고 #몸으로 연주한 다음 #리듬악기 연주해 봐

먼저는 '말리듬/말붙임새'를 통해, 그다음으로는 손뼉 치거나 발 구르는 등 '신체 타악기'를 통해 리듬/장단을 충분히 익히고 나면 악기로 직접 연주할 때 훨씬 쉽고 자연스럽게 연주할 수 있게 된다.

예시 5 악기 이름을 활용해 리듬 익히기

악보 2-1 악기별 말리듬의 예

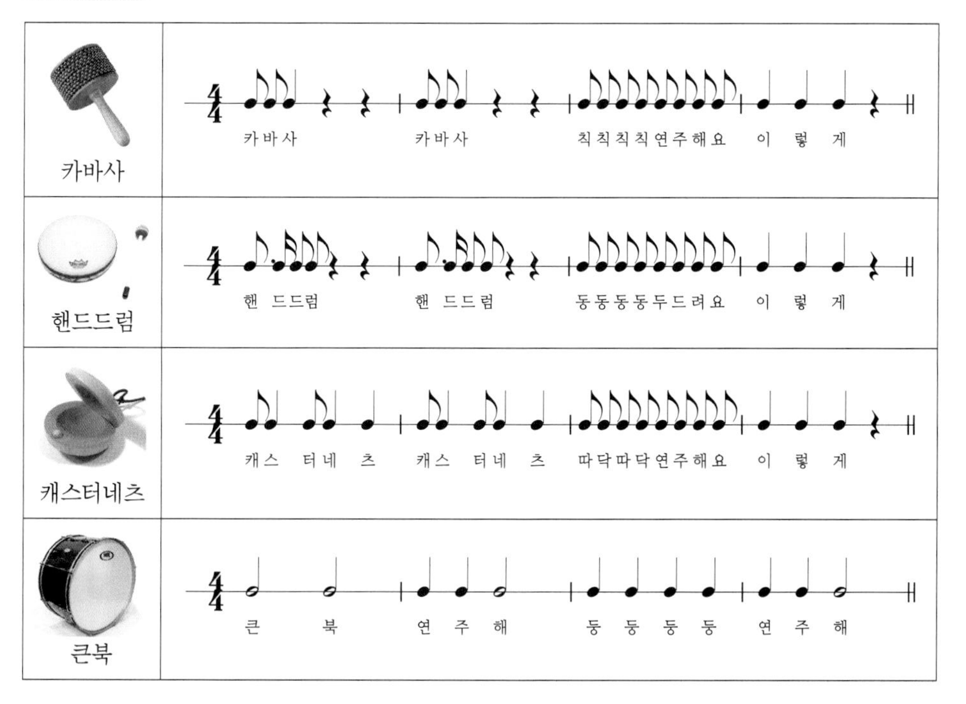

말리듬	• 리듬악기의 이름으로 어울리는 말리듬 만들어 읽기 • 실제 악기 소리를 의성어로 표현하는 말리듬 만들어 읽기

↓

신체 타악기	• 말리듬으로 익힌 리듬꼴을 신체 타악기로 연주하기 ㉮ 손뼉 치기, 손등 치기, 팔 두드리기, 무릎 치기, 발 구르기 등 • 실제 악기 연주 자세와 비슷한 동작으로 모방하기

↓

악기 연주	• 신체 타악기로 익힌 리듬꼴을 악기로 연주하기

예시 6 그림과 4 × 4 리듬표 활용해 리듬 익히기

말리듬

① 그림으로 된 4×4 리듬표를 일정박에 맞추어 차례대로 말리듬 읽기

예

빵	빵	빵	빵
빵	콩콩	빵	콩콩
빵	빵	콩콩	빵
콩콩	콩콩	빵	빵

② 위 그림을 음표로 바꾸어 제시하고, 일정박에 맞추어 코다이 리듬음절 읽기

예

타	타	타	타
타	티티	타	티티
타	타	티티	타
티티	티티	타	타

♩	♩	♩	♩
♩	♪♪	♩	♪♪
♩	♩	♪♪	♩
♪♪	♪♪	♩	♩

신체 타악기	• 4×4 리듬표 보며 신체 타악기로 리듬꼴 연주하기 예 손뼉 치기, 손등 치기, 팔 두드리기, 무릎 치기, 발 구르기 등

악기 연주	• 4×4 리듬표 보며 리듬악기로 리듬꼴 연주하기 예 리듬막대, 캐스터네츠 등

Tip 똑같은 4×4 리듬표를 활용해 다양한 4/4박자 리듬꼴을 만들고 연주해 봐요!

- 읽는 방향만 다양하게 바꾸어 가며 새로운 리듬꼴을 연주할 수 있습니다.

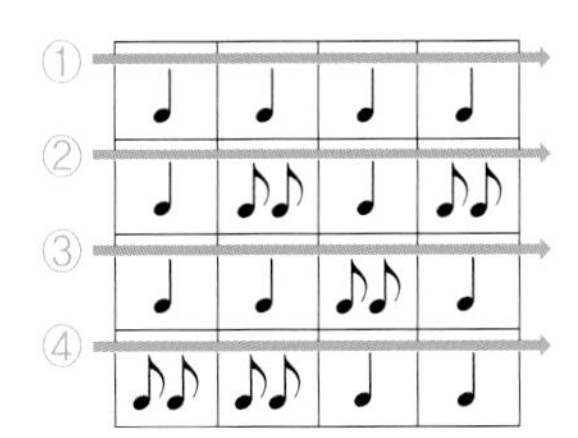

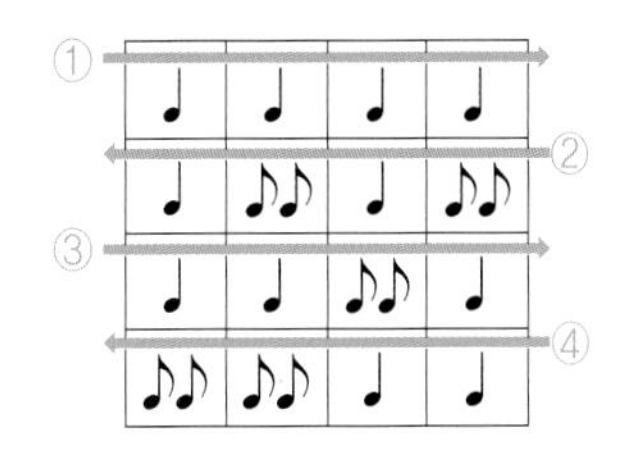

- 그림(또는 음표)을 한 칸씩 바꾸어 가며 새로운 리듬꼴을 연주할 수 있습니다.
- 4분쉼표 등을 추가해 가며 새로운 리듬꼴을 연주할 수 있습니다.

예시 7 말붙임새와 구음을 활용해 장단 익히기

말붙임새	떡			떡			떡		볶	이		
구음	덩			쿵			쿵		덕	쿵		
기호	⦶			○			○		|	○		

말붙임새	오		늘	점	심		떡		볶	이	다	
구음	덩		덕	쿵	덕		쿵		덕	쿵	덕	
기호	⦶		|	○	|		○		|	○	|	

말붙임새 & 구음

- 박자에 맞춰 말붙임새로 장단꼴 익히기
- 가사 바꾸어 말붙임새 익히기

예)

돈			돈			돈		까	스		
오		늘	점	심		돈		까	스	다	

- 말붙임새로 익힌 장단꼴을 구음으로 부르기

↓

신체 타악기	• 말붙임새와 구음으로 익힌 장단꼴을 신체 타악기로 연주하기 ㉮ 손뼉 치기, 손등 치기, 팔 두드리기, 무릎 치기, 발 구르기 등 • 구음에 따라 무릎 장단 치기
↓	
악기 연주	• 신체 타악기와 무릎 장단으로 익힌 장단꼴을 악기로 연주하기 ㉮ 소고, 장구 등

Tip 생활 속의 악기로 리듬/장단을 연주해 봐요!

실제 악기 이외에도 주변에서 쉽게 볼 수 있는 물건들을 리듬악기로 활용하거나 난타, 컵타, 몸타(Body Percussion), 펜비트 등 다양한 방법을 활용하는 응용활동으로 리듬/장단 연주를 해 볼 수 있습니다.

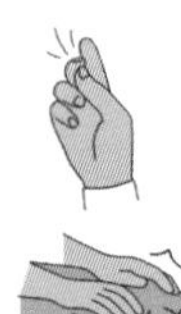
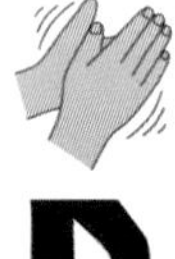

3. 단계적으로 운지법, 가락 익혀 연주하기

#리코더 · 단소 연주 #천리 길도 한 걸음부터 #운지법 더해 가기 #먼저 노래로 익혀 봐

초등학교에서 주로 사용하는 가락악기에는 리코더, 오카리나, 단소, 소금 등이 있다. 그중 리코더, 단소를 중심으로 가락악기의 단계적 지도 방법을 소개한다.

1) 단계적으로 운지법 익히기

예시 8 리코더에서 운지법을 익히는 효과적인 순서

- 리코더는 왼손 운지만으로 소리 낼 수 있는 음인 '시, 라, 솔'부터 익혀 나가는 것을 추천한다. 이후 음을 조금씩 추가해 가며 단계적으로 운지법을 더해 가는 것이 효과적이다. (다음의 일반적인 순서를 참고하되 수업이나 상황에 따라 순서는 달라질 수 있다.)

시, 라, 솔 (B, A, G)	—	도′, 레′ (C′, D′)	—	미, 레 (E, D)	—	파, 도 (F, C)	—	파#, 시♭, 미′ (F#, B♭, E′)

Tip 가락악기를 연주하기 전, '음이름'으로 노래하며 가락을 익혀요!

보통 노래를 부를 때는 음정 관계를 이해하기 쉬운 '계이름'으로, 악기를 연주할 때는 절대적인 음높이를 이해하기 쉬운 '음이름'으로 가락을 익히지요. 음이름으로 가락을 익힐 때는 편의상 '다장조 계이름'을 빌려서 읽는 방식(고정도법)을 사용합니다.

악보 2-2 <비행기>

악보 2-3 <나비야>

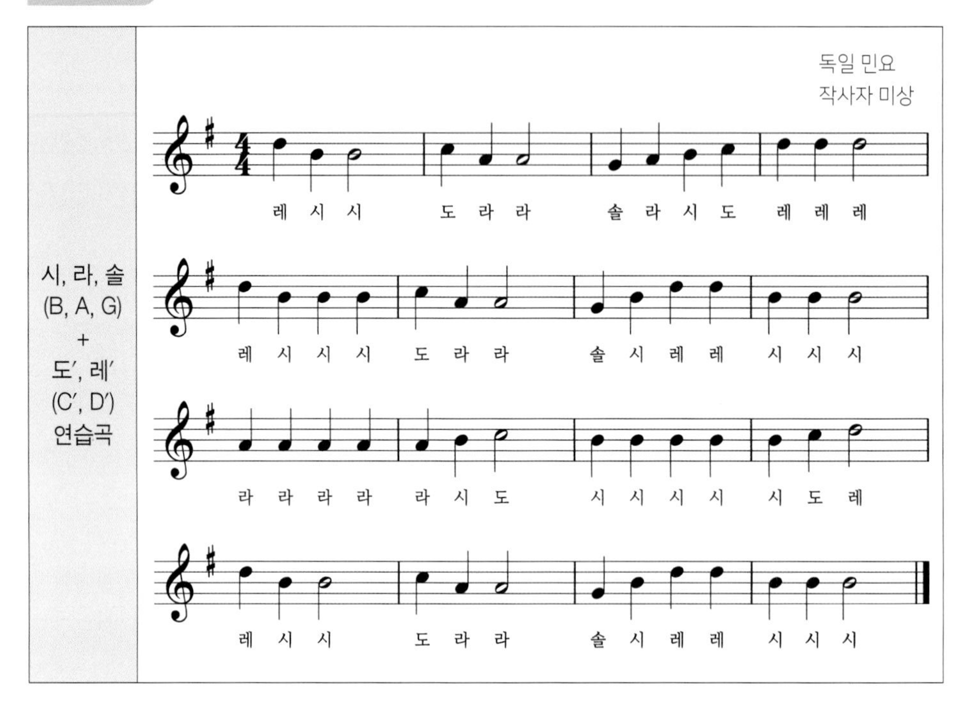

예시 9 단소에서 운지법을 익히는 효과적인 순서

- 단소는 '가운데 소리' 내기가 쉬우므로 먼저 익히고, 다음으로 '낮은 소리' '높은 소리'를 연습하는 것이 효과적이다(정일영, 2004).

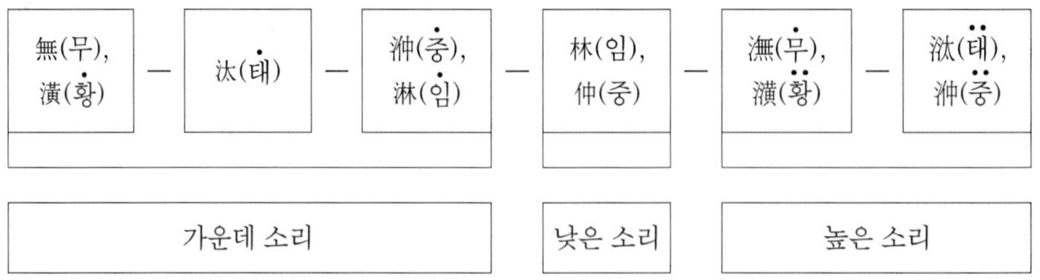

* 이하 율명을 한글로 표기할 때는 '氵'이 있는 경우 해당 율명 위에 '•'을 첨가하도록 한다.

예) 汰(청태, 태), 潢(중청황, 황)

악보 2-4 단계별 단소 운지법 연습을 위한 악곡의 예

汰(태), 潢(황), 無(무) 연습곡	沖(중), 淋(임) 연습곡	仲(중), 林(임) 연습곡
비행기 汰 태 潢 황 無 무 潢 황 汰 태 汰 태 汰 태	학교종 沖 중 沖 중 淋 임 淋 임 沖 중 沖 중 汰 태	아리랑 仲 중 –林 임 仲林 중임

Tip **듣고 따라 연주해 봐요!**

듣고 따라 부르며 노래를 배우는 것처럼, 악기 연주를 할 때에도 '듣고 따라하기' 방법을 활용하면 좋습니다('기억 모방' 또는 '메아리 모방'이라고도 해요). 교사가 먼저 연주하는 것을 듣고 기억하여 그대로 따라 연주하다 보면 운지법을 익히거나 곡의 리듬, 가락을 보다 더 쉽게 연주할 수 있게 됩니다. 셈여림, 빠르기 등 다른 음악적 요소를 표현할 때에도 활용할 수 있어요. '듣고 따라하기' 활동을 통해 학생들은 다양한 음악적 아이디어 표현에 대한 경험을 쌓을 수 있고, 교사는 학생의 연주기능에 대한 피드백을 줄 수 있습니다.

악보 2-5 듣고 따라하기(모방) 연주의 예

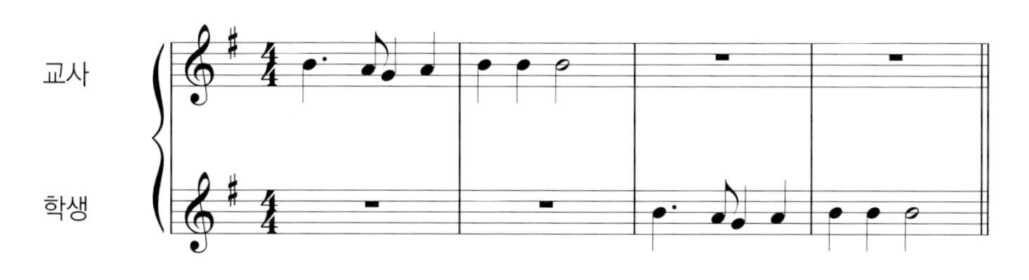

2) 가락 익힌 후 연주하기

- 운지법을 익힌 후 본격적으로 연주할 때는, 다음과 같이 단계적인 접근 방법에 따라 먼저 가락을 충분히 익힌 후에 악기 연주하는 것이 효과적이다.

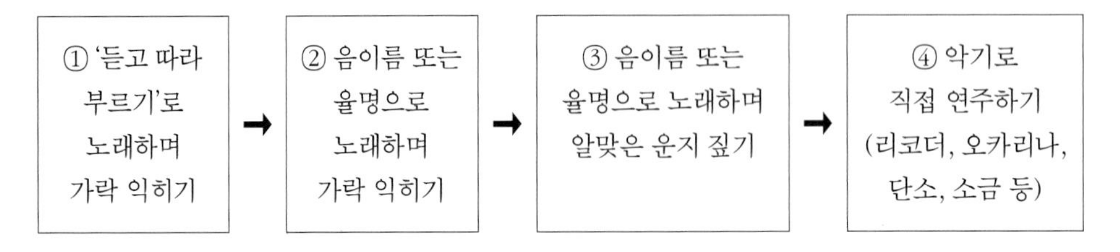

예시 10 음이름으로 노래하며 가락 익힌 후 리코더 연주하기

악보 2-6 <언제나 몇 번이라도(Itsumo Nandodemo)>

예시 11 **율명으로 노래하며 가락 익힌 후 단소 연주하기**

악보 2-7 <새야새야>

汰	•태	潢	•황	
淋	•임	林	임	
汰	•태	汰	•태	
汰	•태	潢	•황	
– △		– △		새야새야
汰	•태	汰	•태	
潢	•황	潢	•황	
林	임	林	임	
林	임	林	임	
– △		– △		

4. 오스티나토 활용해 연주하기

#짧고 쉬운 패턴 #무한반복 #반주, 합주 모두 가능 #소리의 어울림

간단한 오스티나토를 활용하여 반주 또는 합주를 한다면 음악에 대한 이론적 지식이 부족한 학생들도 쉽게 참여하여 악기 연주를 통한 소리의 어울림을 경험할 수 있다.

Tip 오스티나토, 이렇게 활용해 봐요!

'오스티나토(Ostinato)'는 계속 반복되는 일정한 패턴을 말합니다. 리듬, 가락, 화음, 신체 표현, 그 외에 어떤 음악 요소도 오스티나토로 만들 수 있어요.

- 먼저 '듣고 따라하기'를 통해 충분히 반복하며 익숙하게 표현할 수 있도록 합니다.
- 여러 오스티나토를 활용하는 경우, 그룹을 나누어 한 오스티나토씩 맡아 연습합니다.
- 이후 모든 그룹이 함께 노래하거나 연주할 때는, 동시에 시작하기보다 한 파트씩 차례차례 쌓아 가면서 반복되는 구조를 가지는 것이 좋습니다.
- 반복되는 연주의 단조로움을 피하기 위해 셈여림, 빠르기의 변화를 줄 수도 있습니다.
- '노래 부르기' '음악 만들기' '음악 감상하기' 등 모든 영역에서 활용할 수 있습니다.

1) 오스티나토 반주하기

예시 12 리듬 오스티나토 활용해 반주하기

- 짧게 반복되는 리듬 오스티나토를 익힌 후 주선율(노래 또는 가락악기 연주)에 맞춰 반주한다.
- 이때 노래나 주제에 어울리는 말리듬 오스티나토를 만들어 리듬꼴을 익히고, 신체 타악기를 활용하여 연습한 후에 악기로 직접 연주하면 좋다.
- 학생의 수준에 따라 리듬 오스티나토를 직접 만들어 반주할 수도 있다.

악보 2-8 <예쁘지 않은 꽃은 없다>

리듬 오스티나토 예시	반주 방법 예시	
봉 선 화	말리듬	봉선화, 채송화, 개나리 등 (노랫말과 리듬꼴에 어울리는 낱말 활용)
	신체 타악기	손뼉치기, 무릎치기, 발구르기 등
	리듬 악기	캐스터네츠, 마라카스, 탬버린 등

예시 13 가락 오스티나토 활용해 반주하기

- 가락악기(실로폰, 리코더 등)로 짧게 반복되는 가락 오스티나토를 익힌 후 주선율(노래 또는 가락악기 연주)에 맞춰 반주한다.
- 화성이 단순 반복되는 전래동요나 민속음악을 활용하면 좋다. 반복되는 가락 오스티나토 반주 위에 5음 음계(도 · 레 · 미 · 솔 · 라)를 사용한 선율을 즉흥연주하는 창작활동으로 확장할 수도 있다.
- 학생의 수준에 따라 간단한 가락 오스티나토를 직접 만들어 반주할 수도 있다.

악보 2-9 <풍가 알라피아(Funga Alafia)>

Tip '일정박 치기'를 먼저 충분히 연습한 후 반주를 해 봐요!

'일정박 치기'는 단위박을 규칙적으로 반복해서 치는 활동입니다. 악기 연주를 할 때, 특히 반주를 할 때에는 곡의 빠르기를 유지하기 위해서 일정박을 치는 기초활동을 충분히 연습하는 것이 매우 중요해요.

- 먼저, 신체 타악기나 박자에 어울리는 동작을 활용해 일정박을 느껴 봅니다. 이때 강박에서는 포인트를 주어 표현하면서 강세의 흐름을 자연스럽게 체득할 수 있도록 해야 해요.
- 익숙해지면 노래를 하는 동시에 혼자서, 또 여럿이 함께 일정박을 쳐 봅니다.
- 이후 다양한 리듬악기를 활용해 주선율에 맞추어 일정박을 쳐 봅니다.

노래	고 기	를	잡 으	러
일정박	◎	○	◎	○
신체 표현				
	예 신체 타악기 연주하기(손뼉 치기, 무릎 치기, 발 구르기 등) 예 박자에 어울리는 동작 만들기 예 혼자 하기, 여럿이 마주 보며 함께 하기(짝, 모둠, 전체 등)			
악기 (리듬막대)				

2) 오스티나토 합주하기

예시 14 리듬 오스티나토를 활용해 합주하기

- 그룹을 나누어 각자 맡은 리듬 오스티나토를 말리듬으로 충분히 익힌 다음 신체 타악기, 악기 연주 순서로 연습한다.
- 론도 형식, 한 파트씩 쌓아 가기 등 다양한 형식을 활용하여 합주를 완성해 본다.

악보 2-10 리듬 오스티나토 합주의 예

말리듬 오스티나토 (주제: 요리하기) →	신체 타악기 →	리듬악기
①  참 치	 (머리 위) 손등 치기	[금속악기] 트라이앵글, 카바사 등
② 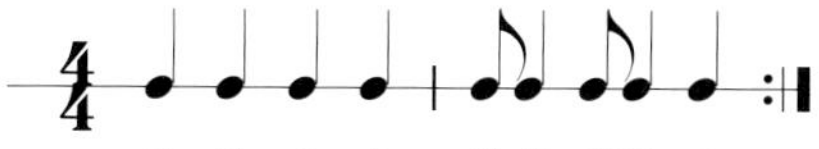 파 를 송 송 썰어 서넣 자	 (가슴 앞) 손뼉 치기	[나무악기/흔드는 악기] 캐스터네츠, 귀로, 우드블럭, 마라카스 등
③  김 치 찌개 김 치 찌개	 무릎 치기	[가죽악기] 핸드드럼, 탬버린 등
④  요 리 해 볼 까	 발 구르기	[큰 타악기] 사물북, 젬베 등

※ 예시를 참고하여 학생의 수준에 따라 적절한 리듬꼴과 악기를 선택 또는 추가하여 연주한다.

예 론도 형식 활용하기

전주	A	B	A	C	A	D	A	E	A	후주
1가지 악기	전체 합주	큰 타악기	전체 합주	가죽 악기	전체 합주	나무 악기	전체 합주	금속 악기	전체 합주	1가지 악기

예 한 파트씩 쌓아 가기(파트별로 리듬 오스티나토 네 번씩 반복)

→ 한 파트씩 사라지기

			금속악기	다같이 2마디 멈춤	금속악기			
		나무악기				나무악기		
	가죽악기						가죽악기	
큰 타악기								큰 타악기

Tip 소리의 특성에 따라 악기군을 나누어 합주해 봐요!

오스티나토 합주를 위해 그룹을 나눌 때, 악기의 재질별로 소리의 특성이 다르므로 이를 고려해 악기군을 나누어 연주하면 좋아요. 합주할 때에도 예를 들어, 큰 타악기 → 가죽악기 → 나무악기/흔드는 악기 → 금속악기 순서로 하나씩 쌓아 가며 연주하면 소리의 어울림이 좋습니다. 합주하기 전 신체 타악기를 할 때 동작의 높낮이와 위치를 구분하여 표현함으로써 이후 합주에서 악기군별 음역대의 특성과 연결되도록 합니다.

5. 단계적으로 화음 반주하기

#'두 음'만 있어도 화음 #기억해 1, 4, 5 #화음 오스티나토

화음 반주를 한다고 하면 왠지 어렵게 느껴질 수 있다. 하지만 학생의 수준에 맞추어 다음과 같이 차근차근 접근한다면 소리의 어울림을 통한 음악의 아름다움, 그리고 함께 하모니를 이루어 연주하는 것의 즐거움을 동시에 느낄 수 있다.

1) '두 음' 화음으로 반주하기

- 저학년 수준에서 화음 반주를 할 때는 먼저 해당 화음의 구성음 중 '두 음'으로만 이루어진 화음을 활용해 접근하는 것이 좋다. 실로폰, 붐웨커 등의 악기를 활용해 반주할 수 있다.

예시 15 '두 음' 화음으로 반주하기

악보 2-11 <참새>

Tip '보르둔'을 활용해 화음 반주해 봐요!

'두 음'으로 된 화음 중 '보르둔(Bordun)'은 오르프 접근법에서 활용되는 기본적인 화음 반주로, 어떤 음계의 근음과 5음으로만 구성된 저음 반주 형태를 말합니다. 보르둔을 활용하면 어려운 기술적 연습 없이도 학생들이 쉽게 즉흥적으로 화음 반주를 하며 음악을 만들 수 있어요.

악보 2-12 <안녕>

2) 주요 3화음으로 반주하기

- 고학년 수준에서는 주요 3화음 개념을 배우게 된다. 따라서 악곡의 각 마디에 어울리는 화음과 악곡에 어울리는 반주의 형태를 연습하여 직접 화음 반주를 해 볼 수 있다. 멜로디언, 실로폰, 우쿨렐레, 붐웨커, 공명벨, 리코더 등의 악기를 활용하여 반주할 수 있다.
- 화음의 구성음을 통해 악곡의 각 마디에 어울리는 주요 3화음을 직접 탐색하거나 어울리는 반주형태를 직접 탐색하여 연주해 보도록 할 수 있다.

예시 16 다장조 주요 3화음으로 반주하기

다장조 주요 3화음 반주하기	
건반악기 (멜로디언, 피아노 등)	I IV V

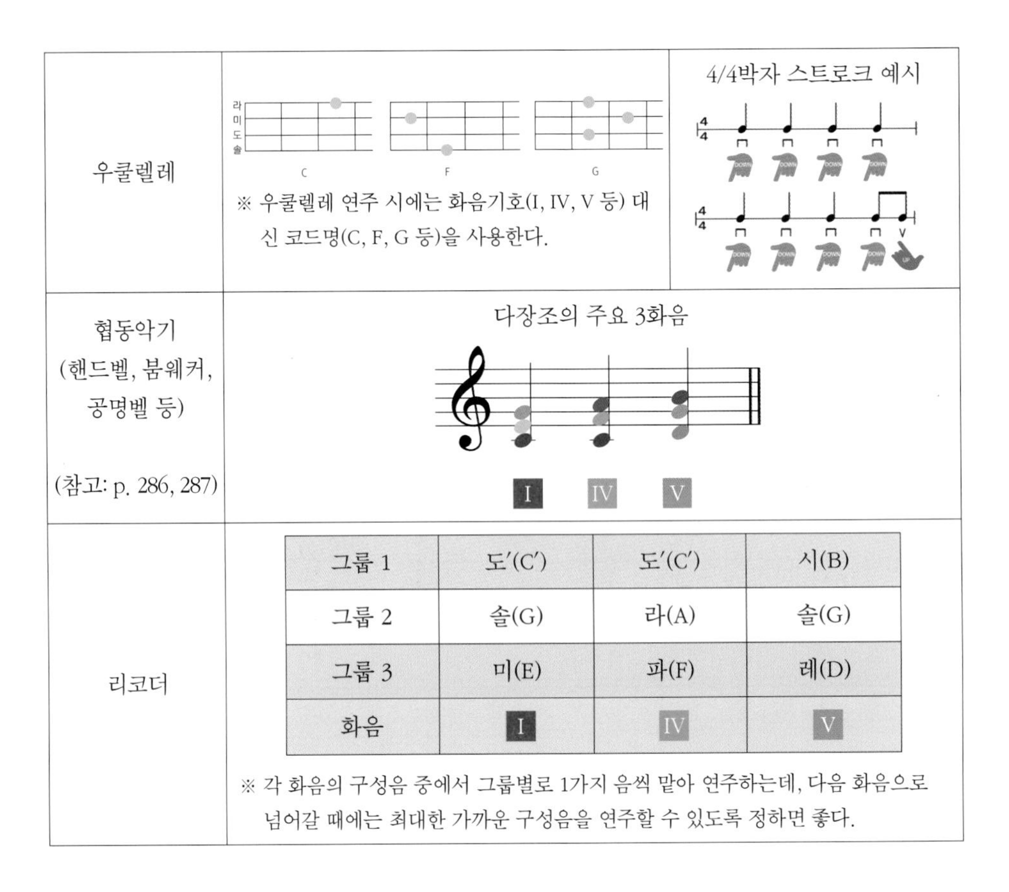

우쿨렐레	라 미 도 솔 / C F G ※ 우쿨렐레 연주 시에는 화음기호(I, IV, V 등) 대신 코드명(C, F, G 등)을 사용한다.	4/4박자 스트로크 예시
협동악기 (핸드벨, 붐웨커, 공명벨 등) (참고: p. 286, 287)	다장조의 주요 3화음 I IV V	
리코더	(아래 표 참조) ※ 각 화음의 구성음 중에서 그룹별로 1가지 음씩 맡아 연주하는데, 다음 화음으로 넘어갈 때에는 최대한 가까운 구성음을 연주할 수 있도록 정하면 좋다.	

그룹 1	도′(C′)	도′(C′)	시(B)
그룹 2	솔(G)	라(A)	솔(G)
그룹 3	미(E)	파(F)	레(D)
화음	I	IV	V

악보 2-13 <학교종>

Tip ‘협동악기’로 함께 연주해 봐요! (참고 p. 286-287)

‘협동악기(핸드벨, 붐웨커, 공명벨 등)’는 비교적 다루기 쉽고, 각자 음을 하나씩만 맡아 낱개의 악기를 연주하기 때문에 가락 연주뿐 아니라 화음 반주 활동에 활용하기 좋습니다. 특히 음악적 수준이 낮아 악기 연주에 어려움을 느끼는 학생들도 자신의 역할을 맡아 연주에 함께 참여할 수 있어서 악기 연주 활동에 대한 흥미를 끌어 올릴 수 있어요. 협동악기를 연주하기 전에는 다음과 같이 ‘계이름 막대’ 등을 활용해 자신이 맡은 계이름을 충분히 숙지하도록 하는 것이 좋습니다.

- 교사의 지시에 따라 ‘청기백기 게임’을 하듯이 계이름 막대를 들었다 내렸다 하며 자신이 맡은 계이름을 명확히 인지합니다.
  ㉑ 교사: “레 올리고, 파 올리지 마!” “미랑 솔 올리고 도 내려!”
  “1도 내리고 5도 올려!” 등
- 코다이 손기호, 화음 손가락 지휘 등을 활용하면 교사가 말을 하지 않고도 수신호만으로 사인을 주면서 계이름 막대 게임을 진행할 수 있습니다.
- 어느 정도 익숙해졌다면 음악을 들으며 박자에 맞추어 계이름 막대를 들었다 내렸다 연습합니다. 이후 직접 협동악기를 잡고 연주합니다.

계이름 막대

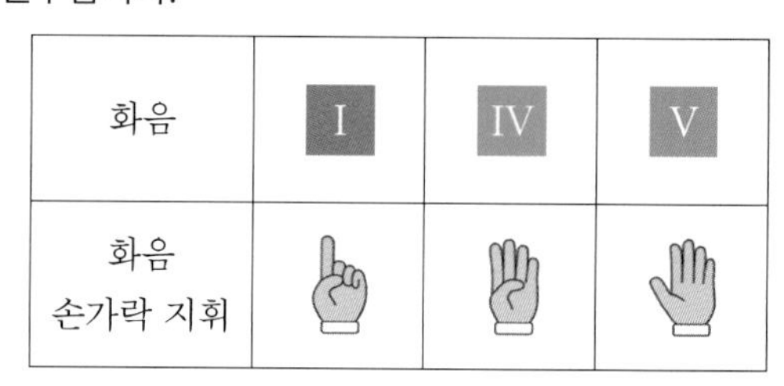

화음	I	IV	V
화음 손가락 지휘			

손가락 지휘(허훈영, 2018)

3) 화음 오스티나토로 반주하기

- 주요 3화음이 아니더라도, 반복되는 화음 패턴인 ‘화음 오스티나토’를 활용하면 비교적 쉽게 기능을 익혀 화음 반주를 할 수 있다. 일반적으로 4개씩 반복되는 화음 패턴으로 구성된 악곡을 선정하는 것이 좋다(‘순환 코드’라고도 부르며 대중가요에서 흔히 찾아 볼 수 있다).
- 일정한 화음 패턴을 직접 정하여 반주할 수도 있다. 이때 화음 패턴 위에 가락을 직접 만들어 연주하거나 즉흥연주로 확장할 수 있다.

예시 17 화음 오스티나토로 반주하기

악보 2-14 <The Lion Sleeps Tonight>

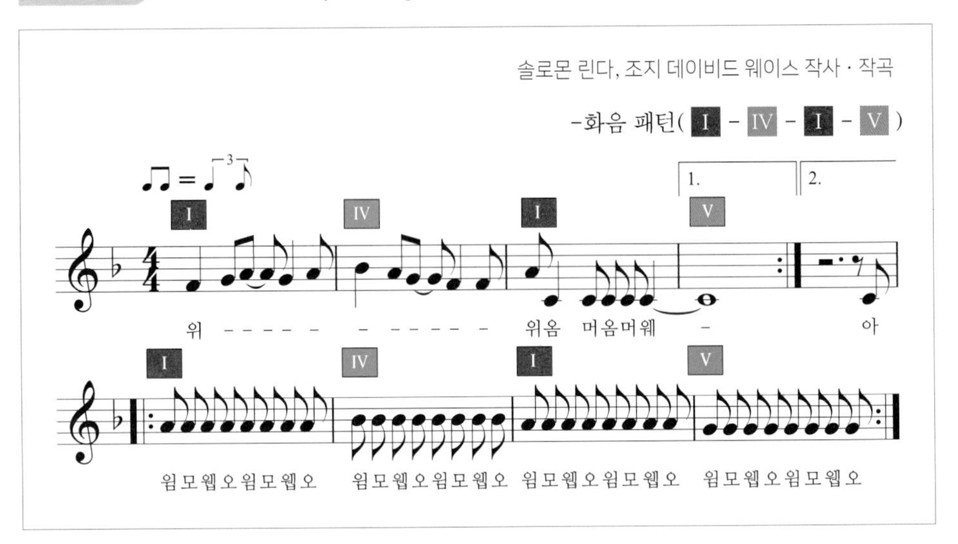

악보 2-15 <Dynamite (BTS)>

6. 직소 활동을 활용해 합주하기

#합주 활동 꿀팁 #흩어져서 파트별 연습 #다시 모여서 합주 #협동학습

직소(Jigsaw) 활동은 다른 교과에서도 많이 활용되는 학습자 중심과 과제 중심 협동학습 형태로 '전문가 집단 활동'이라고도 한다. 중주 또는 합주 활동을 할 때 같은 성부끼리, 같은 악기끼리 모여서 연습한 후 원래 모둠으로 돌아가 합주를 하는 방식으로 활용한다.

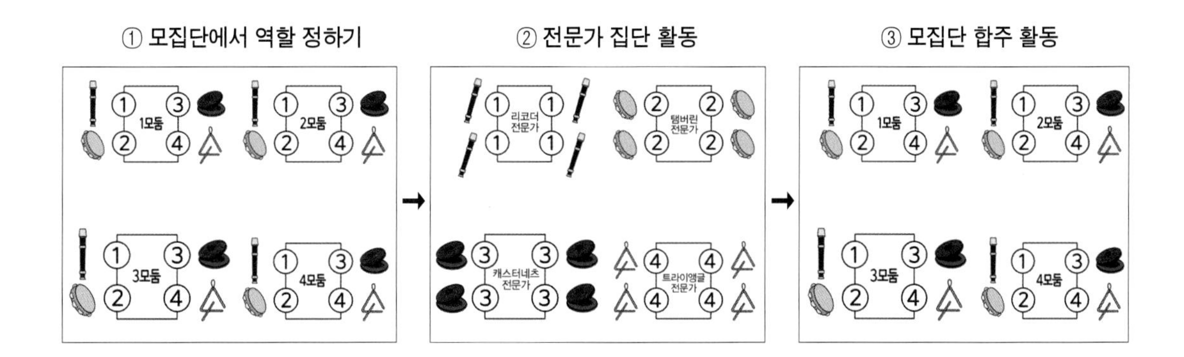

① 모집단에서 역할 정하기

- 예를 들어, 합주에 사용할 악기의 종류를 네 가지로 정했다면 한 모둠을 4명으로 구성하고 모둠 내에서 각자 1~4번 악기를 연주할 학생을 정한다.

② 전문가 집단 활동

- 1번 악기를 맡은 학생은 1번 악기의 전문가로서 다른 모둠에서 똑같은 1번 악기를 맡은 학생들과 모인다. 1번 악기 전문가끼리 모여서 해당 악기를 함께 연습한다.
- 2~4번 악기 학생도 같은 방법으로 모여 연습한다.

③ 모집단 합주 활동

- 전문가 집단 활동이 끝나면 각자 다시 원래 모둠으로 돌아가서 자신이 연습한 것을 연주하며 모둠원들과 함께 합주해 본다.

7. 다양한 악기를 활용해 국악곡 연주하기

#국악 기악 #친근한 악기로 #국악과 친해지기 #음악엔 제한이 없어

국악기를 활용한 악기 연주 활동은 국악기에 익숙하지 않은 선생님과 학생에게 쉽지 않은 활동이다. 국악 기악 수업은 '국악기'로 국악곡을 연주하는 수업이기도 하지만, '국악기'와 '서양악기'를 동시에 연주하는 수업은 물론, 국악기가 아닌 다른 악기를 활용해 '국악곡'을 연주하는 수업도 포함할 수 있다. 국악 기악 활동에 대해 열린 마음이 필요하다.

1) 국악기와 서양악기로 함께 연주하기

- 국악, 서양음악, 제3세계 음악이라는 이름으로 음악이 구분되어 있지만 사실 음악은 하나다. 국악기와 서양악기로 함께 연주하는 음악은 어떨까?

예시 18 국악기와 서양악기 합주의 예

악보 2-16 <아리랑>

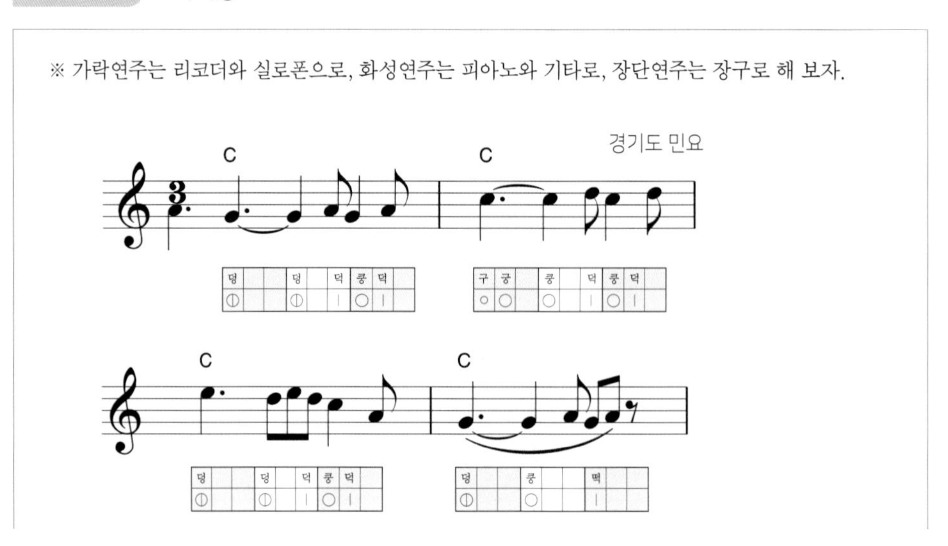

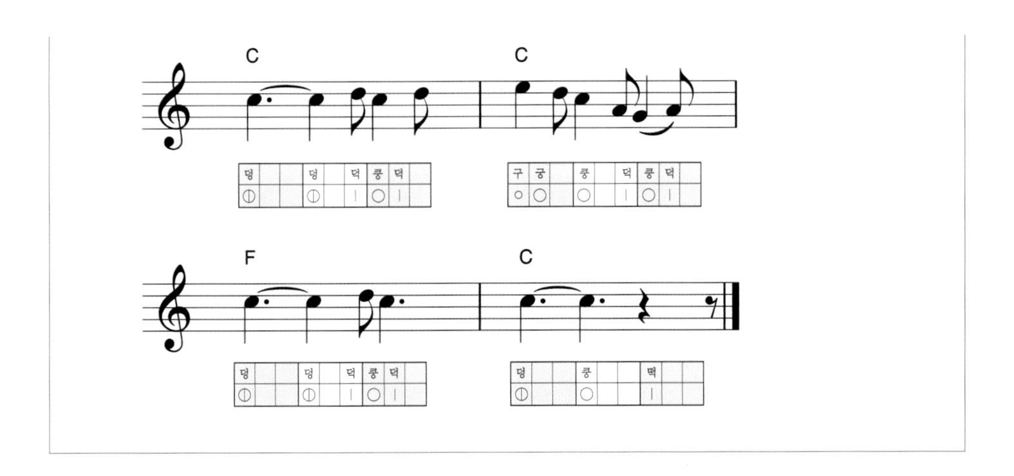

2) 익숙한 악기(대체 악기)로 국악곡 연주하기

- 초등학생들에게 익숙한 악기를 활용해 연주한다면, 조금은 낯선 국악 연주곡도 보다 더 친숙하게 경험할 수 있을 것이다. 국악기의 특징과 어울리는 대체 악기를 찾아서 연주해 보자.

예시 19 대체악기로 대취타 〈무령지곡〉 연주하기

* 연주할 장단꼴 *

1	2	3	4	5	6	7	8	9	10	11	12
○	-	○	-	○	-	○	○	○	-	-	-

대취타 사용 악기 및 특징		대체 악기
나발 나각	-관악기지만 한 개의 음만 소리낼 수 있다. -나발보다 나각이 높은 소리가 난다.	부부젤라, 카쥬, 리코더, 단소 등
징, 용고, 자바라	-징은 소리가 오랫동안 지속된다. -용고는 사물북, 소리북과 유사한 소리가 난다. -자바라는 징보다 날카로운 소리가 난다,	소고, 사물북, 비브라 슬랩, 트라이앵글, 심벌즈 등

Tip 국악기로 친숙한 악곡을 연주해 봐요!

앞서 소개한 전략들과 반대로 국악기로 친숙한 악곡(동요, 대중가요, 팝송 등)을 연주하는 활동도 해 보아요.

악보 2-17 <사랑을 했다>

汰 潢	•태 •황			
汰	< •태	汰	•태	
潢 無	•황 무	潢 無	•황 무	사랑을
潢 潢	•황 •황	汰 沖	•태 •중	했다
無	무			
潢 無	•황 무	汰	< •태	
汰 無	•태 무	潢 無	•황 무	

스마트한 ‘악기 연주하기’ 활동

예시 20 ‘리코더 온교실’ 앱을 활용해 리코더 익히기 

‘리코더 온교실’ 앱은 자기주도적 리코더 학습을 위해 개발된 앱으로, 가상의 악기 연주가 아닌 실제 리코더 연주에 도움을 준다. 수준별로 원하는 단계와 곡을 선택하면 악보와 음원이 재생되며 녹화, 녹음 기능이 있어서 학습자 스스로 연습하고 연주한 결과를 확인할 수 있다. 연주를 마치면 점수가 나와 학습동기를 유발할 수 있으며, 연주 기록 영상을 온라인 학급방 등에 공유할 수도 있다.

운지법 익히기
직접 불어 보며
단계별 운지법 익히기

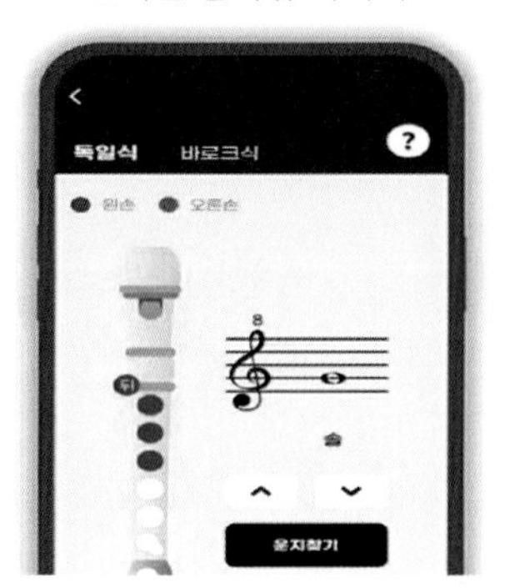

연주곡 익히기
9단계 총 50개 곡을 연주하고
기초 피드백 받기(녹음, 녹화 가능)

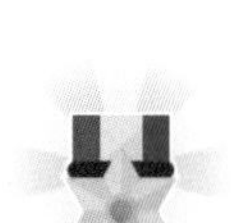

80 점

훌륭해요!재능이 있는게 아닐까요?

마이페이지
내 연주 기록을 확인하고
온라인 학급방 등에 공유하기

예시 21 '국악놀이터' 앱을 활용해 장단 연주하기

'국악놀이터' 앱은 국악 수업에 활용할 수 있도록 개발된 국악 앱이다. 화면 터치 기능으로 스마트기기상에서 장구, 꽹과리, 징, 북 등을 연주하며 다양한 장단을 익힐 수 있고, 직접 변형 장단을 만드는 활동도 가능하다. 연주한 것을 직접 들어 볼 수 있으며, 다양한 악기를 선택하고 조합하여 합주할 수도 있다.

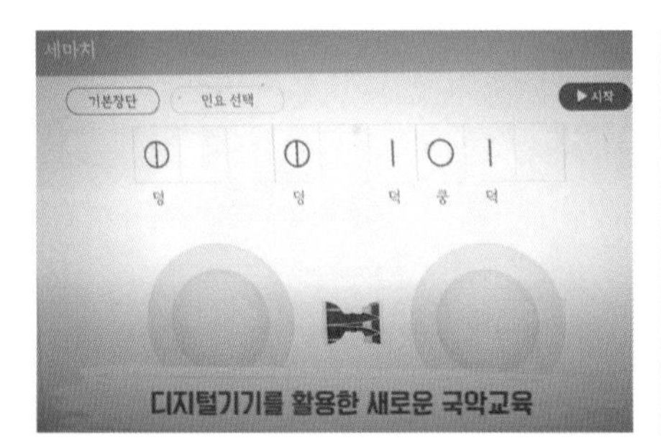

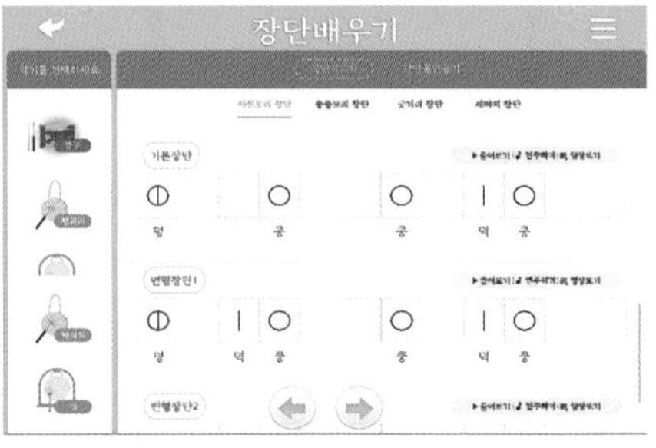

예시 22 각종 앱을 활용해 악기 연주하기

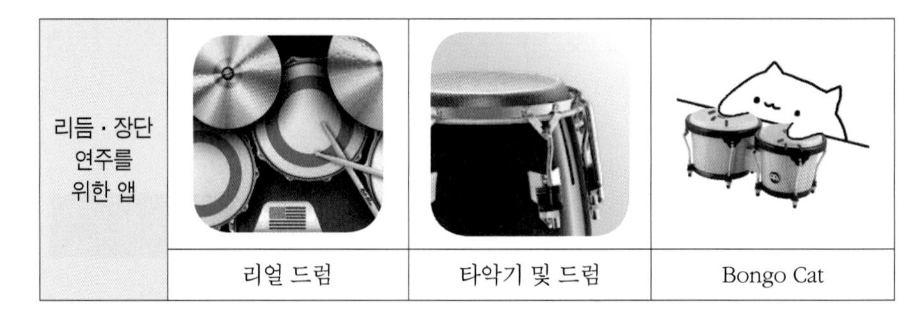

리듬 · 장단 연주를 위한 앱			
	리얼 드럼	타악기 및 드럼	Bongo Cat

가락 연주를 위한 앱			
	리얼 피아노	스마트 칼림바	가야금
화음 반주를 위한 앱			
	Garage Band	Solo 2	리얼 베이스

Plus & More 악기 연주하기 중심 수업 더하기

 악기 연주하기 노래 부르기

1. 솔솔 부는 바람을 떠올리며 리듬 합주를 해요

학년	저학년, 중학년
제재곡	〈산바람 강바람〉
개념	일정박, 3/4박자, 간단한 리듬꼴, 소리의 어울림
통합활동	- 일정박 치며 노래 익히고, 직소 활동하며 노래에 맞춰 리듬 합주하기 - 말리듬, 신체 타악기를 활용해 주어진 리듬꼴 익혀 악기 연주하기
수업자료	리듬악기(마라카스, 카바사, 트라이앵글, 핸드드럼 등)

악보 2-18 <신바람 강바람> 리듬 합주

노래 익히기

- 듣고 따라 부르며 노래를 익힌 후 다양한 방법으로 일정박을 치며 노래를 부른다.

㉮ 신체 타악기 연주하기(무릎 치기, 손뼉 치기 등), 3박자에 어울리는 신체 동작 만들기, 혼자 하기, 여럿이 마주 보며 함께 하기(짝, 모둠, 전체 등)

노래	시	원	한	바	- 람	이
일정박	◎	○	○	◎	○	○
신체 타악기						

Tip

저학년의 경우, 노래에 맞춰 일정박을 치거나 반주 리듬을 연주할 때 주선율의 리듬을 따라서 치는 경우가 있으니 다양한 방식으로 '일정박 치기'를 충분하게 연습해야 해요.

직소 활동하며 말리듬, 신체 타악기로 리듬꼴 익혀 연주하기 (참고 p. 97)

- 모집단에서 각자 맡을 악기를 하나씩 골라 역할을 정한다.
  - 예 1번 학생: 마라카스, 2번 학생: 카바사, 3번 학생: 트라이앵글, 4번 학생: 핸드드럼
- 전문가 집단으로 모여서 같은 악기를 맡은 학생끼리 주어진 리듬꼴을 연습한다. 이때 말리듬, 신체 타악기, 실제 리듬악기 순서로 리듬꼴을 익힌다.

말리듬	• 노랫말과 리듬꼴에 어울리는 말리듬으로 익히기
↓	
신체 타악기	• 손뼉 치기, 무릎 치기 등으로 익히기
↓	
악기 연주	• 익힌 리듬꼴을 리듬악기로 직접 연주하며 연습하기

노래에 맞춰 리듬 합주하기

- 각자의 리듬꼴 연주가 익숙해지면 모집단으로 돌아가 노래에 맞춰 다함께 리듬합주를 해 본다.

모집단으로 다시 돌아와서 합주를 맞춰 볼 때, 악기를 하나씩만 더해 가며 단계적으로 합주를 맞춰 보도록 해요. 합주를 할 때에는 그룹을 나누는 방식을 다양하게 바꾸어 진행하면 학생의 흥미를 지속하는 동시에 여러 번 연습할 수 있어요.

예 각 모둠의 트라이앵글만 연주해 보기, 한쪽은 노래하고 다른 한쪽은 반주하기 등

학생의 수준이나 학교 상황에 따라 리듬악기 또는 리듬꼴을 변경, 추가해서 합주할 수 있어요. 또 주선율을 오카리나, 리코더, 글로켄슈필, 멜로디언 등으로 연주하면 더욱 풍성한 기악합주를 할 수 있어요.

악기 연주하기 노래 부르기

2. 산도깨비가 춤을 추도록 굿거리장단을 연주해요

학년	고학년
제재곡	〈산도깨비〉
개념	굿거리장단, 장단꼴
통합활동	- 장단에 맞춰 노래 부르기 - 말붙임새, 신체 타악기를 활용해 굿거리장단의 기본 장단과 변형 장단 익혀 연주하기
수업자료	악보, 장구

악보 2-19 <산도깨비> 굿거리장단 연주

노래 익히기

- 신체 타악기를 활용하여 노래 〈산도깨비〉에 등장하는 리듬꼴을 익힌다.
- 리듬꼴이 익숙해지면 선율을 듣고 따라 부른다.
- 가사를 넣어 노래 부른다.

굿거리장단 익혀 연주하기

- 굿거리장단 기본 장단을 ① 말붙임새 & 구음, ② 신체 타악기, ③ 장구 연주의 과정을 통해 익힌다.

말붙임새 &구음	난		오늘	짠	굿거리를		난		오늘	짠	연주한다	
	덩		기덕	쿵	더러러러		쿵		기덕	쿵	더러러러	

↓

신체 타악기	• 말붙임새와 구음으로 익힌 기본 장단을 무릎 치기로 연주하기

악기 연주	• 교사의 굿거리장단 기본 장단 장구 연주를 듣고 따라 연주한다.

- 굿거리장단 변형 장단을 ① 말붙임새 & 구음, ② 신체 타악기, ③ 장구 연주의 과정을 통해 익힌다.

말붙임새 &구음	난		오늘	굿	거	리	완		벽	연	주	
	덩		기덕	쿵	덕	덕	쿵		덕	쿵	덕	

↓

신체 타악기	• 말붙임새와 구음으로 익힌 변형 장단을 무릎 치기로 연주하기

↓

악기 연주	• 교사의 굿거리 장단 변형 장단 장구 연주를 듣고 따라 연주한다. ※ 변형 장단은 음악이 끝나는 느낌이 나는 부분에 연주함을 이해한다.

- 노래에 맞추어 기본 장단과 변형 장단을 연주한다.
- 노래를 부르는 모둠과 장단을 치는 모둠을 나누어 진행한다.

Tip

BTS의 〈IDOL〉에 굿거리장단의 구음이 등장하는데, 해당 영상을 함께 보며 굿거리장단의 구음을 찾아보는 활동을 통해 흥미도를 높일 수 있어요.

다양한 생활악기로 <산도깨비> 노래 반주하기

- 다양한 생활악기를 활용하여 굿거리장단을 연주하며 산도깨비 노래 반주를 한다.
  ⓔ 페트병, 필통, 냄비뚜껑, 책상 등

Tip

사물악기인 꽹과리, 장구, 징, 북과 비슷한 소리를 내는 생활악기를 찾아보는 활동도 추천합니다.

악기 연주하기 노래 부르기

3. 화음으로 그리는 무지개 너머 세상

학년	고학년
제재곡	〈무지개 너머(Over the Rainbow)〉
개념	계이름, 주요 3화음, 다양한 소리의 어울림
통합활동	- 계이름으로 노래하며 가락에 어울리는 주요 3화음 찾기 - 노래에 맞춰 다양한 악기를 활용한 화음 반주하기
수업자료	악보(일부), 색깔악보, 계이름 막대, 협동악기(붐웨커, 공명벨 등), 반주악기(멜로디언, 우쿨렐레 등), 리코더

악보 2-20 <무지개 너머(Over the Rainbow)>

노래 익히기

- 제재곡을 듣고 따라 노래하며 주제 가락을 익힌다.

다장조 주요 3화음 익히기

- 다장조의 주요 3화음과 각 화음의 구성음을 이해한다.
- 협동악기 합주 전 계이름 막대를 활용하여 연습한다. 교사는 말이나 화음 손가락 지휘를 통해 사인을 줄 수 있다(참고 p. 95).

  예 "1도 올려!" → 도, 미, 솔을 가진 학생이 계이름 막대를 올린다.

"4도 내리고, 5도 올리지 마!" → 파, 라, 도를 가진 학생만 계이름을 내린다.

- 협동악기로 함께 다장조 주요 3화음을 연주해 보며 소리의 어울림을 느껴 본다. 이때 마찬가지로 교사는 화음 손가락 지휘를 통해 사인을 줄 수 있다.

계이름 막대　　다장조 주요 3화음 색깔악보　　손가락 지휘

가락에 어울리는 주요 3화음 찾기

- 제재곡의 주제 가락(1~8마디)을 계이름으로 노래해 본다. 이후 다장조 주요 3화음의 구성음을 떠올리며, 가락에 어울리는 화음을 각 마디별로 찾아본다.

가락	도 도′	시 솔라시 도′	도 라	솔
주요 3화음	I	V	IV	I

가락	라 파	미 도레미 파	레 시도레 미	도
주요 3화음	IV	I	V	I

Tip

가락에서 주로 강박에 들어가는 음이 각 화음의 구성음 중 어떤 것과 관련 있을지 생각해 보면 가락에 어울리는 화음을 보다 쉽게 찾을 수 있어요.
이 방법을 적용한다면, 네 번째 마디의 '솔'에 어울리는 화음은 1도 화음(Ⅰ), 5도 화음(Ⅴ) 모두 해당하죠? 이런 경우 학생이 직접 연주해 보게 하거나 교사의 연주를 통해 어떤 화음이 더 잘 어울리는지 스스로 느끼고 탐색하며 선택해 볼 수 있도록 유도하는 것이 좋아요.

노래에 맞춰 주요 3화음 반주하기(참고 p. 93)

- 찾은 화음을 리코더 또는 협동악기(붐웨커, 공명벨 등)를 활용해 함께 화음 반주해 본다.
- 각자 반주악기를 한 가지씩 선택하여 연습한 후 화음 반주해 볼 수도 있다(멜로디언, 우쿨렐레 등).
- 연습이 끝나면 두 그룹으로 나누어, 한 그룹이 노래를 부르는 동안(또는 주선율을 연주하는 동안) 다른 그룹이 화음 반주(리코더, 협동악기, 반주악기 등)를 해 본다.

Tip

풍성한 합주를 위해 리듬악기를 활용한 리듬 반주도 추가해 볼 수 있어요.

4. 동물 리듬 오스티나토를 만들어 합주를 해요

학년	중학년, 고학년
개념	박/박자, 간단한 리듬꼴, 형식, 소리의 어울림, 타악기의 음색
통합활동	- 동물을 주제로 신체 표현하기 - 동물을 주제로 하는 말리듬 오스티나토 만들고, 신체 타악기와 악기로 연주(합주)하기
수업자료	다양한 리듬악기(금속악기, 나무악기/흔드는 악기, 가죽악기, 큰 타악기 등)

동물을 주제로 신체 표현하기

- '몸으로 말해요' 놀이를 통해 다양한 동물의 모습을 신체 표현으로 나타낸다.
- 동물들의 모습 특징을 함께 이야기 나누고, 특징을 기준으로 종류를 나누어 본다.

  예 - 사는 곳에 따라: 땅, 강이나 호수, 초원, 숲속, 하늘, 사막, 북극, 바닷속 등
  - 몸집의 크기에 따라: 몸집이 큰 동물, 몸집이 작은 동물 등
  - 생활모습에 따라: 걷는 동물, 뛰는 동물, 기어 다니는 동물, 하늘을 나는 동물 등

동물을 표현하는 리듬 오스티나토 만들고 익히기

- 동물의 특징을 기준으로 몇 가지 주제를 정하고 모둠별로 한 주제씩 맡는다.
- 모둠별로 표현하고 싶은 동물을 한 가지씩 정하고, 동물의 이름이나 의성어 등을 활용해 말리듬 오스티나토(4/4박자 1~2마디 길이)를 만들고 익힌다.
- 만든 리듬 오스티나토에 어울리는 신체 타악기, 적합한 악기를 선택하여 연습해 본다.

악보 2-21 동물 리듬 오스티나토 합주의 예

	말리듬 오스티나토	→	신체 타악기 →	리듬악기
하늘을 나는 동물	부 엉 부 엉		(1~3박) 팔을 쓸어 내린 후, (4박) 손등 치기	트라이앵글 등
사막 동물	여우야 여우야 사막 여우		손뼉 치기	캐스터네츠, 리듬막대 우드블럭, 귀로 등
숲속 동물	킹콩킹콩 킹콩킹콩		(주먹을 쥐고) 가슴 두드리기	핸드드럼, 탬버린 등
바닷속 동물	상 어 상 어		(손바닥을 맞대어 머리 위로 죠스 흉내를 내며) 발 구르기	큰북 등

악기를 선택하기 전에는 충분한 악기 탐색 활동을 통해 악기의 재질과 소리 특성을 파악할 수 있도록 하는 것이 좋아요. 이후 모둠에서 정한 동물 리듬 오스티나토에 어울리는 악기를 학생 스스로 선택해 볼 수 있도록 피드백해 줍니다.

동물 리듬 오스티나토 합주하기

- 모두 익숙해지면 다양한 형식을 활용하여 다 함께 합주해 본다.

  예 론도 형식 활용하기

전주	A	B	A	C	A	D	A	E	A	후주
1가지 악기	전체 합주	바닷속 동물	전체 합주	숲속 동물	전체 합주	사막 동물	전체 합주	하늘 동물	전체 합주	1가지 악기

㉠ 한 파트씩 쌓아 가기(파트별로 리듬 오스티나토 네 번씩 반복)
→ 한 파트씩 사라지기

<table>
<tr><td></td><td></td><td></td><td>하늘동물</td><td rowspan="4">다 같이
2마디
멈춤</td><td>하늘동물</td><td></td><td></td><td></td></tr>
<tr><td></td><td></td><td>사막동물</td><td></td><td></td><td>사막동물</td><td></td><td></td></tr>
<tr><td></td><td>숲속 동물</td><td></td><td></td><td></td><td></td><td>숲속 동물</td><td></td></tr>
<tr><td>바닷속
동물</td><td></td><td></td><td></td><td></td><td></td><td></td><td>바닷속
동물</td></tr>
</table>

Tip

전주 또는 후주에서 '동물'이라는 주제에 어울리도록 정글의 분위기나 동물 소리를 흉내 내는 다양한 목소리 효과음을 곁들이는 것도 좋아요. 또 '동물' 이외에 다른 주제로 바꾸어 리듬 오스티나토 합주 활동을 적용해 볼 수도 있어요(음식, 요리, 속담, 학교 등).

Tip

실제 악기로 합주를 할 때는 음역대가 낮은 악기부터 순서로 하나씩 더해 가며 연주하면 소리의 어울림이 좋아요.

악기 연주하기 음악 만들기

5. 친구들과 함께 리코더 즉흥연주해요

학년	중학년
개념	가락, 소리의 어울림, 형식
통합활동	- 리코더로 3음(시, 라, 솔)만을 활용한 짧은 가락 만들어 즉흥연주하기 - 친구들과 협동하여 하나의 즉흥연주 작품 만들고 발표하기
수업자료	리코더, 리듬악기(선택)

1음(시)으로 즉흥연주 연습하기

- '듣고 따라하기'를 통해 먼저 1음(시)으로만 연주하는 리듬을 듣고 따라 연주한다.

악보 2-22 1음 리듬 '듣고 따라하기'의 예

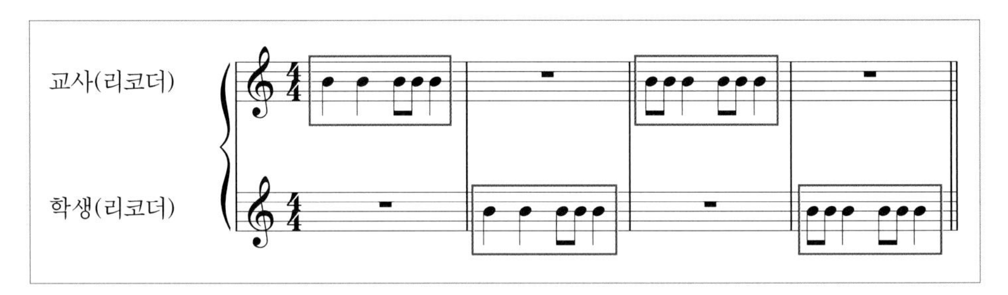

Tip

교사의 연주를 듣고 따라하는 것이 익숙해지면, 한 명씩 돌아가며 리듬/가락을 즉흥 창작해 연주하고 다른 학생들이 듣고 따라 연주하도록 해요. 기차놀이를 하듯 일정박에 맞춰 걷는 동안 맨 앞사람의 연주를 듣고 따라하며 따라다니기 활동을 할 수도 있어요.

- 1음(시)만을 활용한 '질문-응답' 활동을 통해 리듬을 즉흥 창작하는 연습을 한다.

악보 2-23 1음 리듬 '질문 – 응답'의 예

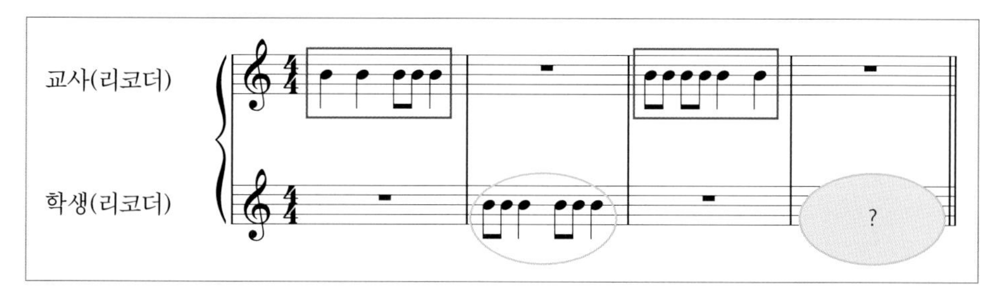

Tip

'질문-응답'을 할 때에는 교사(또는 다른 학생)의 리듬을 듣고 즉흥적으로 일부를 변형시키거나 아예 새로운 리듬을 만들어 연주하도록 해요. 교사와의 활동에 익숙해지면 한 학생씩 돌아가며 리듬/가락을 즉흥 창작해 연주(질문)하고 다른 학생들이 연주(응답)하도록 해요 (참고 p. 133).

3음(시, 라, 솔)으로 즉흥연주 연습하기

- 같은 방식으로 2음(시, 라), 3음(시, 라, 솔) 순서로 음을 하나씩 추가해 가며 활동한다.
- '듣고 따라하기'를 통해 3음만 활용한 가락(1마디 길이)을 듣고 그대로 따라 연주한다.

악보 2-24 3음 가락 '듣고 따라하기'의 예

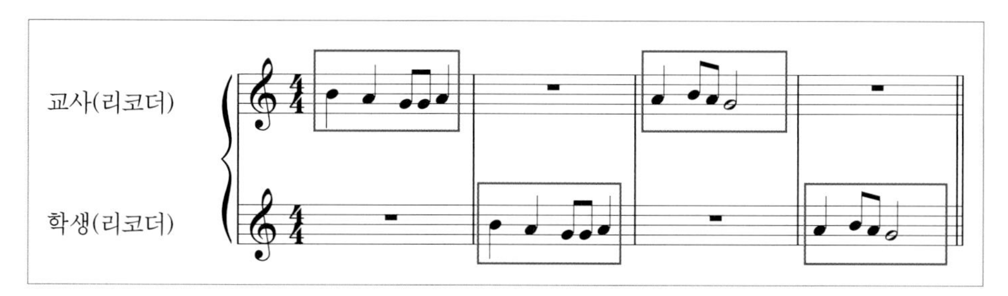

- 3음(시, 라, 솔)을 활용한 '질문-응답' 활동을 통해 가락을 즉흥 창작하는 연습을 한다. 응답할 때에는 '솔'로 끝내는 규칙을 넣어 곡이 끝나는 느낌이 나도록 한다.

악보 2-25 3음 가락 '질문 – 응답'의 예

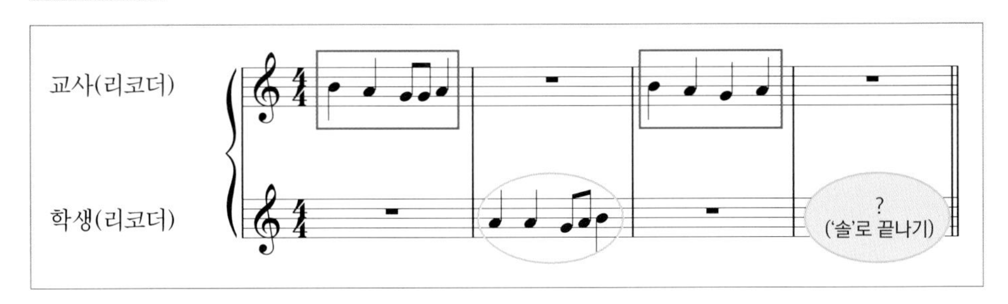

협동하여 4마디 즉흥연주 작품 만들고 발표하기

- 4명이 한 그룹을 이루어 각각 한 마디씩 즉흥적으로 가락을 만들고, 1명씩 차례대로 연주하여 4마디 즉흥연주 작품을 만들어 본다. 이때도 마지막 학생은 '솔'로 끝내는 규칙을 넣어 곡이 끝나는 느낌이 나도록 한다.
- 보다 풍성한 합주를 만들기 위해 다른 그룹은 리듬악기, 신체 타악기를 활용한 리듬 오스티나토 또는 1음(솔)~3음(시, 라, 솔)을 활용한 가락 오스티나토로 반주를 추가할 수 있다.

악보 2-26 3음 즉흥연주 및 반주의 예

Tip

학생의 수준에 따라 여러 차시에 걸쳐서 진행될 수 있어요. 제시된 수업의 흐름에 따라 단계적으로 차근차근 접근하세요.

악기 연주하기 노래 부르기 음악 만들기

6. 내가 만든 자진모리장단꼴로 반주해요

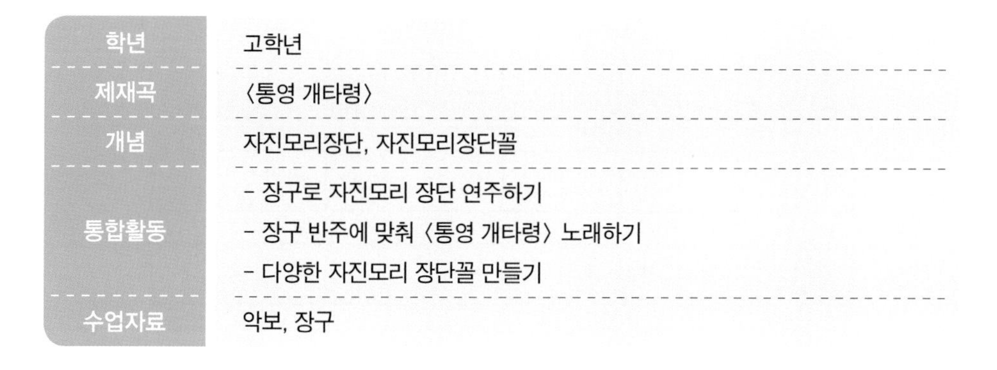

학년	고학년
제재곡	〈통영 개타령〉
개념	자진모리장단, 자진모리장단꼴
통합활동	- 장구로 자진모리 장단 연주하기 - 장구 반주에 맞춰 〈통영 개타령〉 노래하기 - 다양한 자진모리 장단꼴 만들기
수업자료	악보, 장구

악보 2-27 <통영 개타령>

말붙임새를 활용하여 자진모리장단 익히기

- 말붙임새를 활용하여 다양한 자진모리장단을 익힌다.
- 〈통영 개타령〉의 주제와 관련된 가사의 말붙임새를 활용해 다양한 자진모리장단꼴을 익힌다.

쉿			쉿			쉿		쉿	쉿		

멍			멍		멍	멍		멍	멍		

왕		왕	왕	왕		왕		왕	왕	왕	

Tip

장단의 세를 느끼기 위해 1박과 9박에 강세를 주어 노래 불러 보아요.

자진모리장단 연주하기

- 말붙임새로 익힌 자진모리장단의 기본 장단과 변형 장단을 장구로 연주한다.

덩			덩			쿵		덕	쿵		

덩			쿵		덕	쿵		덕	쿵		

덩		덕	쿵	덕		쿵		덕	쿵	덕	

노래 익히기

- 〈통영 개타령〉 노래를 익힌다.
- 자진모리장단에 맞춰 〈통영 개타령〉을 부른다.

자진모리 장단꼴을 창작하여 장구 반주에 사용하기

- 말붙임새를 활용하여 자진모리장단의 느낌을 살릴 수 있는 장단꼴을 만들어 본다.

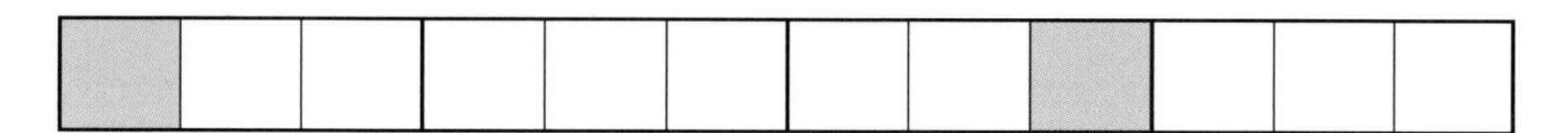

- 창작한 장단꼴을 활용해 〈통영 개타령〉에 맞춰 장구로 반주한다.

예

개			야			개		야	개	야	

Tip

장단의 세를 느낄 수 있도록 첫 정간과 아홉 번째 정간은 글자를 꼭 넣어 주고, 강박으로 강한 느낌이 나는 음절을 사용하는 것이 좋아요. 강박인 부분은 된소리를 사용하는 것이 효과적입니다.

악기 연주하기 음악 감상하기 신체 표현하기

7. 똑딱똑딱 악기 연주와 함께 〈고장 난 시계〉를 감상해요

학년	저학년, 중학년
제재곡	르로이 앤더슨 〈고장 난 시계(Syncopated Clock)〉
개념	박/박자, 간단한 리듬꼴, 형식(론도 형식), 타악기의 음색
통합활동	- 곡의 형식을 이해하며 음악 감상하기 - 음악에 맞춰 신체표현 및 악기 반주하기
수업자료	음원 · 리스닝맵, 교육용 스카프, 리듬악기 및 효과음악기(우드블록/캐스터네츠/카바사, 윈드차임/레인스틱, 트라이앵글/탬버린/라쳇, 비브라슬랩/슬라이드 휘슬 등)

악곡 감상하기

- 리스닝맵(참고 p. 176)을 활용해 르로이 앤더슨의 〈고장 난 시계〉를 감상한다.
- 떠오르는 장면이나 느낌, 생각을 자유롭게 이야기해 본다.

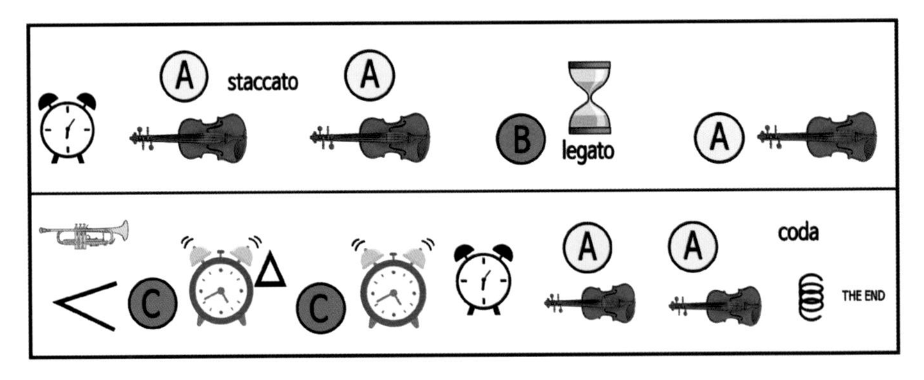

(https://www.pinterest.co.kr/pin/92816442301526661/)

참고자료

〈고장 난 시계〉는 르로이 앤더슨(Leroy Anderson)이 작곡한 음악이에요. 경쾌한 우드블록 소리가 똑딱똑딱 시계 소리를 연상시키고, 엉뚱한 박자에 '똑딱!' 하고 연주되는 당김음이 마치 고장 난 시계를 연상시키는 특징이 있답니다.

음악에 맞추어 신체 표현하기

- 악곡에서 A, B, C에 해당하는 부분의 차이를 느끼고, 각각 어울리는 동작으로 표현하며 악곡의 형식을 알아본다.

  ㉮ 입소리와 함께 신체 표현하며 감상해 본다.

  스카프를 활용해 신체 표현하며 감상해 본다.

부분	입소리+신체 표현	스카프 활용 동작
A	입으로 '똑딱똑딱' 소리 내며 고개를 좌우로 흔들기	박자에 맞춰 스카프 흔들며 자유롭게 걷기
B	입으로 '바람' 소리 내며 손으로 빙글빙글 원 그리기	제자리에 서서 좌우로 크게 스카프 흔들기
C	입으로 '시계 알람' 소리 내고 몸을 떨며 진동 표현하기	스카프를 잘게 흔들다가 알람소리에 맞춰 위로 던지고 받기
코다 (coda)	제자리에서 높게 점프하기	스카프를 위로 던져 머리로 받기

악곡에 어울리는 리듬 익혀 연주하기

- A, B, C 각 부분에 어울리는 리듬을 익혀 본다.
- 각 리듬과 음악에 어울리는 악기로 직접 연습해 본다.

부분	리듬 연주	악기
A	똑 딱 똑 딱 고 장난시 계	우드블록 캐스터네츠 카바사
B		윈드차임 레인스틱
C	※트라이앵글, 탬버린은 트레몰로 주법으로 연주한다.	트라이앵글 탬버린 라쳇
코다 (coda)	(곡의 마지막 음에 맞추어 연주하기)	비브라슬랩 슬라이드 휘슬

다양한 악기 탐색 활동을 통해 음악의 각 부분에 어울리는 악기를 학생 스스로 선택할 수 있도록 기회를 주는 것이 좋아요.

음악에 맞추어 악기 반주하기

- 음악에 맞추어 악기를 직접 반주해 본다.

고학년에서 이 수업을 활용할 경우 리코더나 멜로디언 등을 활용해 주선율을 직접 연주하게 하면 보다 풍성한 합주 활동을 할 수 있어요.

악기 연주하기 음악 감상하기 노래 부르기

8. 리코더와 장구 들고 뱃놀이 가잔다~ 얼쑤!

학년	고학년
제재곡	〈뱃노래〉, 국악관현악 〈신뱃놀이〉
개념	굿거리장단
통합활동	- 장구 장단에 맞춰 리코더로 〈뱃노래〉 연주하기 - 〈뱃노래〉를 주제로 창작된 〈신뱃놀이〉 감상을 통해 새로 창작된 국악의 느낌 발표하기
수업자료	리코더, 장구, 〈신뱃놀이〉 공연 영상

악보 2-28 <뱃노래>

장구로 굿거리장단 연주하기

- 〈뱃노래〉의 장단인 굿거리장단(기본 장단, 변형 장단)을 장구로 연주한다.
  - 기본 장단

덩		기덕	쿵	더러러러		쿵		기덕	쿵	더러러러	

  - 변형 장단

덩		기덕	쿵	더러러러		쿵		기덕	쿵	덕	

<뱃노래> 익혀 노래 부르기

- 한 장단씩 교사의 선창에 따라 함께 부른다.

• 장구 장단에 맞춰 뱃노래를 부른다.

〈뱃노래〉는 경상도에서 불린 메나리토리로 이뤄진 민요입니다. 굿거리장단의 흥겨운 노동 요랍니다.

<뱃노래> 리코더 연주하기

• 〈뱃노래〉에 등장하는 음들의 리코더 운지법을 익힌다.

• 음이름으로 노래하며 알맞은 운지를 짚어 본다.
• 교사의 리코더 연주를 따라 한 장단씩 듣고 리코더를 연주한다.
• 리코더를 익숙하게 연주하게 되면 장구와 함께 연주한다.

리코더 연주 활동을 통해 〈뱃노래〉가 익숙해진 학생들은, 〈뱃노래〉를 주제로 한 국악관현악 〈신뱃놀이〉에서의 〈뱃노래〉 변주가 보다 더 잘 들리게 될 거에요. 그래서 국악관현악 〈신뱃놀이〉 감상 전에 리코더 연주 활동을 충분히 할 것을 추천합니다.

국악관현악곡 <신뱃놀이> 감상하기

• 〈뱃노래〉를 주제로 하여 국악관현악곡으로 새롭게 창작된 〈신뱃놀이〉의 2악장과 3악장을 감상한다.
• 리코더로 연주했던 〈뱃노래〉의 가락이 다양한 장단에 맞춰 변주되는 것에 집중하여 감상한다.
• 새롭게 창작된 국악곡의 느낌에 대해 발표한다.

(국립국악고등학교 유튜브채널)

〈신뱃놀이〉 연주 감상

Tip

교과서에서 많이 다루는 수제천, 종묘제례악, 산조와 같은 전통 기악곡과 〈신뱃놀이〉와 같은 창작 국악관현악곡을 비교하는 활동으로 발전시켜 보아요.

제3장

음악 만들기 + α

Zoom in

음악 만들기 지도방법

| 박은실 · 조은숙 |

학교 현장에서 음악 창작 수업은 많은 교사가 어렵고 부담스러워하는 활동 중 하나이다. 하지만 그만큼 창작 수업은 학생들에게 큰 의미와 보람을 느끼게 해 줄 수 있다. 창작을 통하여 학생들은 자신이 가지고 있는 음악적 능력을 발휘하여, 또한 새롭게 배운 음악 개념을 창의적으로 적용하면서 흥미롭고 보람된 경험을 할 수 있기 때문이다. 학생들이 창작 수업에서 능동적이고 의미 있는 경험을 하도록 하기 위해서는 다양한 방법으로 동기를 부여하고, 여러 가지 안내를 제공해 줄 필요가 있다.

모든 창의적 노력과 마찬가지로, 음악 창작도 하나의 아이디어에서 시작한다. 이러한 아이디어가 순조롭게 떠오를 수 있도록 학생 주변의 삶과 관심사를 관련 짓는 것이 중요하다. 또한 생활 속 경험뿐 아니라 다양한 음악 활동을 통합하고, 다른 여러 교과의 내용을 통합함으로 창작의 아이디어와 과정을 더욱 풍성하게 해 줄 수 있다.

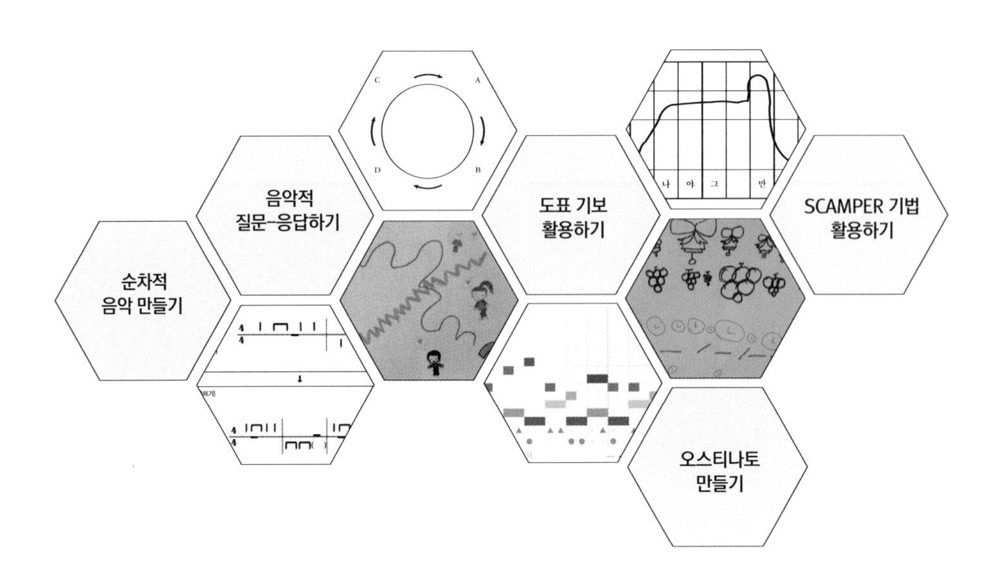

1. 순차적 음악 만들기

#말에서 리듬 찾기 #리듬에서 신체 표현 #신체 표현에서 악기

창작은 학생들에게 친숙한 단어(이름, 가족, 학교 등)가 가지고 있는 음절을 활용하여 리듬을 찾고, 이를 통해 박과 리듬을 익히는 활동에서 시작할 수 있다. 더 나아가 여기에 가락을 붙여 하나의 노래를 만들어 보는 활동도 가능하다.

예시 1 말 → 리듬 → 가락으로 자기 소개하기

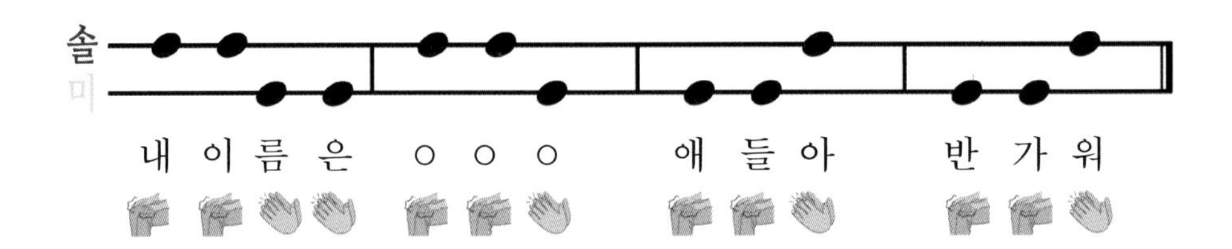

- 2박에 맞춰 자기 이름을 표현한다.
- 박자 치기와 리듬 치기를 해 보고, 신체 표현을 만들어 본다.

- 만든 리듬에 실로폰, 공명실로폰, 핸드벨 등의 악기를 활용하여 가락을 붙일 수 있다. 사용할 음의 개수를 2~3개로 정해 주면 쉽게 활동할 수 있다.

Tip 학년 초 말리듬으로 친해지기

학년 초 서로를 알아 가기 위해 많이 하는 활동 중 하나가 자기 소개이지요. 자기 이름을 말리듬으로 표현하는 활동뿐 아니라, 좋아하는 것, 잘하는 것 등에 말리듬을 붙여 서로를 이해하는 활동도 좋을 것 같아요.

2. 음악적 질문-응답하기

#음악적 대화하기 #신체 표현, 리듬, 가락 주고받기 #따라하기, 선택하기, 바꾸기

음악적 질문-응답은 신체 표현, 간단한 리듬부터 난이도가 있는 가락까지 다양한 차원으로 이루어질 수 있다. 처음에는 교사의 리듬을 듣고 따라하는 것에서 즉흥연주를 통해 질문-응답하기의 단계로 심화해 나간다.

- 처음에는 교사의 리듬을 듣고 그대로 따라 한다. 한 마디씩 따라하다가 잘 되면 마디 수를 늘려 갈 수 있다.
- 듣고 따라하기가 능숙해지면 교사의 리듬을 잘 듣고 리듬 즉흥연주를 한다. 교사의 '질문'에 자유롭게 '응답'을 하는 것이다. 한 마디를 모두 즉흥연주하기 어려워한다면 마디 중 일부만 다르게 해 보거나, 사용할 리듬을 제시해 주어도 좋다.

예시 2 순차적 질문-응답하기

[듣고 따라하기]

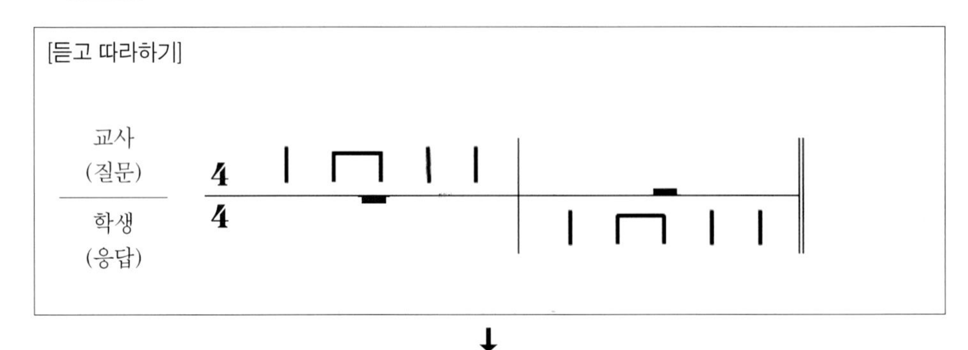

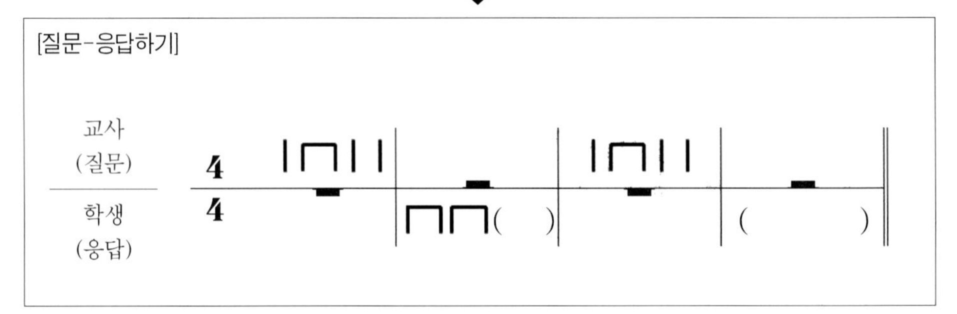

Tip

이와 같은 과정은 말리듬, 가락, 악기 연주 등에 적용될 수도 있어요. 처음에는 교사 대 학생 전체로 함께 하다가, 능숙해지면 모둠 대 모둠, 혹은 학생 대 학생이 서로 음악적 질문-응답하기 활동을 하도록 합니다.

3. 오스티나토 만들기

#리듬 반주 #화음 반주 #반복되는 패턴

Tip

오스티나토는 노래나 악곡 전체에 걸쳐 계속 반복되어 나오는 가락이나 리듬 패턴을 말합니다. 오스티나토가 사용된 여러 곡을 감상해 보면 좋아요(참고 p. 88).

예 파헬벨의 〈캐논과 지그 D장조〉, 그리그의 〈페르귄트〉 중 "산왕의 궁전", 라벨의 〈볼레로〉, 재즈곡 〈Take Five〉, 그룹 퀸의 〈We Will Rock You〉, BTS의 〈DNA〉 등

1) 리듬 오스티나토 만들기

예시 3 말리듬으로 오스티나토 만들기

악보 3-1 <도토리>

- 제재곡의 노랫말을 활용하여 말리듬을 만든다.
- 말리듬에 맞는 신체 표현을 한다.
- 리듬악기로 연주한다.
- 4박자 노래의 반주로 활용한다.

도 토	리	도 토	리	때 굴	때 굴	도 토	리

예시 4 리듬 캐논 만들기

- 모둠별로 4박으로 된 간단한 리듬을 만들어 말리듬으로 불러 보고, 신체 표현, 악기 연주도 해 본다.

A	♩	♩	♩	♩
(모둠 1)	때	굴	때	굴
B	♫	♩	♫	♩
(모둠 2)	도 토	리	도 토	리
C	♩	𝄽	♩	♩
(모둠 3)	종		소	리
D	♫	♩	𝄽	♩
(모둠 4)	다 람	쥐		짠

- 주사위나 여러 방법을 이용하여 연주 순서를 정한다.

  ㉾ A→B→D→C

- 자기 모둠의 리듬을 출발점으로 하여, 정해진 순서대로 리듬을 연주한다. 다음과 같이 원 위에 리듬 순서를 표시하고 연주하도록 해 본다.

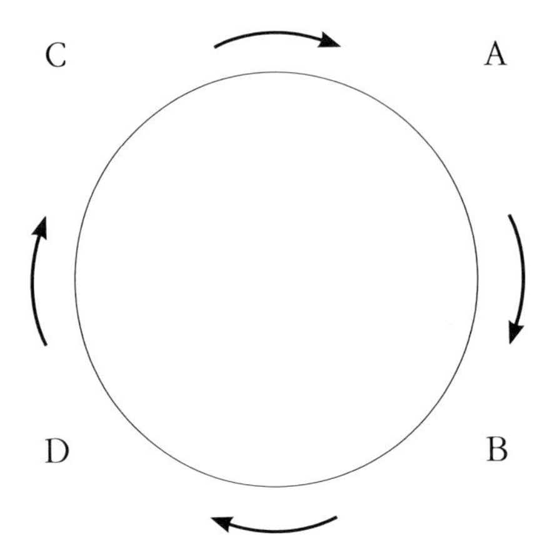

2) 가락 오스티나토 만들기

- 가락 오스티나토가 가능한 노래를 찾는다.

  ⓔ 5음 음계 노래, I도 화음만으로 된 노래, I–V도 화음 진행이 나오는 노래

악보 3-2 <안녕>

- 노랫말을 만든다. 제재곡에 있는 노랫말 일부를 사용한다.

  ⓔ '만나면' '안녕' '웃는 얼굴 '인사' 등

- 노랫말에 어울리는 리듬을 붙인다.

♩	♩	♩	𝄽	𝅗𝅥		𝅗𝅥	
만	나	면		안		녕	

- 파, 라, 도 세 음을 이용하여 리듬에 가락을 만든다. 만든 가락들 중 하나는 전주, 다른 하나는 후주로 활용할 수도 있다.
- 노래와 함께 가락 오스티나토를 악기로 연주한다.

4. 도표 기보 활용하기

#그림이나 도표 #음악적 이미지 #다양한 기보법

창작 활동을 할 때 음악 개념들은 처음에는 간단한 그림이나 도표로 제시해 준다. 그림이나 도표는 학생들의 이해를 돕고, 다양한 이미지를 통해 상상력을 길러 줄 수 있다.

예시 5 글자 기보 만들기

- 크게 한 숨을 쉬는 동안 하나의 단어를 지속하되 음색, 다이내믹, 모음 등을 다양하게 변화시키며 탐색하는 활동이다.
- 이 아이디어에 대해 느낌을 살려 다시 연주하기 위해 어떤 방법으로 적어 두면(기보하면) 좋을지 생각해 보도록 한다.
- 단어의 이미지를 연결하여 다양한 색과 그림을 이용한 악보를 만들어 본다.

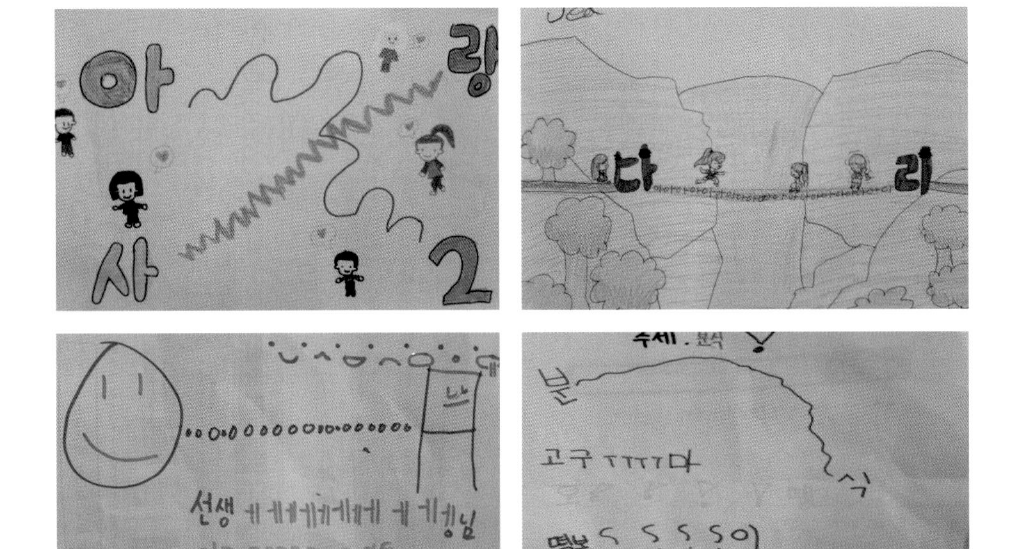

- 친구가 만든 여러 가지 악보를 보며 연주한다.

예시 6 그림(도표) 기보 만들기

- 교사가 연주하는 악기 소리를 듣고 그림으로 표현한다.
- 여러 가지 그림을 보여 주며 지금 연주하는 소리가 어떤 그림일지 생각해 보도록 한다.

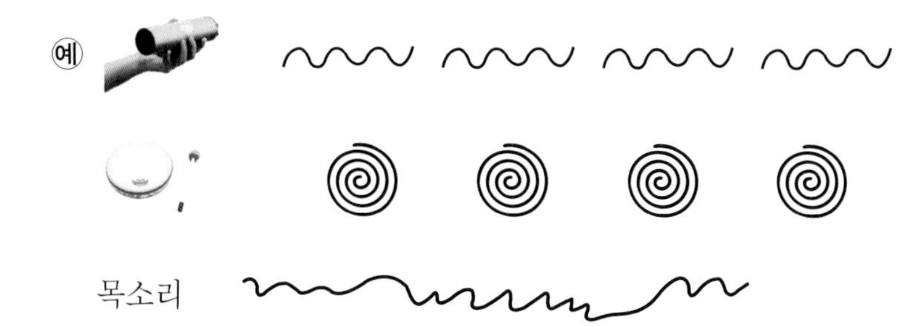

- 그림(도표) 기보를 이용하여 다양한 소리카드를 만들어 놀이한다. 모둠별로 소리카드를 만들고 서로 바꾸어 연주하기, 소리와 카드 연결하기 등의 놀이를 한다.

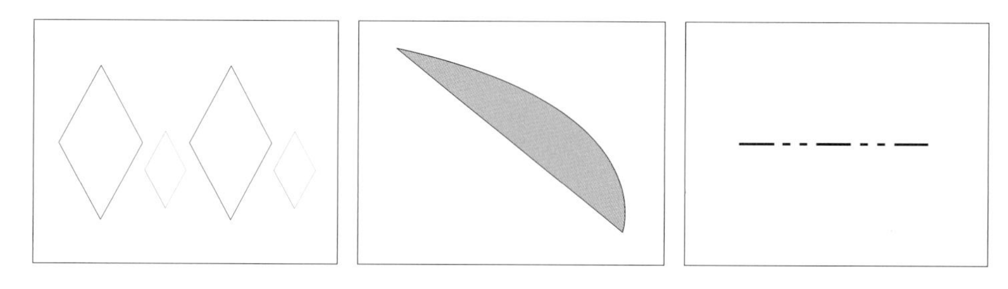

- 음악 만들기 결과를 그림(도표)으로 기보하여 연주한다.

5. SCAMPER 기법 활용하기

#SCAMPER #창의적으로 바꾸기 #아이디어 만들기

SCAMPER 방법을 이용하여 이미 있는 노래를 여러 가지 방법으로 바꾸어 불러 본다. 다음의 방법 중 필요한 것을 적절히 선택하여 사용해 보도록 한다.

참고자료

SCAMPER 기법은 여러 가지 구체적인 방법으로 기존에 있던 것을 변형시키는 아이디어 산출 기법으로, 처음 새로운 아이디어를 만들어 내는 데 막연하고 어려움이 있을 때 도움을 줄 수 있는 기법이다.

SCAMPER 기법에는 Substitute(빈 곳 채우기), Combine(A와 B를 결합하기), Add · Adapt(더하기 또는 다른 곳에 적용하기), Minify · Magnify(축소하거나 확대하기), Put to other uses(다른 용도로 쓰기), Eliminate(제거하기), Reverse · Rearrange(거꾸로 또는 재배치하기) 등이 있다.

(방금주, 김용희, 2000)

- 빈 곳 채우기(Substitute): 그날 배운 제재곡을 한두 마디 비워 놓고 학생들이 그 부분을 채워 부르거나 연주하도록 한다. 처음에는 노랫말을 바꾸어 보고, 리듬이나 가락을 바꾸어 불러 보도록 한다.

- 결합하기(Combine): 잘 아는 노래 두 곡의 앞부분과 뒷부분을 결합하여 부르거나 연주한다. 그동안 배운 노래나 잘 알고 있는 두 곡을 골라 결합한 것을 발표해 보도록 한다.

• 더하기 또는 다른 곳에 적용하기(Add · Adapt): 노래의 음을 추가하여 보거나 특정 부분을 다른 곡에 적용하여 본다.

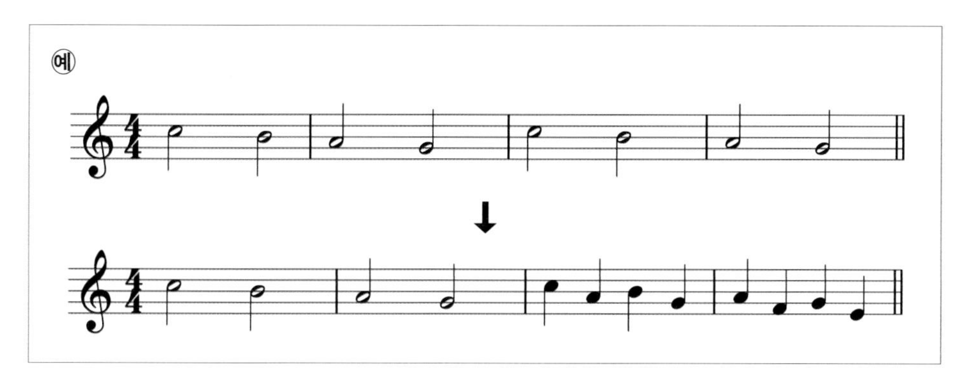

• 축소하거나 확대하기(Minify · Magnify): 음의 길이를 줄이거나 늘여 부르고 연주한다.

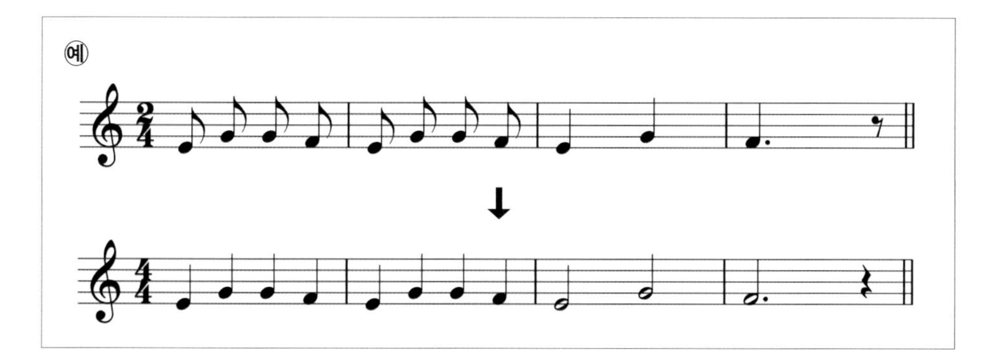

• **다른 용도로 쓰기**(Put to other uses): 노래의 분위기를 바꾸어 다른 용도로 쓰도록 해 본다.

> ⓔ 〈섬집 아기〉를 알람 음악으로 사용한다면??

• **제거하기**(Eliminate): 노래의 음들 중 몇 개를 빼서 노래 부르거나 연주한다.

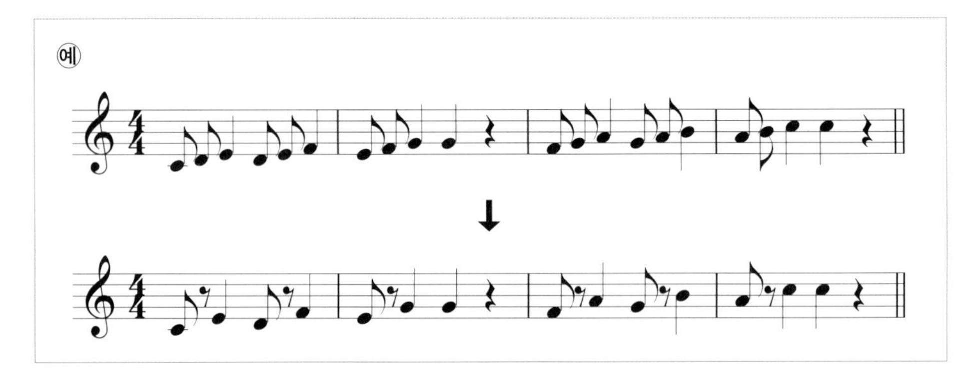

• **거꾸로 또는 재배치하기**(Reverse · Rearrange): 노래의 음들을 거꾸로 배치하거나 다시 배치하여 보고 마음에 드는 가락을 부르거나 연주한다.

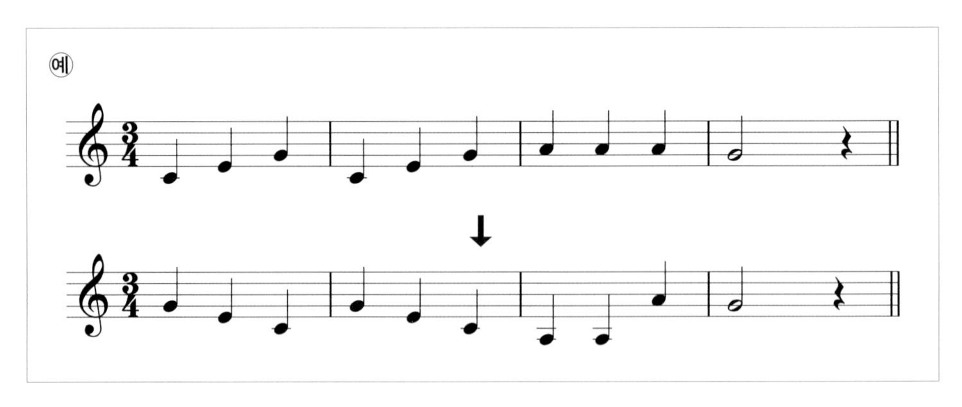

스마트한 '음악 만들기' 활동

예시 7 송 메이커로 만드는 쉽고 재미있는 음악

1) 구글 크롬 뮤직랩의 송 메이커 기능 탐색하기

- 송 메이커의 여러 기능을 탐색하며 기능을 익힌다.

• 송 메이커의 기능
- 그리드를 클릭하거나 드래그하여 음 입력
- 흰색과 회색의 명암은 마디를 구분해 줌
- 왼쪽 하단 버튼으로 가락, 리듬 악기 변경 가능
- 오른쪽 하단 세팅 버튼으로 학생 수준에 맞게 설정 변경 가능
  (기본: 다장조, 으뜸음C로 시작, 4/4박자 4마디, 한 박이 둘로 나뉨)
- 저장 버튼으로 링크를 통해 수정 및 공유 가능

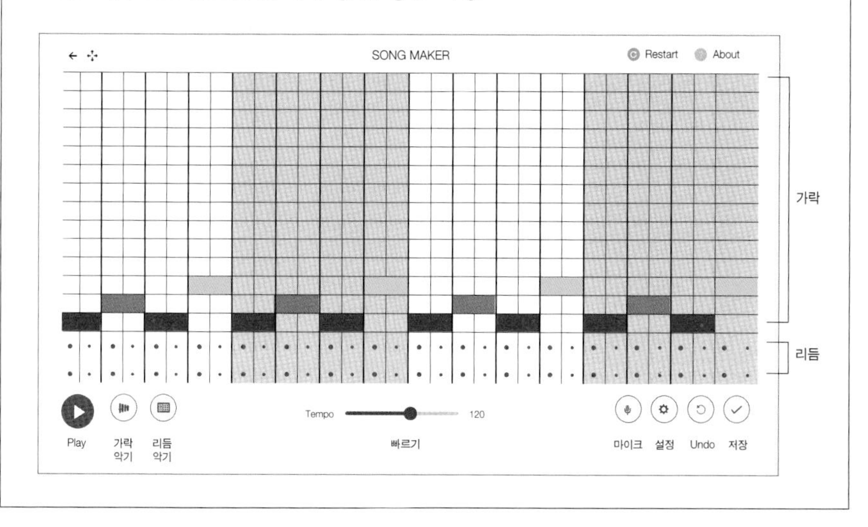

2) 송 메이커 이용하여 간단한 가락 만들기

- 그리드를 클릭하며 가락을 만들어 본다(마우스 왼쪽 버튼으로 드래그하여 만들 수도 있다).
- 악기의 음색을 들어 보며 연주할 악기를 정한다.
- 리듬 반주 부분에 일정한 리듬이 반복되도록 만든다.
- 연주를 들어 보고 수정한다.

3) 송 메이커 이용하여 다양한 소리의 어울림 만들기

- 반복되는 짧은 선율을 만든다.
- 반복되는 짧은 선율 위에 가락을 만든다.
- 어울리는 리듬 반주를 만든다.
- 다시 들어 보면서 수정한다.
- 완성한 곡은 저장한다.
- 링크를 통해 추가로 수정하거나 다른 친구의 곡을 함께 들어 본다.

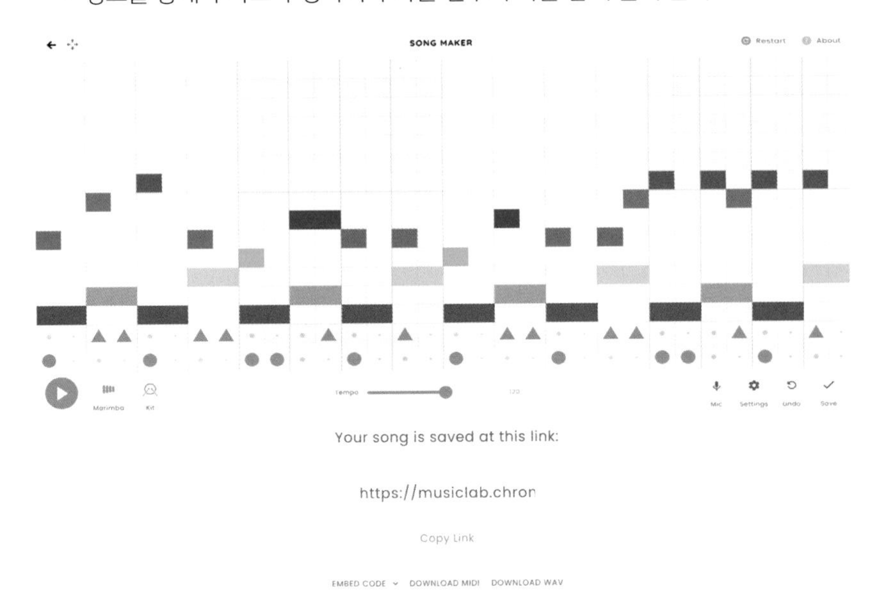

▶ 음악 창작에 유용한 프로그램

MuseScore: 오선보에 간단한 악보를 그리거나 피아노 건반을 통해 가락을 만들어 볼 수 있는 프로그램으로 무료로 사용이 가능하다.

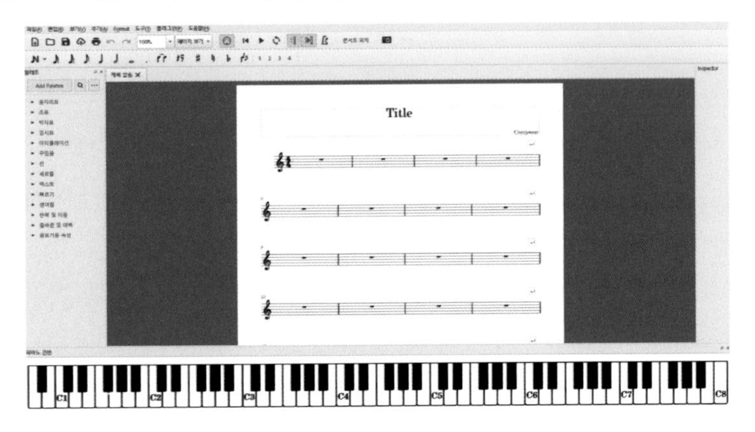

Plus & More

음악 만들기 중심 수업 더하기

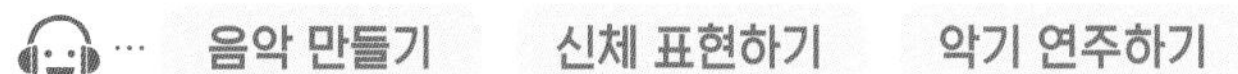

1. 음악으로 동물을 흉내 내 봐요

학년	저학년
개념	일정박, 말리듬
통합활동	- 동물 흉내 내며 말리듬 만들기 - 어울리는 악기로 동물 표현하기
수업자료	여러 가지 낱말 카드나 그림 카드, 다양한 악기

동물을 흉내 내는 교사의 동작과 말을 따라하기

- 처음 두 박은 동물 이름 리듬에 맞춰 손뼉을 친다.
- 다음 두 박은 목소리나 신체 표현으로 동물을 흉내 낸다.

고 양	이	고 양	이	야	옹	야	옹
👏👏	👏	👏👏	👏	(흉내 내기)		(흉내 내기)	

일정박에 맞춰 동물 흉내 내기 놀이하기

- 술래는 동물 카드를 한 장 뽑는다.

고양이	사자	원숭이	코끼리	강아지	말	개구리	돼지
딱따구리	까마귀	늑대	토끼	병아리	양	닭	소

- 학생 중 1명이 카드에 쓰인 동물을 흉내 내되, 동물 이름은 리듬에 맞게 손뼉만 친다.
- 나머지 학생들은 흉내 내는 동물이 무엇인지 맞추고 함께 동물 이름과 흉내 내기를 박에 맞춰 표현한다.
- 또 다른 학생이 또 술래가 되어 놀이를 계속한다.

악기로 동물 표현하기

- 각자 동물을 정하여 동물의 울음소리, 움직임 등을 악기로 표현한다(참고 p. 164).

Tip

동물뿐 아니라 꽃, 좋아하는 음식 등을 사용할 수 있어요.

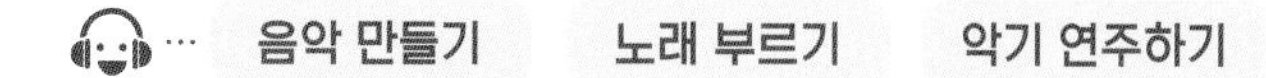

2. 소리 빛깔에 어울리는 장단 구음을 만들어요

학년	중학년, 고학년
개념	국악기, 말붙임새, 자진모리장단, 굿거리장단
통합활동	- 말붙임새를 통해 장단 느끼기 - 장단에 어울리는 구음으로 표현하기
수업자료	가로 정간보, 윷가락이나 소고, 북, 징, 꽹과리, 여러 가지 국악기 사진 자료 등

자신이 좋아하는 국악기 발표하기

- 자신이 좋아하는 국악기가 무엇인지 발표한다.

  예 소고, 북, 징, 꽹과리, 장구, 가야금, 단소, 소금, 피리 등

자진모리장단에 맞추어 타악기의 구음을 만들고 신체 표현하기

- 국악타악기 음색을 떠올려 자진모리장단에 어울리는 구음을 만들고 구음으로 노래한다.
- 구음에 어울리는 신체 표현을 만들고 구음으로 노래하며 표현한다.

	꽹	과	리	는			갱		개	개	갱	
손뼉 치기												
	장		구	소	리		쿵		덕	쿵	덕	
무릎 치기												

굿거리장단에 맞추어 가락악기의 구음 만들기

- 국악기 중 여러 가락악기의 음색을 듣고 구음을 만든 후 굿거리장단의 빠르기에 맞추어 천천히 구음으로 노래한다.

단소	단		소	소	리	는	뚜	루	뚜	루		
가야금	가		야	금		은	띵		동	띵	동	
태평소	태		평	소	는		○		○	○	○	

Tip

자진모리장단, 굿거리장단 외에도 초등학교에서 주로 활용되는 단모리장단, 세마치장단, 중중모리장단 등을 활용하여 다양한 악기의 구음을 만들 수 있어요. 또한 여러 가지 국악기의 음색을 감상할 수 있는 음원(e-국악아카데미 사이트 등)을 활용하여 활발한 수업 분위기를 만들 수 있어요.

 음악 만들기 노래 부르기 악기 연주하기

3. 내가 만든 리듬 치며 노래 불러요

학년	중학년, 고학년
제재곡	〈아비뇽의 다리 위에서〉(프랑스 민요)
개념	다양한 리듬
통합활동	- 노래 부르며 리듬 반주하기 - 리듬에 맞춰 악기 연주하기
수업자료	박을 치기에 적당한 무율 타악기, 생활악기

노래 익히기

악보 3-3 <아비뇽의 다리 위에서>

2박 동작 연습하기

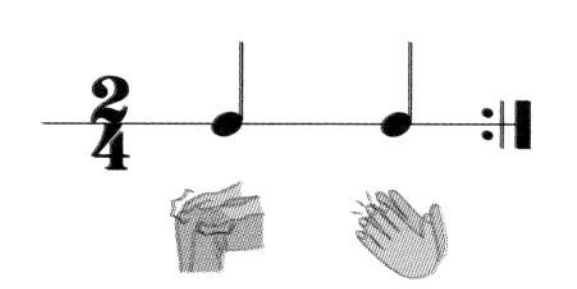

2박 리듬 만들기

- 모둠으로 나누어 2박 리듬을 만들어 본다.

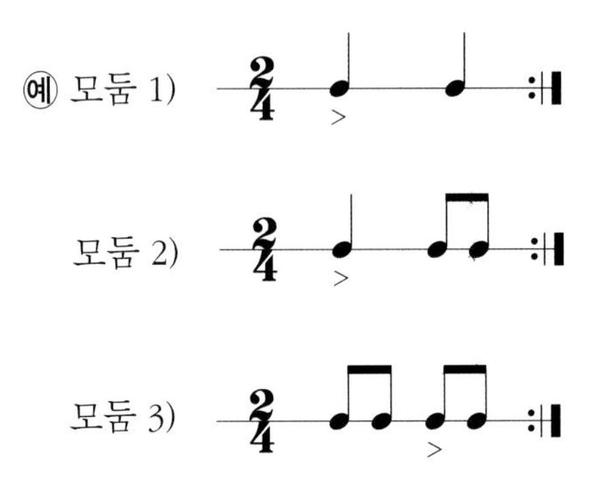

- 함께 연주하기 위해 리듬을 그림이나 기호로 적어 두도록 한다.

리듬악기 혹은 생활악기, 신체악기 등을 이용하여 모둠별로 발표하기

- 강박과 약박을 생각하며 만든 리듬을 악기와 신체로 표현한다.

전체가 노래를 부를 때 한 모둠씩 돌아가며, 혹은 모두 함께 리듬 반주하기

- 학생들과 리듬 반주 순서를 함께 정해 본다.
- 리듬 중 하나를 정해 전주와 후주로 사용할 수도 있다.
  예 (모둠 2)의 리듬 두 번 반복하고 시작하기

4. 가락선으로 만드는 음악 놀이

학년	저학년
제재곡	〈우리 집은 웃음바다〉
개념	음의 높낮이
통합활동	- 가락에 맞는 신체 표현하기 - 목소리로 가락선 표현하기 - 가락선으로 만든 음악 연주하기
수업자료	가락악기(실로폰 등), 그리기 재료들

노래 익히기

• 가락의 흐름을 생각하며 〈우리 집은 웃음바다〉 노래를 부른다.

악보 3-4 <우리 집은 웃음바다>

가락선 표현하기

• 가락의 움직임을 몸으로 자유롭게 표현한다. 몸이나 팔, 손 등의 높낮이를 다르게 하여 가락의 흐름을 표현해 보도록 한다.

가락선 만들어 보고 가락의 특징을 그림으로 표현하기

• 가락의 특징을 색깔과 굵기, 선의 형태 등을 이용하여 느낌을 나타낸다.

• 스마트 기기를 활용하여 가락선을 만들어 볼 수 있다.

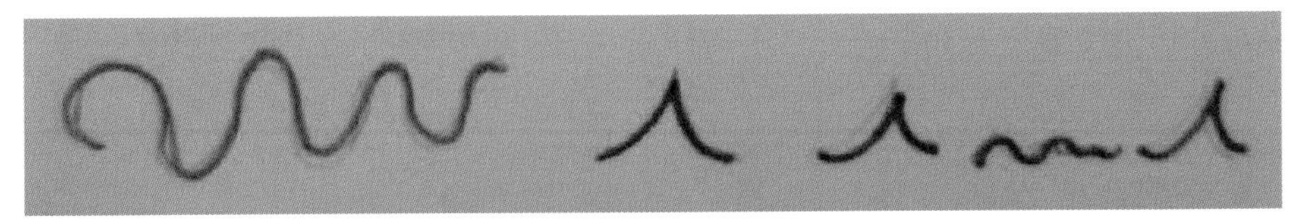

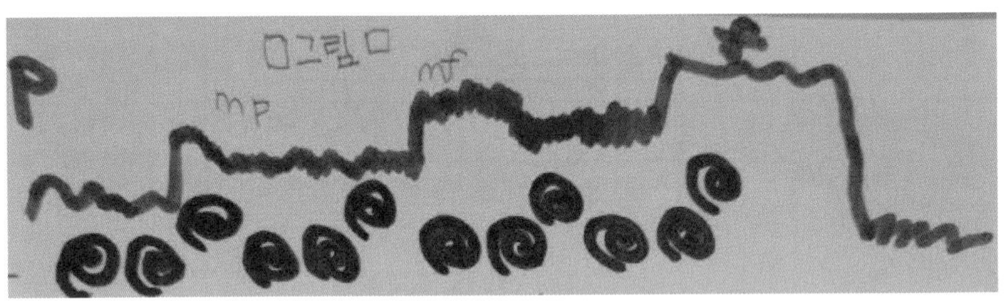

Tip

여러 가지 음악 작곡, 사보 소프트웨어 프로그램을 활용하면 만드는 가락을 바로 들으면서 확인할 수 있고, 피아노 건반이나 오선보를 보며 가락을 연주하는 것도 가능해요. (MuseScore나 Garage Band, Walk Band 등) 크롬 뮤직 랩을 활용하면 다양한 색과 높낮이로 된 가락선을 보면서 음악을 만들어 볼 수 있어 편리해요(참고 p. 144).

가락선 악보 만들어 놀이하기

• 자기가 만든 가락선 악보를 보고 목소리, 신체, 악기 등으로 표현한다.

• 가락선 그림 중 어느 것을 표현한 것인지 알아맞히는 놀이를 한다.

가락선으로 만든 음악 연주하기

• 모둠별로 연주할 가락선 악보를 정한다.

• 어느 악기로 누가 연주할지 역할을 정하고, 연주하며 가락선을 수정한다.

• 모둠별로 발표한다.

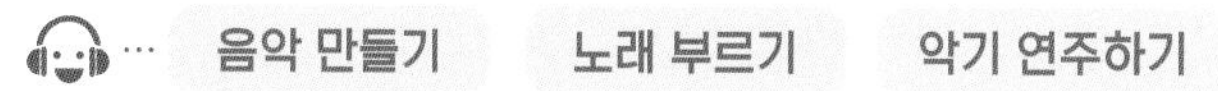

5. 세 음으로 노래 만들어 봐요

학년	고학년
개념	가락의 흐름
통합활동	- 만든 가락 노래로 부르기 - 만든 가락 악기로 연주하기
수업자료	가락악기(리코더 등), 그리기 재료

주어진 3음으로 즉흥연주하기

• 제시된 리듬을 익힌다.

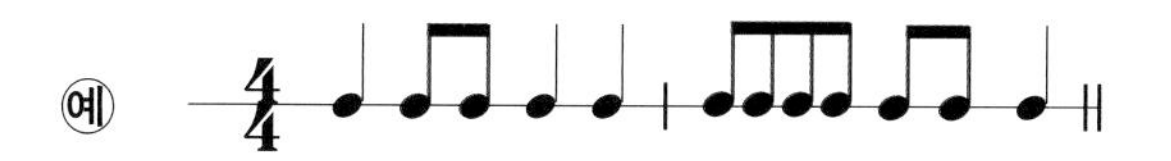

• 리듬이 익숙해지면 리듬에 맞게 세 음(미, 솔, 라)을 이용하여 즉흥연주한다.

• 공명 실로폰이 있다면 세 음만 따로 떼어 연주해 본다. 실로폰일 경우 그 음에 작은 포스트잇이나 붙임딱지를 붙여 볼 수도 있다.

• 다른 세 음(도, 레, 솔 등)으로도 즉흥연주해 보고 느낌의 차이를 이야기해 본다.

• 능숙하게 잘될 경우 음을 추가해서 연주할 수도 있다.

가락에 어울리는 노랫말 만들어 부르기

• 위의 즉흥연주 가락들 중 마음에 드는 것을 골라 노랫말을 붙인다.

• 모둠이 함께 가락을 연결하여 하나의 노래로 연주해 본다.

Tip 다양한 주제로 우리들만의 노래를 만들어 볼 수 있어요.

- 학생들의 흥미와 관심, 혹은 다른 과목에서 학습한 내용을 바탕으로 말리듬을 만들어요.
- 말리듬에 주어진 음으로 가락을 붙여요.
- 노래로 부르거나 악기 연주를 하며 어색한 부분을 수정해 봐요.

음악 만들기 노래 부르기 악기 연주하기

6. 육자배기토리 가락을 만들어 노래하고 연주해요

학년	고학년
개념	육자배기토리, 시김새
통합활동	- 3음(미, 라, 시)을 이용하여 육자배기토리 가락 창작하기 - 노래 부르고 연주하기
수업자료	3음 구성의 가로 정간보, 단소 등

육자배기토리의 음악어법 익히기

• 육자배기토리의 음악적 특징을 알고 익힌다.

구성음과 시김새	시작음	짧게 꺾어 지나가는 음	종지음
미 라 시	'미'(주로) · '라',	'시'	'라'

Tip

육자배기토리 외에도 경토리, 메나리토리, 수심가토리, 서우제소리토리 등 민요의 토리별 가락을 창작할 수 있도록 지도해야 해요. 이때 각 토리별 음악적 어법(주요 구성음과 시김새 등)을 학생들이 익힐 수 있도록 교사가 먼저 알고 안내해야 해요(e-국악아카데미/교육 · 체험/'토리별 특징' 영상 활용).

굿거리장단의 메기는 부분에 해당하는 한 장단 가락 창작하고 어울리는 가사 창작하기

• 3음 가로 정간보에 가락선보를 그려서 가락을 창작할 수 있도록 한다.

• 교사가 굿거리장단 한 장단의 가락을 예시하여 학생들의 활동을 도울 수 있다.

• 가락 창작이 완성된 후 어울리는 가사를 창작하여 빈칸에 적을 수 있도록 한다.

〈예시 자료〉

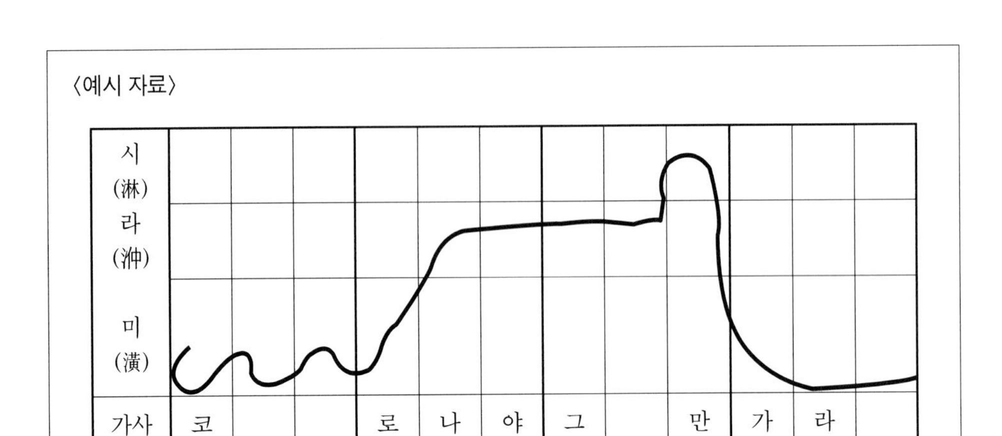

창작한 가락으로 노래 부르기

- '미'음으로 창작된 부분 중에서 음의 길이가 1박 이상 되는 부분에서 '굵게 떠는소리' 시김새, '시'음은 꺾는 소리 시김새를 표현하여 노래 부르도록 한다.

창작한 가락의 가락선보를 보고 바로 정확한 음정으로 노래 부르기 어려울 때 가락악기를 활용하여 주요 3음(미, 라, 시)의 음높이를 들어 보고 노래 부를 수 있어요.

창작한 가락을 단소로 연주하기

- 학년 발달 수준에 따라 3음[미 → 潢(황), 라 → 㳞(중), 시 → 淋(임)]으로 창작된 가락을 단소로 연주하도록 한다.

창작한 가락에서 '潢(황)'은 떠는 소리, '淋(임)'은 꺾는 소리 시김새 등 고도의 연주 기량이 요구되기 때문에, 학생 수준에 따라 시김새 표현은 생략하고 주요 3음 중심의 가락만 장단에 맞추어 연주하는 게 쉬워요.

7. 친구와 함께 화음 만들어 연주해요

학년	중학년, 고학년
제재곡	〈화음 3형제〉
개념	주요 3화음
통합활동	화음 만들어 반주하기
수업자료	멜로디언 등 화음이 가능한 악기, 리코더, 실로폰 등 가락악기, 스마트 기기도 가능

노래 익히기

- 주요 3화음으로 된 노래를 충분히 익힌다.

악보 3-5 <화음 3형제>

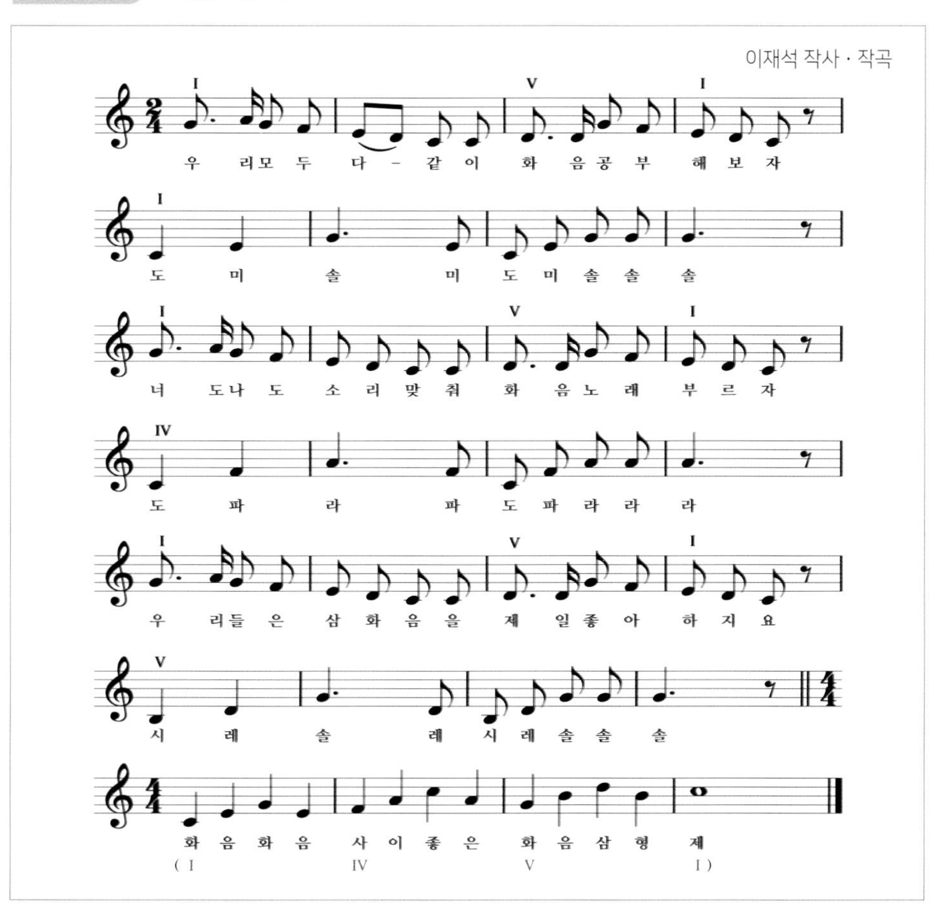

화음 반주하기

- 여섯째 단까지 곡의 화음 진행에 맞게 주요 3화음을 한 모둠씩 맡아 연주한다.

화음 반주에 변화 주기

- 모둠 역할, 셈여림, 리듬, 화음 등을 바꾸어 연주하며, 차이를 느껴 본다.

어울리는 화음 붙이기

- 일곱째 단에 어울릴 I, IV, V 화음을 탐색하여 화음의 순서를 정한다.
- 화음을 정하고 모둠별로 연주한다.

화음 카드로 놀이하기

- I, IV, V가 써진 화음 카드 여러 장 중 세 개를 뽑아 화음 순서를 정한다(단, 끝나는 화음은 I도 화음으로 고정).

예
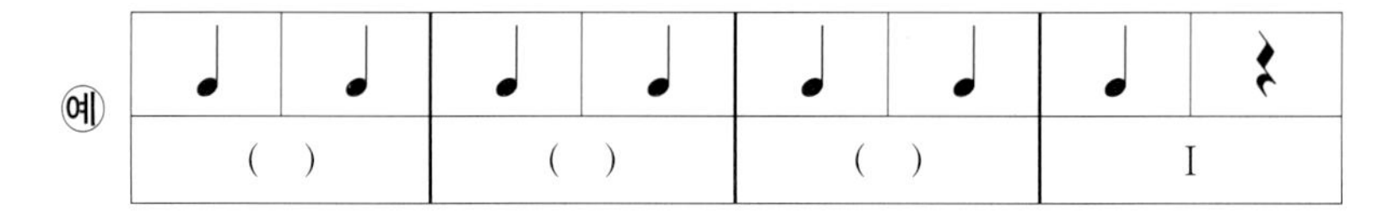

- 주어진 리듬에 맞게 화음 순서대로 연주한다.
- 해당하는 화음의 구성음으로 가락을 만든다. 예를 들어, I도 화음이면 도, 미, 솔 음으로, IV도 화음이면 도, 파, 라 음으로, V도 화음이면 솔, 시, 레 음으로 가락을 만들어 본다.

Tip

창작할 때 제시하는 조건들은 학생들의 창작을 위한 안내 또는 도움의 역할을 합니다. 만일 학생들 중 좀 더 다양한 리듬이나 가락을 사용하고자 하는 학생이 있을 때 가능성을 열어 주고 허용해 주는 것도 창의적인 활용을 위해 필요하겠지요!

- 가락악기 또는 스마트 기기를 이용하여 가락을 연주하며 만들어 보고, 어색한 부분을 수정한다.
- 만든 가락을 발표한다.

음악 만들기 악기 연주하기

8. 리듬 바꾸기로 음악을 만들어요

학년	중학년, 고학년
개념	같은, 비슷한, 다른 리듬
통합활동	다양한 방법으로 리듬을 바꾸어 보고, 바꾼 리듬으로 음악 만들어 연주하기
수업자료	여러 가지 리듬악기

A 리듬 익히기

- 4/4박자 두 마디의 A리듬을 익힌다. 말리듬이나 신체 표현을 넣어 연습한다.

  - A리듬

B 리듬 만들기

- 모둠별로 SCAMPER 기법(참고 p. 140-142)을 활용하여 리듬꼴 B를 만든다.

  ㉮ 음 길이 줄이기

  ㉮ 음 길이 늘이기

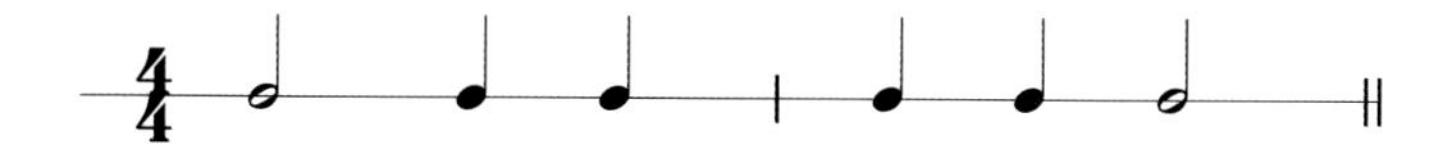

  ㉮ 음 제거하기

리듬꼴 발표하기

- 여러 리듬꼴을 이어서 연주해 보고, 모둠별로 발표한다.
- A리듬은 전체, B리듬은 모둠별 연주한다.

- 만든 리듬꼴에 가락이나 노랫말을 붙여 볼 수도 있다.

음악 만들기 노래 부르기

9. 내가 만든 민요 가사 재미있어요!

학년	고학년
개념	긴 · 자진 형식
통합활동	- 긴 · 자진 형식의 민요 가사 새롭게 만들기 - 새로 만든 가사로 민요 부르기
수업자료	활동지(중중모리장단과 자진모리장단의 가로 정간보)

긴 · 자진 형식의 민요 탐색하기

- 알고 있는 긴 · 자진 형식의 민요를 이야기한다.

  ⓔ 〈쾌지나칭칭나네〉와 〈자진쾌지나칭칭나네〉, 〈긴강강술래〉와 〈자진강강술래〉 등

Tip

긴 · 자진 형식은 동일한 주제와 유사한 선율을 바탕으로 느린 장단과 빠른 장단이 대비를 이루는 형식임을 이해해요.

긴 · 자진 형식의 말붙임새 특징과 빠르기 비교하기

- 〈강강술래〉와 〈자진강강술래〉의 말붙임새와 빠르기 특징을 비교한다.

- 중중모리장단:

우		리	장	군	-	대	첩	-	지	라	

- 자진모리장단:

뛰	어		보	세		뛰	어	나	보	세	

특징	〈강강술래〉	〈자진강강술래〉
말붙임새	가사가 많은 편이고 한 음절에 여러 음이 이어진다.	가사가 적은 편이고 한 음절에 보통 한 음으로 노래한다.
빠르기	중간 속도	빠른 속도

메기는 부분의 가사와 말붙임새 창작하기

- 중중모리장단과 자진모리장단 메기는 부분에 어울리는 말붙임새를 새롭게 만들도록 한다.

〈중중모리장단의 메기는 부분 예시〉

우		리	장	군	-	대	첩	-	지	라	
우		**리**	**방**		**학**	**기**	**다**	**려**	**진**	-	**다**

〈자진모리장단의 메기는 부분 예시〉

뛰	어		보	세		뛰	어	나	보	세	
우	**리**		**방**	**학**		**어**	**서**		**와**		**라**

Tip

제재곡과 다른 주제를 자유롭게 활용하여 메기는 부분의 가사를 창작하도록 한 뒤 받는 부분의 가사까지 새롭게 창작해 보도록 해요. 또 여러 친구들이 창작한 가사를 연결하여 하나의 곡을 완성하는 방법도 활용할 수 있어요.

긴 · 자진 형식의 다른 노래 탐색하기

- 긴 · 자진 형식의 다른 곡으로, 국악 창작 동요 〈멸치와 갈치〉 노래를 들어 보고, 한배 변화에 따른 긴 · 자진 형식을 더욱 폭넓게 이해한다.

Tip

민요의 긴 · 자진 형식 외에도 느린 장단으로 시작하여 점차 장단이 빨라지는 곡으로 변화하는 산조를 감상하면서 우리나라 음악의 특징을 다채롭게 체험하여 창작 활동에 활용할 수 있어요.

음악 만들기 악기 연주하기

10. 소리 탐색으로 만드는 이야기 음악

학년	저학년, 중학년, 고학년
개념	여러 가지 음색
통합활동	이야기에 어울리는 음악을 연주하고, 신체 표현하기
수업자료	여러 가지 리듬악기, 리코더, 실로폰 등, 동화책『친구를 보내 주세요』

다양한 소리 탐색하기

• 여러 가지 소리를 탐색한다.

참고자료 다양한 소리 재료들

사물 소리

종이

물건들(자, 컵, 펜, 열쇠 등)

가정 용품들(냄비, 주걱, 숟가락, 용수철, 캔 등)

목에서 나는 소리

허밍, 소리 지르기, 노래, 한숨 쉬기, 비명 지르기, 윙윙거리기, 동물 흉내 내기, 기계소리 내기, 뻥, 찰칵, 휘파람, 후루룩, 쉭쉭 등

몸에서 나는 소리

손, 손가락, 발, 팔, 가슴, 머리 등

교실에서 나는 소리

연필, 공책, 지우개, 문, 책상, 의자 등

장난감 소리

호루라기, 딸랑이, 뮤직박스, 인형, 카쥬, 튜브 등

환경 소리

새, 동물, 기계, 탈것들, 물, 바람, 물결 등

악기 소리

교실(비음률 타악기, 실로폰, 리코더, 멜로디언 등)

전자악기(키보드, 신시사이저), 그 밖에 민속악기, 오케스트라 혹은 밴드 악기들

학생이 만든 악기 소리

통, 줄, 나무, 콩, 종이, 테이프, 여러 가지 모양의 용기 등을 가지고 스스로 만든 악기들

(Campbell & Scott-Kassner, 2014, p. 268.)

- 각자 발견한 소리를 발표한다.
- 음향효과, 효과음 등을 스마트 기기를 활용하여 검색하고 들어 볼 수도 있다.
- 교사는 학생들이 서로 발표한 소리를 비교하고 범주화할 수 있도록 질문을 통해 안내한다.

  예 누구 소리가 지금 이 소리와 비슷할까요?
  높은 소리가 나는 것에는 어떤 것들이 있지요?
- 범주화한 소리들을 모아 함께 다양한 소리를 내 본다.

동물을 다양한 소리로 표현하기

- 앞서 이루어진 소리 탐색 활동을 참고하여 교사가 제시하는 동물의 특징을 다양한 소리로 표현한다(동화책『친구를 보내 주세요』에 등장하는 동물들을 제시한다).

커다란 **코끼리**가 쿵쿵 걸어가는 소리
사자의 으르렁대는 소리
기다란 **뱀**이 스르르 바닥을 기어가는 모습
원숭이가 어지럽게 소리 내며 걸어 다니는 모습
개구리가 폴짝폴짝 뛰는 모습
귀여운 **강아지**가 멍멍 짖는 모습

- 만들어 낸 표현을 기억하기 위하여 다양한 악보를 활용하여 기록한다.
- '소리로 보는 동물원 안내도'에 위의 동물들을 표현한 그림악보를 붙이거나 표시한다.

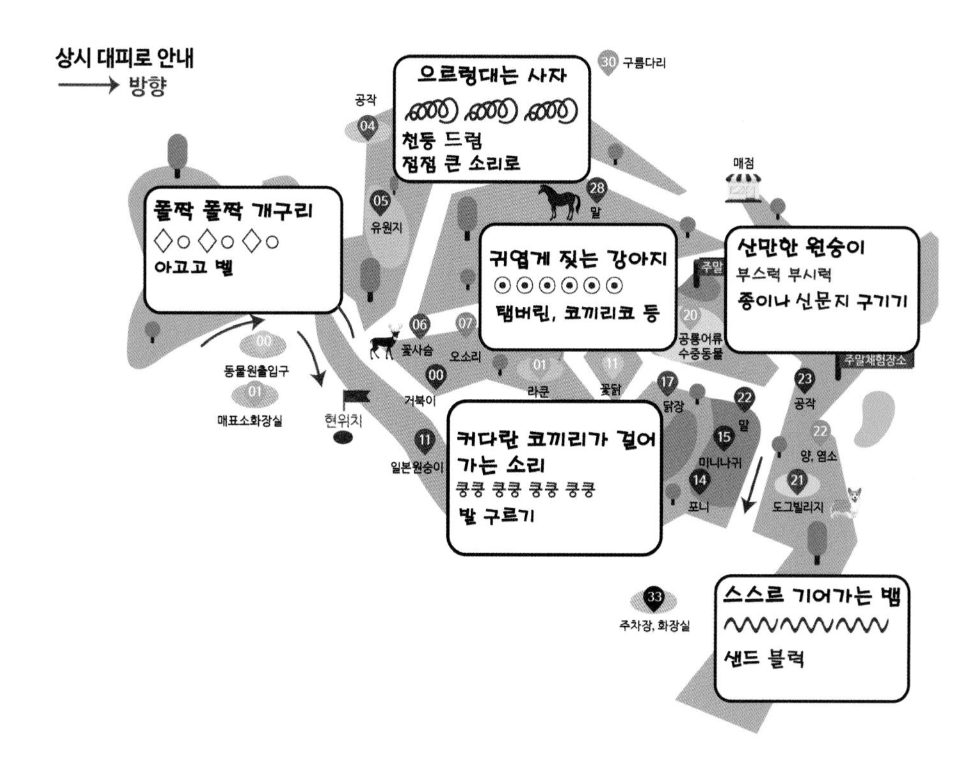

- 함께 만든 '소리로 보는 동물원 안내도'를 보며 다양한 방법으로 연주한다.

이야기 음악 표현하기

- 교사가 이야기를 소리 내어 읽는 동안 학생들은 어울리는 소리를 목소리, 악기, 물체 등을 이용하여 표현한다.
- 이야기의 효과를 높이기 위해 추가로 덧붙일 수 있는 소리, 느낌을 살리기 위한 셈여림, 빠르기 등의 표현 방법 등을 학생들과 함께 탐색하여 볼 수 있다.

〈친구를 보내 주세요〉

그림	이야기	음악(예시)
친구를 보내 주세요!	동물원에 편지를 썼어요. "나에게 친구를 보내 주세요" 동물원에서 보낸 것은…….	

	**쿵 쿵 쿵 쿵** 코끼리는 너무 커서 돌려보냈어요.	 발 구르기
	**으르렁 으르렁** 사자는 너무 사나워서 돌려보냈어요.	 천둥드럼
	**스르르 스르르** 뱀은 너무 무서워서 돌려보냈어요.	 샌드 블럭
	**부스럭 부시럭** 원숭이는 너무 산만해서 돌려보냈어요.	 종이나 신문지
	**폴짝 폴짝** 개구리는 너무 뛰어서 돌려보냈어요.	◇○◇○◇○ 아고고벨
	그래서 동물원에서 보낸 것은 **멍 멍 멍 멍** 강아지예요. 우린 정말 좋은 친구가 될 것 같아요.	⦿⦿⦿⦿⦿⦿ 탬버린이나 코끼리 코

(그림책『친구를 보내 주세요』, 로드 캠벨 글 · 그림/염현숙 옮김/문학동네어린이)

 음악 만들기 악기 연주하기 노래 부르기

11. 음악극으로 표현해요

학년	중학년, 고학년
개념	판소리, 여러 가지 음색
통합활동	- 판소리 〈흥부가〉 중 '박 타는 대목' 감상하기 - 장면에 어울리는 효과음, 노래, 악기연주 등 계획 세우기 - 음악극으로 표현하기
수업자료	여러 가지 리듬악기, 여러 가지 가락악기, 효과음 악기, 소품 등

풍속도를 보며 판소리의 특징 파악하기

- 풍속도에 나타난 판소리 연주 모습과 장면을 보고 그 특징을 이야기한다.
  예) 노래하는 소리꾼 옆에 마주 보고 앉아서 북으로 반주하는 고수 주변에 둥그렇게 여러 사람이 모여 앉아서 감상을 하고 있다 등

〈평양도〉 중 일부 장면

장면에 어울리는 노래와 효과음, 악기 연주 등 음악극 계획 세우기

- '박 타는 대목'의 사설을 읽어 본 후 장면의 분위기를 파악한다.

홍보가 좋아라고, 홍보가 좋아라고, 궤 두 짝을 떨어붓고 닫쳐 놨다 열고 보면, 도로 하나 그뜩허고, 쌀과 돈을 떨어 붓고 닫쳐 놨다 열고 보면, 도로 하나 그뜩 허고, 툭툭 떨고 돌아섰다, 돌아보면 도로 하나 그뜩허고, 떨어 붓고 나면 도로 수북, 떨어 붓고 나면 도로 그뜩. "아이고 좋아 죽겄다. 일 년 삼백육십 일을 그저 꾸역꾸역 나오느라!"

〈'박 타는 대목' 삽화와 사설〉

- 사설 내용 중에서 효과음을 넣어 즉흥연주할 부분을 선정하고, 적절한 노래와 악기 연주 등을 정하여 노래 연습 및 연주법, 효과음 만들기 등을 모둠원들과 협의하여 결정한다.

예시 8 음악극 연주방법

대목	사설(가사)	음악적 표현 계획
①	옛날에 홍보와 놀부가 살았대요~	〈흥부와 놀부〉 강소천 작사 나운영 작곡 1. 옛 날 옛 -날 한 옛 날 에 홍 부 놀 -부 살 았 다 네 1. 옛 날 옛 -날 한 옛 날 에 홍 부 놀 -부 살 았 다 네 〈흥부와 놀부〉 한 소절 노래 부르기
②	홍보가 좋아라고, 홍보가 좋아라고~	〈흥보가 기가 막혀〉 정홍철 작사 · 작곡 홍 보 가 기 가 막 혀 홍 보 가 기 가 막 혀 홍 보가기가막혀 홍 보가기가막혀 (홍보가 기가막혀) 홍 보 가 기 가 막 혀 '홍보가 기가막혀 홍보가 기가막혀~' 한 소절의 노래 부르거나 가사 바꾸어 부르기

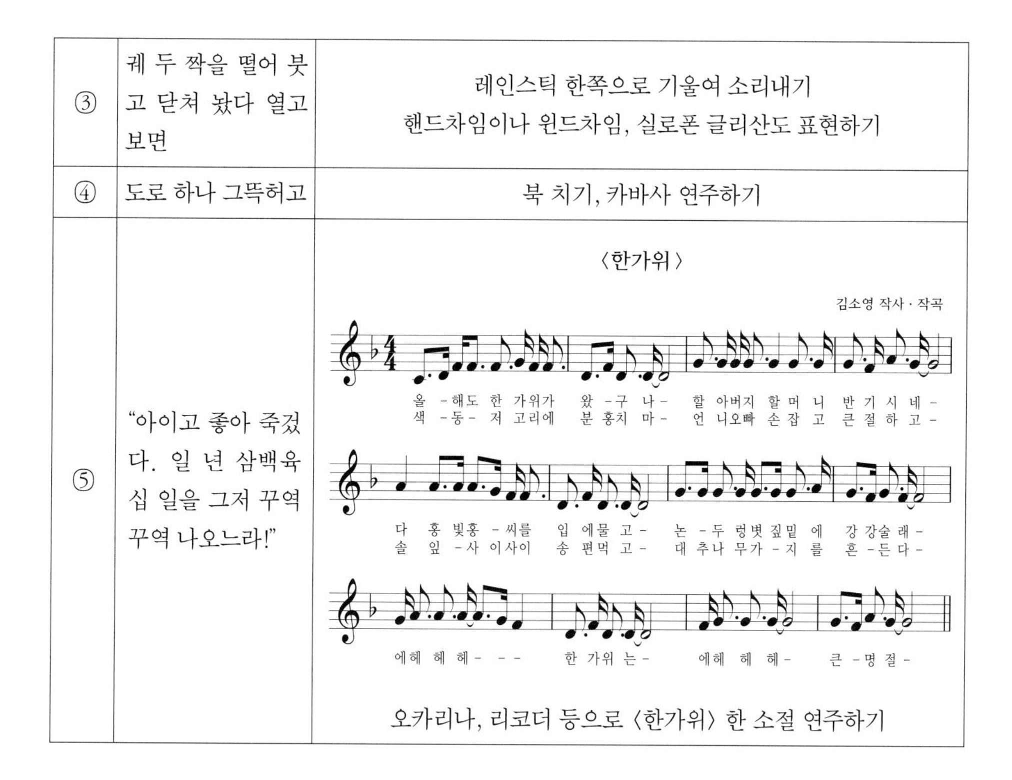

③	궤 두 짝을 떨어 붓고 닫쳐 놨다 열고 보면	레인스틱 한쪽으로 기울여 소리내기 핸드차임이나 윈드차임, 실로폰 글리산도 표현하기
④	도로 하나 그뜩허고	북 치기, 카바사 연주하기
⑤	"아이고 좋아 죽겄다. 일 년 삼백육십 일을 그저 꾸역꾸역 나오느라!"	〈한가위〉 김소영 작사 · 작곡 올 -해도 한 가위가 왔 -구 나- 할 아버지 할 머 니 반 기 시 네- 색 -동- 저 고리에 분 홍치 마- 언 니오빠 손 잡 고 큰 절 하 고- 다 홍 빛홍 -씨를 입 에물 고- 논 -두 렁볏 짚밑 에 강 강술 래- 솔 잎 -사 이사이 송 편먹 고- 대 추나 무가 -지 를 흔 -든 다- 에헤 헤 헤- - - 한 가위 는- 에헤 헤 헤- 큰 -명 절- 오카리나, 리코더 등으로 〈한가위〉 한 소절 연주하기

 **음악극 연습 및 발표하기**

- 모둠원들과 역할 분담을 하여 어떤 부분을 어떤 악기로 누가 즉흥연주할 것인지 등을 결정하여 각자 맡은 부분을 연습한다.
- 모둠별로 역할 분담하여 맡은 부분을 음악극으로 연결하여 발표한다.

Tip

음악극 작품을 위해 모든 학생이 참여할 수 있도록 유도해야 해요. 그러기 위해 음악적 감수성이나 표현 능력이 다소 부족한 학생에게 보다 쉬운 효과음 만들기 부분을 권장할 수 있고, 음악적 능력이 우수한 학생은 오카리나 또는 리코더 등 가락악기 연주 장면을 권장하여 모두 동참할 수 있도록 조절할 수 있어요.

예 난이도 하 - 효과음 만들기 ③, ④번
난이도 중 - 노래 부르기, 노래 가사 바꾸어 부르기 ①, ②번
난이도 상 - 오카리나 또는 리코더 연주하기 ⑤번

제4장
음악 감상하기 + α

Zoom in

음악 감상하기 지도방법

| 최은아, 조은숙 |

음악 감상은 누구나 쉽게 접근할 수 있는 활동이자, 노래 부르기, 악기 연주하기, 신체 표현하기, 음악 만들기 등 모든 음악 영역의 바탕이 되는 활동이다. 음악은 귀를 자극하고 마음을 두드리고 때로 정신을 고양시키면서 기쁨과 만족을 주는 청각 예술로, 청감각의 발달은 음악성 발달의 기초가 된다. 음악 감상 수업은 이러한 청감각을 발달시키는 것, 음악적 감수성을 통해 공감과 소통 능력을 함양하는 것, 음악적 아름다움에 대한 경험을 통해 아름다움에 대한 비전을 갖도록 하는 것을 지향한다.

무엇보다 음악 감상 수업의 출발점은 능동적으로 귀를 기울여 감상하도록 이끄는 것이다. 수동적으로 반응하는 것을 넘어 능동적으로 귀 기울여 들을 때 리듬, 가락, 형식, 음색, 빠르기, 셈여림 등 음악적 요소와 음악에서 일어나는 일들을 알아듣고 음악적 의미를 파악할 수 있으며, 이러한 과정을 통해 감상 능력이 향상될 수 있다. 따라서 다양한 방법을 통해 학생들이 능동적으로 음악을 듣고, 들은 내용을 여러 방식으로 해석하고 표현하고 나누도록 하는 것은 역동적인 음악 감상 수업을 위해 매우 중요하다.

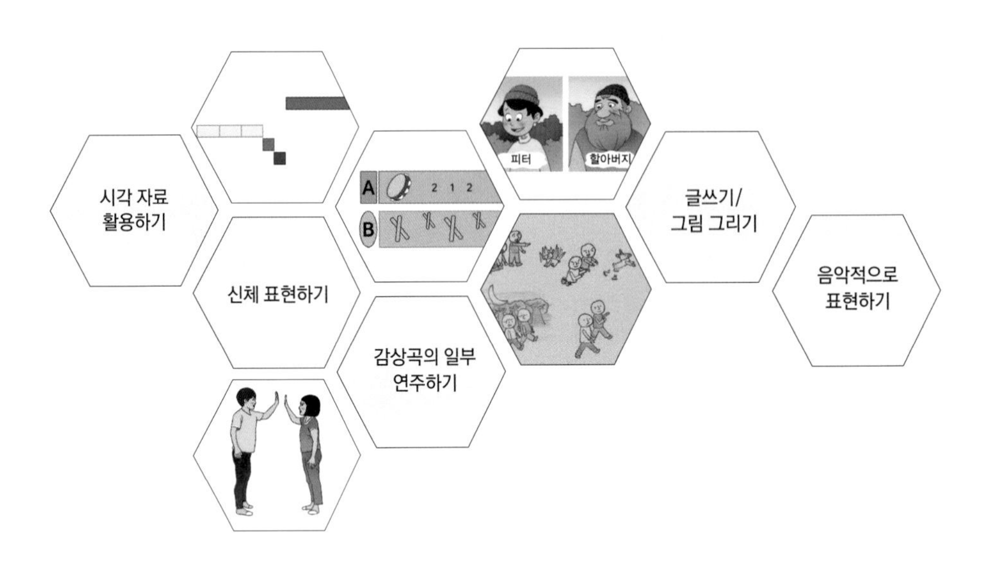

1. 시각 자료 활용하기

#비주얼 싱킹 #귀와 눈의 협업이 필요해! #보이는 음악

시각 자료 활용은 음악 감상을 효과적으로 지도하기 위한 유용한 방법이다. 청각적 형태의 음향을 시각적 형태로 표현하는 것은 음악적 요소와 구성 및 음악적 흐름을 좀 더 쉽게 인지하고 기억할 수 있도록 돕는다.

예시 1 익숙한 물체로 악곡의 형식 표현하기

A B　　A B A

예시 2 도형이나 색깔을 활용해 박자 표현하기

2박자

3박자

Tip

색종이 또는 색깔이 있는 종이컵 등을 활용해 보세요.

예시 3 리스닝맵 활용하기

- 비발디 <사계> 중 <봄> 1악장 주제 부분의 리듬과 가락을 파악할 수 있도록 구조화한 리스닝맵

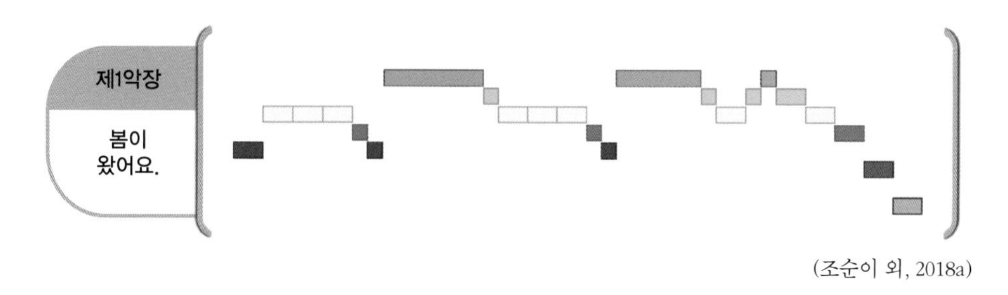

(조순이 외, 2018a)

- '시나위'의 연주방식, 연주 악기, 합주와 독주 악기 등을 파악할 수 있도록 구조화한 리스닝맵

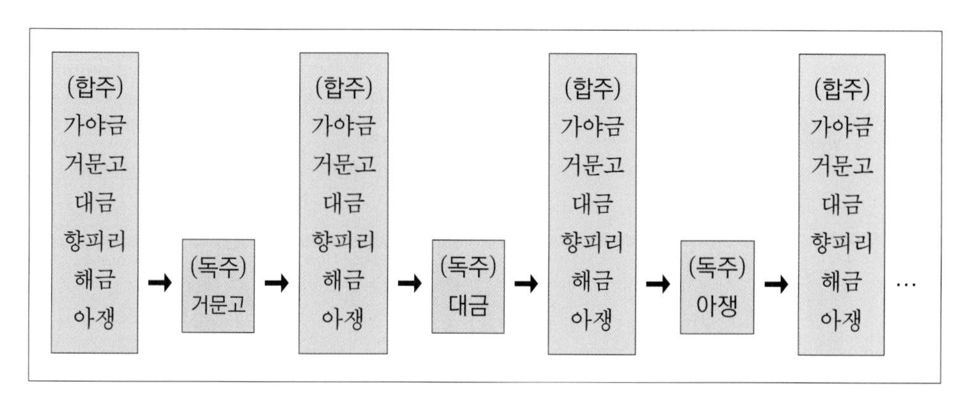

참고자료 리스닝맵(Listening map)

- 시각 자료 중 리스닝맵은 '그림, 도형, 번호 등을 활용해 악곡의 음악적 개념, 구조 등을 표현해 놓은 지도'예요. 음악의 흐름이나 악곡의 특징을 파악하는 데 유용합니다.
- 리스닝 맵은 기존의 자료를 활용할 수도 있고, 교사 또는 학생이 직접 만들 수도 있어요. 학생들이 리스닝맵을 만들도록 할 때는 다음과 같은 점을 유의해야 합니다.
  - 음악적 개념 또는 구조가 분명하게 드러나는 악곡
  - 감상의 핵심 요소
  - 리스닝맵의 의도(음악적 개념 이해 또는 구조 이해)

2. 신체 표현하기

#보이는 움직임으로 #음악에 맞추어 움직여 봐! #몸으로 연주하기

음악을 주의 깊게 듣고 리듬, 가락, 셈여림, 빠르기, 형식 등 음악적 요소를 다양한 움직임을 통해 표현하도록 한다.

예시 4 **거울 놀이/그림자 놀이**

- '거울 놀이'는 짝끼리 마주 보고 앉거나 선 후, 리더를 정하고 리더가 음악에 맞추어 몸을 움직이면 상대방은 이를 그대로 따라하는 놀이이다. 교사나 학생의 신호에 따라 리더를 바꾸어 활동한다.
- '그림자 놀이'는 4명이 다이아몬드 대형으로 같은 방향을 보고 선 후, 리더를 정하고 리더가 음악에 맞추어 몸을 움직이면 나머지 3명이 이를 그대로 따라하는 놀이이다. 그림자 놀이 역시 교사나 학생의 신호에 따라 리더를 바꾸어 활동한다.

예시 5 스카프를 활용한 신체 표현하기

- 하이든 <놀람교향곡> 2악장의 주제 부분

A 주제	Andante	스카프를 손에 쥐고 리듬에 따라 걷다가 갑자기 커지는 부분(마지막 부분)에서 스카프를 위로 던지기
B 주제		가락의 흐름에 따라 스카프를 흔들며 움직이기

Tip

신체 표현 활동으로 인해 음악을 듣는 활동이 소홀히 되지 않도록 주의해 주세요.

3. 감상곡의 일부 연주하기

#주제 기억하는 것이 중요해! #오케스트라와의 협연

예시 6 주제 가락 연주하기

주제 가락에 노랫말을 붙여서 노래하기 또는 악기로 연주하기 등의 활동은 주제를 기억하는 데 도움이 된다. 주제를 기억하면 주제가 변화되거나 반복되는 것을 감지할 수 있으며, 주제의 변화와 반복으로 이루어진 악곡의 흐름을 잘 파악할 수 있다. 다음은 비발디 <사계> 중 <봄> 1악장의 주제의 리코더 악보이다.

악보 4-1 주제 가락을 리코더로 연주하기: <봄> 1악장 주제

예시 7 음악을 들으며 악기 연주하기

또한 악곡에 맞추어 리듬을 치거나 일부 가락을 따라 연주하는 활동 등을 통해 보다 능동적인 감상이 이루어지도록 할 수 있다. 다음은 차이코프스키의 <호두까기 인형> 중 <트레팍>에 맞추어 리듬악기를 연주하는 활동이다.

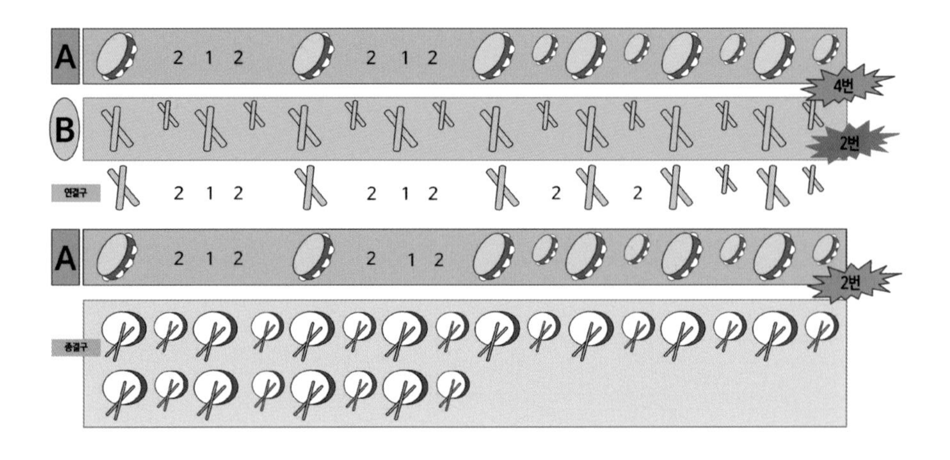

4. 글쓰기/그림 그리기

#음악 듣는 작가 #음악을 그리는 화가

음악의 느낌을 글 또는 그림으로 표현하도록 하는 것도 음악에 귀를 기울여 듣도록 하는 전략의 하나이다. 글을 쓰는 경우 우선 귀로 지각한 음악적 요소를 중심으로 적고, 음악의 요소와 느낌을 관련 지어 적어 보도록 한다. 그림을 그리는 경우, 리스닝맵과 같이 음악적 요소를 표현하는 것에 초점을 맞추어 그리거나 악곡의 분위기 또는 등장인물 등을 중심으로 그릴 수 있다.

예시 8 음악을 감상하고 간단하게 글쓰기

다음의 예시는 일주일에 한 번씩 음악을 듣고 새롭게 알게 된 점, 궁금한 점, 느낀 점 등을 기록하는 음악 감상 일지의 한 부분이다. 음악 감상 일지를 쓸 때 우선 음악적으로 들은 것, 음악 요소에 초점을 맞추고, 그러한 요소와 음악이 주는 느낌을 연결해 보도록 하였다.

월/일	곡명	작곡가	새롭게 알게 된 점, 궁금한 점, 느낀 점 등
3/8	사랑의 인사	엘가	노래가 차분하고 아름다웠다. 바이올린 말고도 다른 악기로 연주하는 것도 들어보고싶다.
3/11	차르다스	몬티	아름답기도 하고 웅장한 것 같기도 하다. 리코더와 피아노가 정말 잘 어울린다. 리듬이 빨라질 때 재미있었다.
3/18	상투스	리베라 소년합창단	조용하고 아름답다. 악기도 연주하는 것이 아니라 노래를 부르는 것이 대단하다 맨앞에 '바찌'라고 하는 게 너무 멋지다.

예시 9 그림 그리기

다음의 예시에서 왼쪽 그림은 드뷔시의 <어린이 차지> 중 <골리워그의 케이크워크>를 듣고 그린 것이며, 오른쪽 그림은 <대취타>를 듣고 그린 것이다. 왼쪽 그림은 '케이크워크'가 '승리의 케이크를 들고 뽐내며 걷는 걸음'에서 유래했다는 것과 명랑하고 쾌활한 악곡 분위기에 초점을 맞추었으며, 오른쪽 그림은 연주 악기, 가락, 리듬 등에 고려하였음을 알 수 있다.

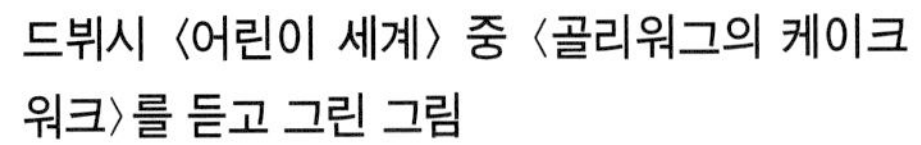
드뷔시 〈어린이 세계〉 중 〈골리워그의 케이크워크〉를 듣고 그린 그림

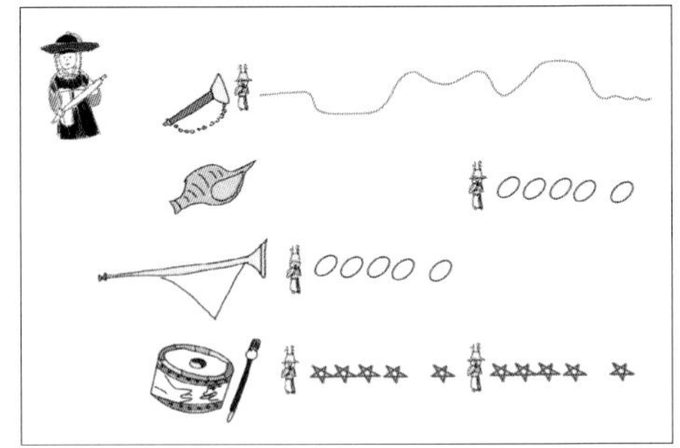

〈대취타〉를 듣고 그린 그림

5. 음악적으로 표현하기

나도 작곡가 # 어떤 악기로? # 어떤 리듬이 좋을까? # 정답은 없어!

음악을 통해 표현된 것(동물, 사람, 그림, 날씨, 이야기, 형식 등)을 감각적 · 인지적으로 감상한 것은 창의적 표현의 중요한 토대가 된다. 특히 초등학생 단계에서는 모방과 탐색을 통해 창의적 표현으로 나아가게 된다. 따라서 기쁨이나 슬픔과 같은 감정, 폭풍우나 빗방울과 같은 날씨, ABA 형식, 변주곡 형식, 다양한 인물이나 상황이 특징적으로 표현된 악곡 등을 감상한 후, 리듬악기나 가락악기, 움직임 등을 통해 음악적으로 표현하도록 이끄는 것은 능동적 감상의 주요 전략이 될 수 있다.

예시 10 **자신의 감정 표현하기**

감정과 음악적 표현 요소의 연관성을 생각하며 크라이슬러의 <사랑의 기쁨>과 <사랑의 슬픔>을 감상하고, 자신의 감정을 여러 가지 악기로 표현하도록 한다.

예시 11 **등장인물의 특징 표현하기**

프로코피예프의 <피터와 늑대>를 통해 각 등장인물의 특징과 이를 표현한 악기의 연관성을 생각하며 감상한 후, 각 등장인물에 어울리는 악기를 선택해서 다양한 방법으로 표현해 보도록 한다. 어떤 악기로 표현할 것인지에 대한 활동을 전개할 수 있다.

- 내가 작곡가라면, 각 인물을 어떤 방법으로 표현할까요? 가장 어울린다고 여기는 악기를 선택해서 자유롭게 표현해 보세요.

스마트한 '음악 감상하기' 활동

VR 활용 감상 활동은 학생들의 감상 수업에 대한 흥미도를 높인다?!

기존의 영상 콘텐츠가 사용자의 의지와 상관없이 3~5초마다 화면이 변하는 것과 다르게, VR은 사용자의 시선에 따라 화면이 움직이기 때문에 감상에 대한 자기주도성이 높아져 학습에 대한 흥미도가 높아진다. VR 영상을 보려면 HMD라는 도구가 필요한데 '구글카드보드'로 검색하면 어렵지 않게 구입이 가능하다. 유튜브에서 국립국악원 VR, 서울시향 VR을 검색하면 구글카드보드를 활용한 VR 영상 감상이 가능하다. 다음과 같은 VR 활용 활동을 제안한다.

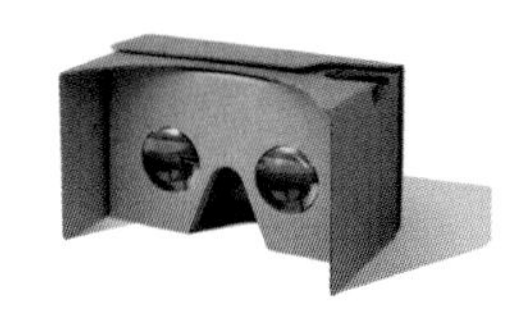
구글 카드보드

출처: EBS 유튜브 채널

출처: 국립국악원 유튜브 채널

1. 악기별 연주 모습 관찰하고 관심 있는 악기 정하기
2. 오케스트라 지휘자의 지휘 모습 관찰하고 지휘해 보기
3. 대취타 연주 감상하고 악기별 연주 동작 따라하기

EBS×서울시향 VR 오케스트라	국립국악원 VR	대취타 VR

Plus & More
음악 감상하기 중심 수업 더하기

 음악 감상하기 신체 표현하기

1. 귀로 듣고 몸으로 표현해요

"그레이트 갤럽"의 구리 조각
요한 슈트라우스(1839)

학년	고학년
제재곡	카발렙스키 〈갤럽〉
개념	ABA 형식, 음의 높고 낮음, 악기의 음색
통합활동	- 악곡의 형식 파악하기 - 신체 표현하며 음악 감상하기
수업자료	교육용 스카프, 카발렙스키 〈갤럽〉 음원(전체/A주제/B주제)

작곡가와 악곡 알아보기

- 카발렙스키(Dmitrii Borisovich Kabalevskii: 1904~1989): 러시아 작곡가이자 교육자, 피아니스트. 특히 어린이 음악 분야에 많은 관심을 갖고, 1970년 〈어린이를 위한 작품〉 작곡과 함께 어린이 음악교육에 몰두하였다.
- 갤럽: 원래는 원을 그리며 추는 빠른 2/4박자의 경쾌한 춤곡을 뜻하며, 감상곡은 카발렙스키가 작곡한 〈광대(Comedian)〉 모음곡에 속한다.

감상 포인트 안내하기

- A주제와 B주제를 미리 듣는다.

악보 4-2 <갤럽> A주제

악보 4-3 <갤럽> B주제

악곡의 형식 감지하며 전체 듣기

- A주제가 나올 때마다 손을 들어 표현하며 듣는다.
- B주제를 연주한 악기가 무엇이었는지(실로폰)에 대해 이야기 나눈다.
- 도형 카드를 주고, 음악을 들으면서 순서대로 배열해 본다.

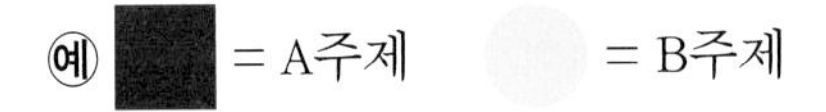

- 악곡이 다음과 같은 구조로 이루어져 있음을 안다.

다양한 방법으로 악곡의 형식 표현하기

- 노랫말, 손동작으로 표현한다.

주제	구분	내용
A주제	노랫말	우 리 모 두 춤 을 춰 요 디비디비 딥 디비디비 딥 디비디비 딥 딥 딥 딥 딥
	손동작	(8분음표) = 손뼉 치기 (16분음표 4개) = 양손을 번갈아 가며 무릎 치기
B주제	노랫말	다 같이 춤 춰 요 마 음 을 열 고 작 고 아 름 다 운 나 비 들 이 날 아 가 듯 이
	손동작	춤추는 동작, 나비가 날아가는 동작 등

움직임으로 표현하기

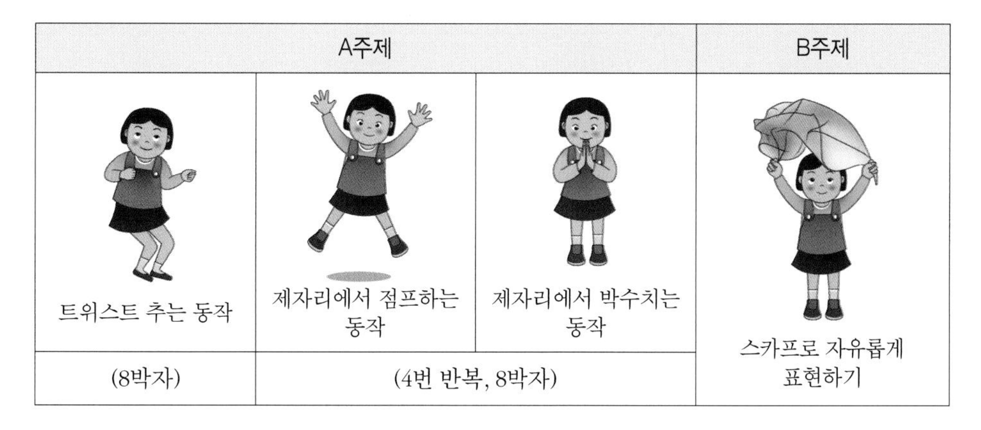

A주제			B주제
트위스트 추는 동작	제자리에서 점프하는 동작	제자리에서 박수치는 동작	스카프로 자유롭게 표현하기
(8박자)	(4번 반복, 8박자)		

모둠별로 동작 만들어 표현하기

- 모둠별로 A주제와 B주제의 동작을 만든다.
- 모둠별로 만든 동작을 음악에 맞추어 표현한다.
- 모둠별로 발표하고 서로의 의견을 나눈다.

음악 감상하기 노래 부르기 음악 만들기

2. 음악으로 나누는 고양이들의 대화

학년	중학년
제재곡	로시니 〈고양이 이중창〉
개념	소리의 어울림, 음의 높낮이
통합활동	- 이야기를 상상하며 음악 감상하기 - 다양한 감정을 표현하며 악곡의 주제 부르기 - 간단한 음악극 만들어 표현하기
수업자료	장면 카드, 빠르기말 카드, 감상곡 음원

작곡가와 악곡 알아보기

- 로시니(Gioacchino Antonio Rossini: 1792-1863): 오페라 〈세빌리아의 이발사〉 〈윌리엄 텔 등〉 총 39편의 다양한 곡을 작곡한 이탈리아 작곡가
- 〈고양이 이중창〉: 16~17세기 유럽에서는 독특한 고양이 음악회가 성행했다고 전해진다. 네모난 박스 안에 고양이 꼬리만 나올 수 있는 구멍 12개를 뚫어서 고양이 꼬리를 잡아당기면 고양이가 울고, 이에 맞춰서 음악회를 하였는데, 로시니는 이에 영감을 받아서 이 곡을 작곡했다고 한다.

고양이 울음소리로 다양한 상황 표현하기

- 고양이에 대해 알고 있는 것들에 대해 이야기 나눈다.
- 교사의 손 모양을 보며 고양이 울음소리 흉내 낸다(음의 높낮이, 빠르기, 셈여림, 길이 등).
- 고양이의 울음소리로 다양한 감정이나 상황을 표현한다.

엄마고양이를 만나서 즐거워하는 고양이	친구가 사라져서 슬퍼하는 고양이	배가 고파서 먹을 거 달라고 보채는 고양이	쥐를 잡으러 달려가는 고양이

음악이 표현하는 상황을 상상하며 전체 감상하기

- 음악을 듣고 각자 상상한 것에 대해 이야기 나눈다.

  ㉮ 처음에 느리게 두 명이 번갈아 부르는 부분은 차분하게 대화를 나누는 것 같다, 목소리가 강해지고 빨라지면서 서로 다른 가락을 한꺼번에 이야기하듯 부르는 부분은 싸우는 것 같다, 다시 약간 느려지면서 함께 부르는 것 같다 등

고양이가 부르는 부분을 듣고 따라 부르기

- 음의 높낮이에 유의하여 첫 번째 고양이가 부르는 부분을 듣고 따라 부른다.

악보 4-4 <고양이 이중창> 중 첫 번째 고양이가 부르는 부분

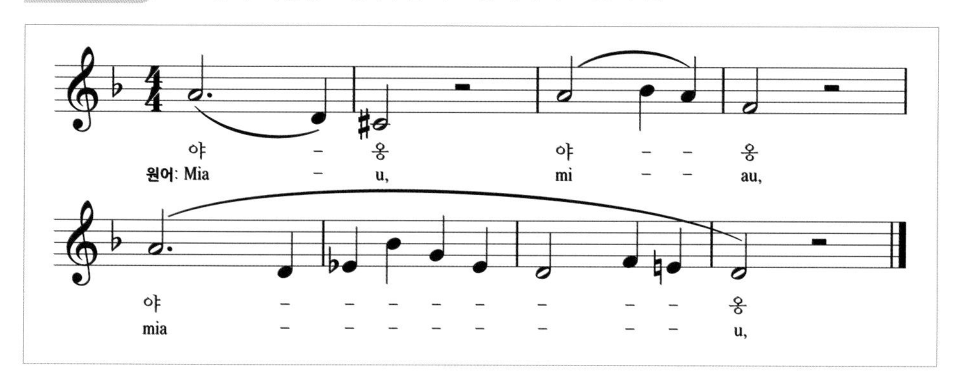

- 다양한 감정을 표현하며 부른다.

  ㉮ 슬픔, 기쁨, 분노, 지루함 등

Tip

8마디를 모두 노래하기 어려운 경우, 4마디만 노래할 수 있어요.

짝과 함께 또는 모둠별로 간단한 음악극 만들어 표현하기

- 간단한 이야기를 만들고, 역할을 정한다.
- 고양이 울음소리로 대화를 하며 극의 내용을 표현한다.
- 본 차시를 통해 학습한 로시니의 〈고양이 이중창〉의 주제 가락을 적절하게 활용한다.

㉮ 간단한 음악극 예시

천천히 주제가락 노래하기

고양이 울음소리로 대화하기

빠르고 신나게 두 마디씩
번갈아가며 주제가락 노래하기

고양이 울음소리로 싸우기

고양이 울음소리로 점차
다정하게 이야기한 후,
함께 주제가락 부르기

Tip

음악극의 길이는 학급의 상황과 수업의 맥락에 따라 조정할 수 있어요.

라벨의 오페라 <어린이와 마술> 중 <고양이 이중창>과 비교 감상하기

- 라벨의 〈고양이 이중창〉이 오페라 〈어린이와 마술〉 중 하얀 고양이와 검은 고양이가 대화를 나누는 장면을 묘사한 것임을 안다.
- 로시니의 〈고양이 이중창〉과의 공통점과 차이점을 느끼며 감상한다.
- 공통점과 차이점에 대해 이야기 나눈다.

  ㉮ 공통점: 고양이 울음소리로만 되어 있음

  차이점: 로시니의 곡은 피아노로만 반주하며, 라벨의 곡은 오케스트라로 반주함 등

음악 감상하기 악기 연주하기

3. 빈의 음악시계에서는 어떤 소리가?

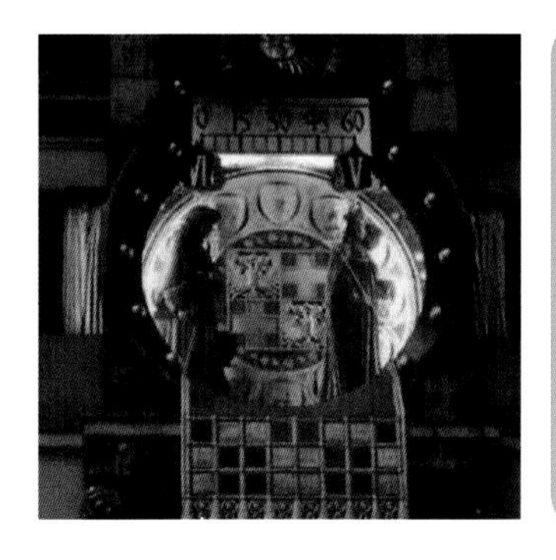

학년	중학년
제재곡	코다이 〈하리 야노스〉 중 〈빈의 음악시계〉
개념	4/4박자 리듬꼴, 론도 형식
통합활동	- 악곡의 형식을 파악하며 감상할 수 있다. - 리듬악기로 4/4박자의 리듬패턴을 연주하며 악곡을 감상할 수 있다.
수업자료	리듬 악보, 탬버린, 감상곡 영상 및 음원

작곡가와 악곡 알아보기

- 코다이(Zoltán Kodály: 1882~1967): 헝가리 작곡가이자 음악교육가. 헝가리 민요를 채집하여 현대화하기 위해 노력하였으며, 음악이 모든 사람의 것이라는 철학을 기초로 리듬음절, 손기호 등 다양한 교수법을 수용하여 발전시켰다.
- 빈의 음악시계: 〈빈의 음악시계〉는 코다이의 〈하리 야노스〉 모음곡 중 두번째 곡이다. '하리 야노스'란 헝가리 민화에 나오는 돈키호테와 같은 병사의 이름이고, 그는 민화 속에서 나폴레옹과 싸운 이야기, 오스트리아의 프란츠 황제의 왕비에게 구혼한 이야기 등 허황된 이야기들을 사람들에게 들려준다. 코다이는 이와 같이 역동적이고 다채로운 이야기들을 색채감 넘치는 관현악법으로 묘사하였다. 〈빈의 음악시계〉는 하리 야노스라가 오스트리아 빈에 있는 커다란 시계 앞에 등장할 때 연주되는 곡으로, 매시간 시각을 칠 때마다 장난감 병정이 튀어나와 음악에 맞춰 빙빙 도는 모습을 론도 형식으로 재미있게 표현하고 있다.

감상 포인트 파악하기

- 주제 가락을 듣는다.

악보 4-5 <빈의 음악시계> 주제 가락

일정박 표현하며 전체 감상하기

• 악곡 전체를 들으며 신체 타악기를 활용하여 일정박을 표현한다.

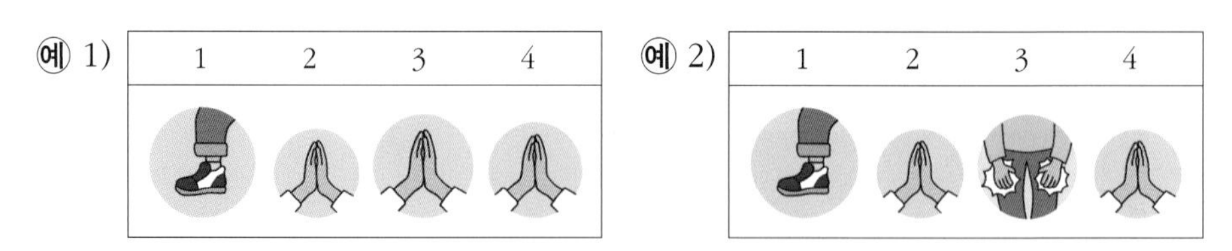

반복되는 가락에 유의하여 <빈의 음악시계>를 전체 감상하기

• 전체 악곡을 들으면서 주제 가락이 나올 때 손을 들어 표현한다.

• 주제 가락이 몇 번 나오는지에 대해 확인한다.

교실 바닥에 바둑돌을 깔아 놓고, 음악을 들으면서 걸어 다니다가 주제 가락이 나올 때마다 바둑돌을 줍도록 한 후, 음악이 모두 끝나고 각자 몇 개의 바둑돌을 가졌는지 확인하는 활동을 통해 주제 가락이 몇 번 나오는지 확인해 볼 수 있습니다.

• 악곡의 형식을 파악한다.

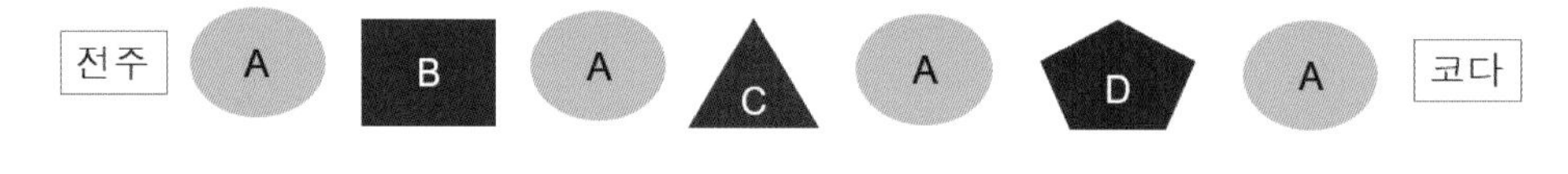

악곡의 형식과 관련해서는 주제 가락의 변화를 듣고 인식하는 것에 머물 수도 있고, 도형으로 반복과 변화를 표현할 수도 있으며, 론도 형식임을 이해하는 것까지 나아갈 수 있습니다.

주제 가락에 맞추어 리듬악기 연주하기

• 주제 가락에 어울리는 리듬꼴을 연습한다.

• 손동작으로 연습한다. (= 손뼉 치기, =왼손 흔들기)

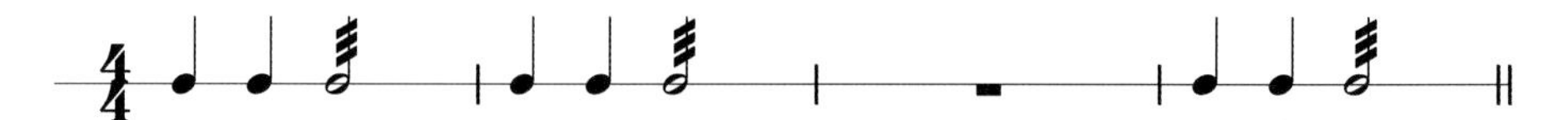

- 탬버린으로 연습한다.
- 악곡 전체를 들으면서 A주제가 연주될 때 위 리듬을 탬버린으로 연주한다.
- 학급을 두 모둠으로 나누어, 한 모둠은 탬버린으로 앞의 리듬을 연주하고, 다른 모둠은 B, C, D 주제에 맞추어 리듬막대로 일정박을 연주한다.

Tip

학급의 상황과 맥락에 따라 다른 악기를 사용할 수 있습니다. 그리고 오스티나토는 개인별 또는 모둠별로 만들어 볼 수 있습니다.

음악 감상하기 노래 부르기 악기 연주하기 신체 표현하기

4. 범이랑 함께 노래하고 춤추고~

학년	저학년
제재곡	〈범 내려온다〉
개념	말붙임새, 판소리, 발림, 자진모리장단
통합활동	- 국악 창작곡 〈범 내려온다〉의 주제구 노래 및 가사 바꾸어 부르기 - 장단에 맞추어 신체 표현(발림) 및 악기 연주하기
수업자료	주제구 가로 정간보(자진모리장단), 호랑이 민화, 관련 포스터나 영상, 막대악보, 사진, 음원: 창작곡 〈범 내려온다〉 전문가창 등

민화를 보고 떠오르는 음악 발표하기

- 민화에 나타난 동물을 살펴보고, 민화와 포스터의 공통점을 떠올려 발표한다.
  - ㉮ 민화에 등장하는 동물은 범(호랑이)인데, 국악창작곡 〈범 내려온다〉의 포스터에도 노랫말에 범이 나와요 등

호랑이 민화

〈범 내려온다〉 공연 포스터

영상 감상하고 특징 알기

- 〈범 내려온다〉 관련 공연 영상을 감상한 후 특징을 이야기한다.
  - ㉮ 빠르기는 무척 빠르고, 춤(발림)은 여러 사람이 함께 흥겨운 동작이나 춤을 춘다 등

(국립국악고등학교 유튜브 채널)

노랫말의 의미 이해하고 주제 부분의 말붙임새 읽기

- 노랫말의 의미를 이해한다.

  예 범: 호랑이의 다른 이름, 장림(長林): 나무들이 길게 뻗은 숲, 골: 골짜기 등

- 주제 구절의 말붙임새(학년 수준을 고려하여 단순화한 정간보)를 읽는다.

범			내		려	온		다			

범		이	내		려	온		다			

막대악보 보면서 노래 부르기

- 주제 부분의 막대악보를 보면서 노래를 부른다.

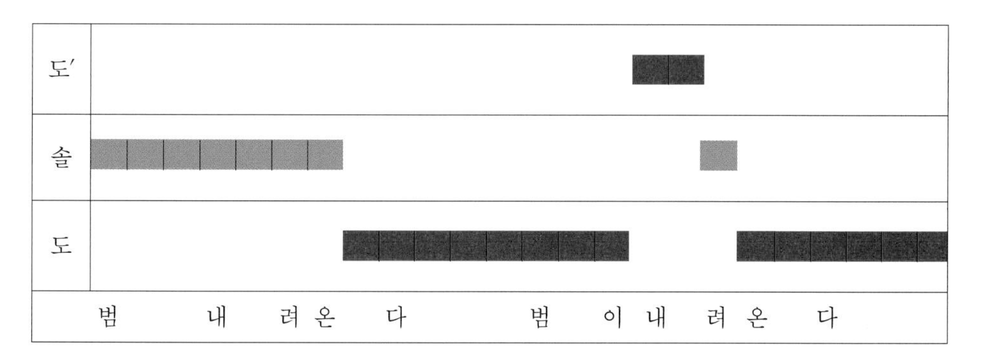

학년 수준에 맞게 단순화한 악보로 편보하여 효과적인 방법을 고려하는 것이 좋아요. 또한 고정도법(악기 연주에 유용)이나 이동도법 계이름을 상황에 따라 적절히 활용할 수 있어요.

새로운 노랫말로 바꾸어 노래하기

○		○	내		려	온		다			
선		**물**	내		려	온		다			

○		○	내		려	온		다			
용		**돈**	내		려	온		다			

○		○	○			○			○		○
소		**원**	**어**			**찌**			**알**		**고**

○		○	○	○	○	내		려	온		다
이		**리**	**기**	**쁘**	**게**	내		려	온		다

○○ 부분의 노랫말을 다양한 주제로 바꾸어 만들 수 있고, 노랫말의 글자 수를 다양하게 바꾸어 변형된 리듬으로 부르는 게 흥미와 재미를 더할 수 있어요.

장단에 맞추어 4가지 신체 표현(발림) 만들기

장단	⦶			○			○		ǀ	○		
신체 표현	양손 무릎 치기			양손 손뼉 치기			양팔 나란히 펼쳐 왼쪽으로 기울기			양팔 나란히 펼쳐 오른쪽으로 기울기		

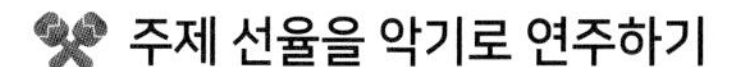

주제 선율을 악기로 연주하기

- 다양한 가락악기를 활용하여 단순화한 주제 선율 부분을 연주한다.

예시 12 터치벨 활용

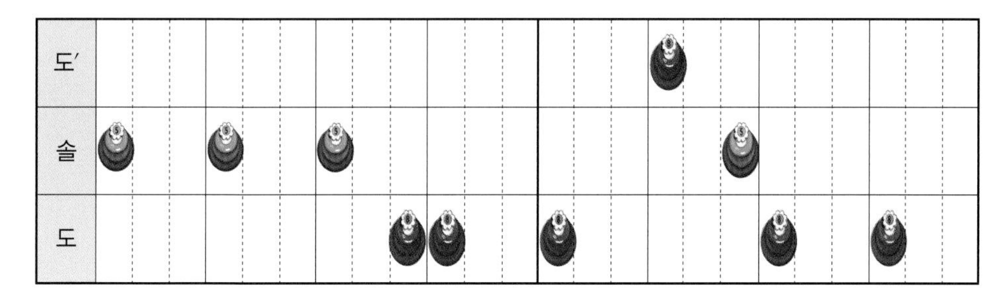

Tip

학년의 발달 단계에 따라 중학년 이상에서 리코더, 멜로디언, 실로폰, 단소 등 가락악기를 활용하여 수업을 전개할 수 있어요. 이때 판소리의 시김새 표현은 악기로 연주하기 어려울 수 있으므로 시김새는 생략하고 구성음 중심으로 연주해요.

음악 감상하기 | 노래 부르기 | 신체 표현하기

5. 나도 취타대가 되고 싶어요!

학년	중학년
제재곡	〈대취타〉
개념	대취타, 관악기(태평소, 나발, 나각), 타악기(용고, 자바라, 징), 구음
통합활동	- 〈대취타〉의 음악적 특징 이해하기 - 감상하면서 악기별 구음과 신체 표현하기
수업자료	〈대취타〉 음원, 관련 연주 영상, 악기별 사진이나 영상, 가로 정간보 등

<대취타> 연주 악기와 취타대의 연주 모습 이해하기

- 〈대취타〉 연주 영상(e-국악아카데미/교과서국악/대취타-연주영상)을 감상하고, 관악기와 타악기가 중심을 이루어 연주하는 것을 이해한다.

자바라 (치는 악기) / 징 (치는 악기) / 나각 (부는 악기) / 나발 (부는 악기) / 태평소 (부는 악기) / 용고 (치는 악기)

〈대취타〉 연주 악기 및 취타대의 연주 모습

악기별 음색 알아보기

- 〈대취타〉 관련 안내 사이트를 클릭하여 악기별 음색을 각각 들어 보고 차이를 느껴 본다(https://m.post.naver.com/viewer/postView.naver?volumeNo=7163891&memberNo=5409318 활용).

• 그림악보를 함께 보면서 구체적으로 악기별 음색 차이의 이해를 돕는다.

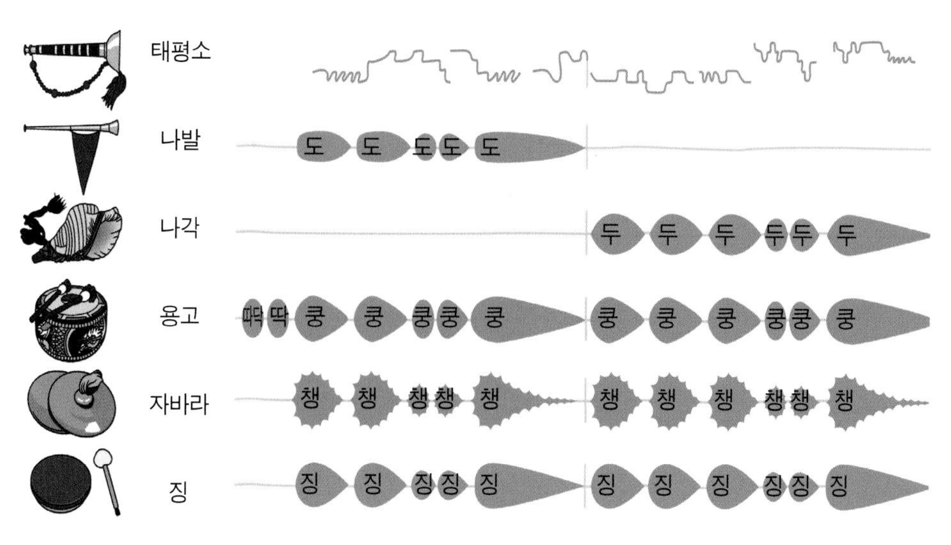

〈대취타〉 연주 그림악보

장단 및 음악적 특징 알기

• 12박 장단으로 이루어지고, 1, 3, 5, 9박에 강세가 있음을 이해한다.

• 박자 구음으로 장단과 적절한 빠르기를 익힌다.

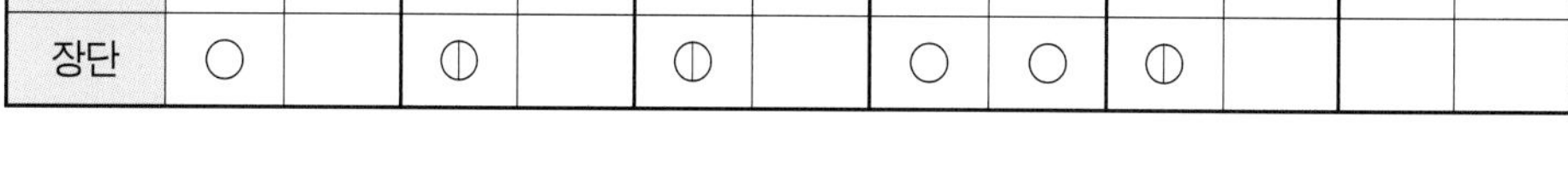

박자	1	2	3	4	5	6	7	8	9	10	11	12
장단	○		⦶		⦶		○	○	⦶			

Tip

〈대취타〉 영상을 감상하면서 빠르기의 특징을 파악해요.

㉰ 씩씩한 행진곡처럼 빠르지 않고, 천천히 걷는 빠르기로 느껴져요 등

악기별 구음을 익히고 장단에 맞추어 구음 합창하기

• 모둠이나 개인별로 타악기 구음(이상규, 2012)을 나누어 장단에 맞추어 합창으로 구음을 노래한다.

용고 구음	**떵**		**꿍**		**떵**		쿵	쿵	**떵**			
나발 구음	**또**		**또**		**또**		도	도	**또**			
나각 구음	**뚜**		**뚜**		**뚜**		두	두	**뚜**			
자바라 구음	**쨰**		**쨍**		**쨍**		챙	챙	**쨍**			
징 구음	**찡**		**찡**		**찡**		징	징	**찡**			

악기별 연주법에 따른 신체 표현하기

- 악기별 연주 방법에 어울리는 신체 표현 동작을 만들어 표현한다.

용고	구음	떵		꿍		떵		쿵	쿵	떵			
	신체 표현	오른손 무릎 치기		왼손 무릎 치기		오른손 무릎 치기		왼손 2번 무릎 치기		오른손 무릎 치고 들어 올려 큰 원 그리기			
나발	구음	또		또		또		도	도	또			
	신체 표현	오른팔 2박 동안 쭉 펴기		오른팔 2박 동안 쭉 펴기		오른팔 2박 동안 쭉 펴기		오른팔 짧게 1박 동안 1번씩 펴기		오른팔 천천히 4박 동안 쭉 펴기			
나각	구음	뚜		뚜		뚜		두	두	뚜			
	신체 표현	오른손 입에 대고 2박 동안 불기		오른손 입에 대고 2박 동안 불기		오른손 입에 대고 2박 동안 불기		오른손 입에 대고 1박씩 2번 불기		오른손 입에 대고 4박 동안 불기			
자바라	구음	쨰		쨍		쨍		챙	챙	쨍			
	신체 표현	오른손으로 왼손 치고 반원 그리기		왼손으로 오른손 치고 반원 그리기		오른손으로 왼손 치고 반원 그리기		양손으로 가볍게 2번 치기		양손으로 마주치고 크게 원 그리기			
징	구음	찡		찡		찡		징	징	찡			
	신체 표현	오른손으로 왼손바닥 치기		오른손으로 왼손바닥 치기		오른손으로 왼손바닥 치기		오른손으로 왼손바닥을 가볍게 2번 치기		오른손으로 왼손바닥 치고 큰 원 그리기			

Tip

학생별 수준에 따라 악기별 구음 합창과 신체 표현을 동시에 표현하는 방법도 제시하여 난이도를 조절할 수 있어요.

취타대 행진하기

- 취타대: 집사(1명), 취타수(6명 이상), 임금(1명), 신하(1명 이상) 등에 해당하는 역할을 선정한다.
- 취타대 구성원별 활동을 정하여 맡은 역할을 연습한다.
  - 집사: "명금일하 대취타 하랍신다~" / "허라금"을 외치며 연주의 시작과 끝 담당
  - 취타대: 악기별로 신체 표현 및 연주 동작하면서 행진
  - 임금, 신하: 해당하는 역할의 복장과 소품을 만들어 입고 기품 있게 행진
- 취타대 역할 편성 및 배치도에 맞추어 행진한다.

<table>
<tr><td>징</td><td>자발</td><td>나각</td><td>나발</td><td>태평소</td><td>용고</td></tr>
<tr><td colspan="2">신하</td><td colspan="2">임금</td><td colspan="2">신하</td></tr>
<tr><td>징</td><td>자발</td><td>나각</td><td>나발</td><td>태평소</td><td>용고</td></tr>
<tr><td></td><td></td><td colspan="2">집사</td><td></td><td></td></tr>
</table>

⬇

앞쪽
(행진 방향)

음악 감상하기 노래 부르기 음악 만들기 신체 표현하기

6. 선비들의 조선판 쇼미더머니~

학년	고학년
제재곡	평시조 〈동창이〉
개념	평시조, 초 · 중 · 종장, 시조장단(5박, 8박)
통합활동	- 평시조의 형식(초 · 중 · 종장)과 장단 이해하기 - 초장의 일부 노랫말을 바꾸어 부르기 - 평시조 중 · 종장 신체 표현하며 감상하기
수업자료	초장의 가락선보, 장단별 구음보, 초장의 장단별 가로 정간보, 음원: 평시조 〈동창이〉 전문가창

시조가 불리던 시대적 상황 살펴보기

- 관련 삽화나 사진을 보고 시조창을 주로 부르던 신분과 시대적 상황을 이해한다.
  - 예 조선시대 선비: 과거 시험을 준비하면서 학문에 정진하였고 자기 수양을 함. 학문에 정진하면서 자기 수양을 위해 시조창을 부름.

과거(科擧) 시험 전날의 풍속도와 시조창 공연 장면

초장의 도식을 보면서 전체 흐름 파악하기

- 평시조 초장의 형식과 장단(5박, 8박)을 간단하게 구조화시킨 도식을 보면서 전체의 흐름을 파악하고 감상(e-국악아카데미/교과서국악/평시조 〈동창이〉-연주영상 활용)한다.

초장	
(5) — — — — —	(8) — — — — — — — —
	(8) — — — — — — — —
(5) — — — — —	(8) — — — — — — — —

감상 후 음악적 특징 이야기 나누기

- 평시조 〈동창이〉를 감상한 후 음악적 특징을 이야기한다.
  - 속도: 느리다.
  - 시김새: 대체로 떠는 시김새가 많다.
  - 평시조 특징: 3음(황, 중, 임) 구성의 선율, 다양한 시김새 표현 등
  - 종결구: 시조의 끝 음절인 '~하느니'의 가락이 생략된다 등

초장의 장단과 말붙임새로 노랫말 읽기

동차	-	앙	이		밝아	-	았	느		냐		
					노고	-			오	지	-리	
우지	-		지	-인	다							

Tip

시조 초장의 말붙임새를 읽을 때에는 마지막 박에 소리를 완성하는 음절을 넣어 읽도록 지도하는 방법이 노래하기에 편리해요.(예시: 동차 - 앙 이……)

가락선보를 보며 초장 부르기

- 평시조 〈동창이〉 가락선보를 보면서 초장을 따라 부른다.

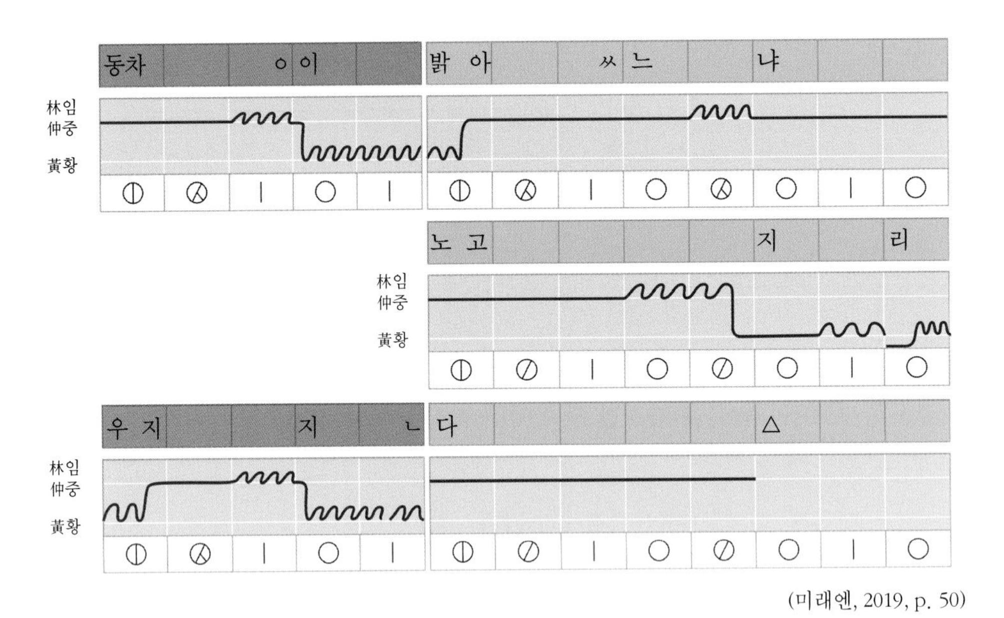

(미래엔, 2019, p. 50)

다양한 노랫말을 만들어 시조창 부르기

- ○○ 부분을 새로운 노랫말로 만들어 〈동창이〉 가락에 얹어서 불러 본다.

○○			○		○○			○		○		
오늘			도		쉬는			시		간		

○○					○	○	
친구					들	이	

○○				○	○							
왁자				지	껄							

Tip

인기리에 방영되는 프로그램 〈쇼미더머니〉처럼, 조선시대 시조 또한 동일한 가락 위에 새로운 시조를 지어 올려 불렀던 점에 착안하여 학생들의 흥미와 참여도를 높여요.

무릎장단 치면서 초장 부르기

- 장단(5박, 8박)에 어울리는 무릎장단을 치면서 초장을 부른다.

⦶ (덩)

양손으로 무릎을 칩니다.

⊗ (짚고)

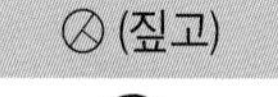

왼손 검지로 무릎을 짚습니다.

| (짚고)

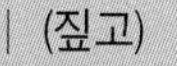

오른손으로 무릎을 칩니다.

○ (쿵)

왼손으로 무릎을 칩니다.

- 5박:

장단	⦶	⊗	I	○	I
구음	덩	읏고	덕	쿵	덕
신체 표현	(양) 무릎 치기	(왼)검지 무릎 짚기	(오) 무릎 치기	(왼) 무릎 치기	(오) 무릎 치기

- 8박:

장단	⦶	⊗	I	○	⊗	○	I	○
구음	덩	읏고	덕	쿵	읏고	쿵	덕	쿵
신체 표현	(양) 무릎 치기	(왼) 검지 무릎 짚기	(오) 무릎 치기	(왼) 무릎 치기	(왼) 검지 무릎 짚기	(왼) 무릎 치기	(오) 무릎 치기	(왼) 무릎 치기

Tip

5박, 8박 장단에 맞추어 신체 표현에 어울리는 악기 연주를 추가로 제시할 수 있어요.

㉞ '무릎 치기'는 '소고 치기', '검지 무릎 짚기'는 '소고의 테 치기' 등

무릎장단 치며 중장 또는 종장 부분 감상하기

- 장단보를 보면서, 평시조 〈동창이〉 중장 또는 종장 부분을 무릎장단 치며 감상한다.

중장(5, 8, 8, 5, 8박 장단)												
⦶	⊗	|	⊗	|	⦶	⊗	|	○	⊗	○	|	○
					⦶	⊗	|	○	⊗	○	|	○
⦶	⊗	|	⊗	|	⦶	⊗	|	○	⊗	○	|	○

종장(5, 8, 5, 8박 장단)												
⦶	⊗	|	⊗	|	⦶	⊗	|	○	⊗	○	|	○
⦶	⊗	|	⊗	|	⦶	⊗	|	○	⊗	○	|	○

제2부

음악 교과를 넘어 수업 더하기

제5장
다른 교과와
수업 더하기

음악 국어

1. 그림책 『곰 사냥을 떠나자』를 읽으며 상상의 모험을 떠나요!

그림책 『곰 사냥을 떠나자』
(마이클 로젠 글/
헬린 옥슨버리 그림/
공경희 역/시공주니어)

학년	저학년
통합활동	- 그림책에서 반복되는 문장 구조를 활용해 말리듬, 신체 표현하기 - 그림책 장면에 어울리는 악기를 연주하고, 악기 소리를 들으며 상상하여 신체 표현하기
수업자료	그림책 『곰 사냥을 떠나자』, 다양한 악기(카바사, 레인스틱, 슬라이드 휘슬, 구긴 종이, 빈 페트병, 핸드드럼 등)

읽기 전 활동: 악기 탐색 놀이하기

- 놀이 활동을 통해 여러 가지 악기를 탐색한다(참고 p. 76).
- 악기 소리를 들으며 떠오르는 장면을 이야기하고, 연극놀이를 하듯 동작으로 표현한다.

예)

악기		표현
카바사	➡	빗자루로 청소하는 동작 "빗자루로 도로를 쓱싹쓱싹 쓸어요."
핸드드럼	➡	캥거루처럼 두 발로 뛰는 동작 "캥거루가 통통 뛰어다니고 있어요."
구긴 종이	➡	낙엽을 발로 비비는 동작 "바스락바스락 낙엽을 밟으며 걸어요."

읽기 중 활동: 말리듬, 신체 표현, 악기 연주와 함께 그림책 감상하기

- 그림책에서 반복되는 문장 구조를 활용하여 말리듬과 동작으로 표현하며 읽는다.

악보 5-1 『곰 사냥을 떠나자』 말리듬, 신체 표현의 예

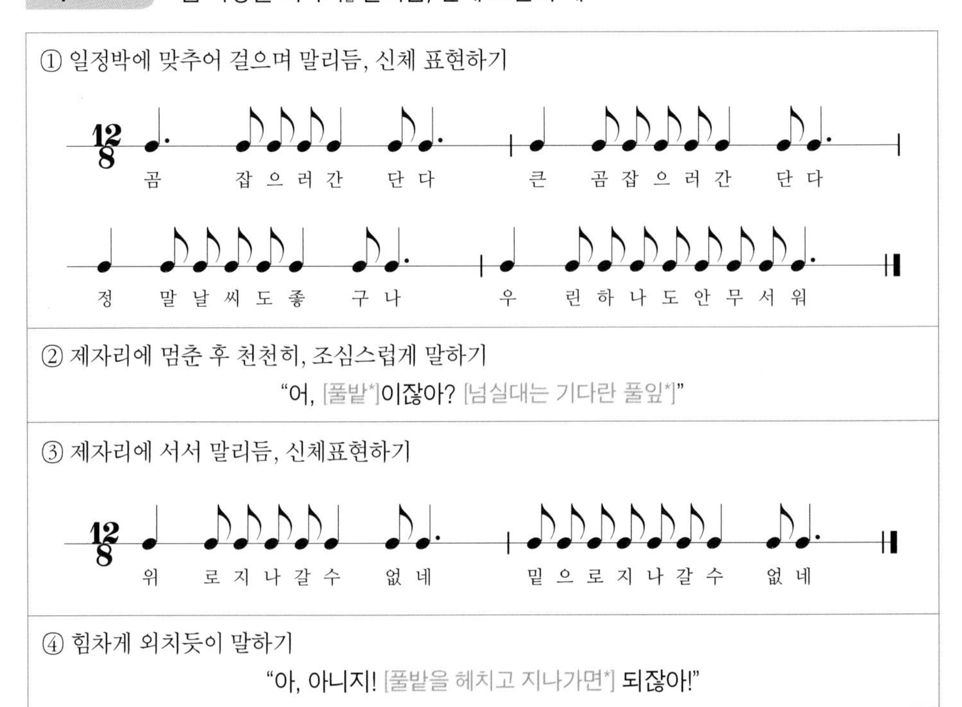

그림책의 장면에 따라 앞의 [*]부분을 바꾸어 읽어요.

• 그림책의 장면에 어울리는 악기를 연주하고, 악기 소리를 들으며 장면을 상상하여 연극놀이를 하듯 동작으로 표현한다.

장면	악기	신체 표현
풀밭	카바사	풀밭을 헤치고 지나가는 동작
강물	레인스틱	강물을 헤엄쳐 지나가는 동작
진흙탕	슬라이드 휘슬	진흙에 푹푹 빠지는 발을 힘겹게 빼내는 동작
숲	구긴 종이 (양손으로 비비기)	바스락대는 낙엽을 밟는 동작
눈보라	빈 페트병 (입김 불어넣기)	강한 눈바람을 견디듯 옷을 꽁꽁 싸매며 걷는 동작
동굴	핸드드럼	악기 소리에 따라 조심스럽게 한 걸음씩 걷는 동작

Tip

다함께 모험을 떠나듯 박자에 맞추어 걸으며 말리듬과 신체 표현을 해 보세요. 교실(또는 강당)을 6개의 구역으로 나누어 그림책의 각 장면을 표현할 수 있는 공간을 마련해 두면 좋아요. 각 구역에는 해당하는 장면의 그림을 붙여 놓고 악기를 미리 세팅해 놓습니다. 다음 장면의 구역으로 이동해 가며 앞의 활동을 하면 더욱 재미있어요.

Tip

곰을 만나 도망치는 마지막 장면에서는 한 장면씩 역순으로 되돌아오며 다급한 느낌을 더해 빠르게 표현해 보아요.

읽기 후 활동: 악기, 장면, 상황을 바꾸어 짧은 음악극 만들기

- 그림책을 다 읽은 후, 모둠별로 원하는 악기를 서너 가지 선택하고 그 소리에 어울리는 장면과 상황으로 내용을 바꾸어 짧은 음악극을 만들어 발표해 본다.

  예 장면 바꾸기: 슬라이드 휘슬 → 썰매를 타고 언덕을 슝~ 내려가는 장면 등

  예 상황 바꾸기: '아프리카로 떠나자' '우주여행을 떠나자' '보물 찾아 떠나자' 등

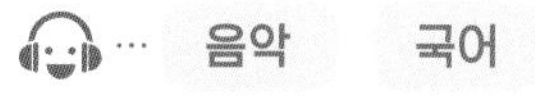

2.『도깨비를 빨아 버린 우리 엄마』 이야기를 음악으로 만나 보아요!

학년	저학년
통합활동	- 여름 날씨를 다양한 악기로 표현하기 - 이야기의 장면을 음악으로 표현하기
수업자료	그림책:『도깨비를 빨아 버린 우리 엄마』 음원: 〈천둥과 번개〉 폴카 (요한 스트라우스 II세) 악기: 심벌즈, 탬버린, 실로폰, 귀로, 레인스틱, 천둥드럼, 오션드럼, 캐스터네츠 등

(그림책『도깨비를 빨아 버린 우리 엄마』, 사토 와키코 글 · 그림/이영준 옮김/한림출판사)

악기 탐색하기

- 여름 날씨를 표현할 수 있는 악기들에 대해 발표한다.
- 다양한 타악기를 다루어 보며 음색 및 연주 방법에 따른 소리의 차이를 이해하고, 악기에 따라 연상되는 여름 장면들에 대해 이야기 나눈다.

〈악기 탐색 예시〉

악기	탐색 내용
심벌즈	두 개를 함께 치기, 드럼스틱으로 두드리기 등의 연주 방법에 따라 달라지는 음량과 음색의 차이를 비교한다.
탬버린	탬버린 흔들기, 면을 손으로 두드리기, 손으로 비비기, 탬버린 테 치기, 책상으로 떨어뜨리기 등의 연주 방법에 따른 음향적 차이를 비교한다.
귀로	채로 몸통 긁기, 채로 몸통 두드리기 등의 연주 방법에 따라 달라지는 음향 차이를 비교한다.
실로폰	한 음씩 치기, 글리산도로 연주하기 등에 따른 느낌의 차이를 비교한다.
레인스틱	악기를 세우는 각도에 따라 빗소리 효과가 어떻게 달라지는지 비교한다.
천둥드럼	강도와 속도에 따라 달라지는 천둥소리 효과를 비교한다.
오션드럼	악기를 비스듬하게 세우는 각도와 흔드는 속도에 따른 소리의 차이를 비교한다.

요한 스트라우스의 <천둥과 번개> 폴카 감상하기

- 전체 음악을 듣고 학생들이 파악한 음악의 특징에 대해 이야기 나누고, 음악의 제목이 무엇일지 추측한다.
- 감상한 곡의 실제 제목(천둥과 번개)을 확인하고, 작품 속에서 천둥, 번개를 연상시켰던 음악적 특징들을 발표한다.

Tip 〈천둥과 번개〉 폴카 길라잡이

- 천둥과 번개를 폴카의 춤곡 리듬으로 묘사한 빠른 2/4박자의 음악입니다.
- 심벌즈, 큰북 등의 힘찬 울림으로 천둥과 번개, 소나기를 연상시키는 신나는 음악이에요.
- ABA 형식의 곡으로, A 부분은 a와 b의 두 부분, B 부분은 c, d, c의 세 부분으로 구성되어 있어요.

A		B			A	
ⓐ	ⓑ	ⓒ	ⓓ	ⓒ	ⓐ	ⓑ

이야기 장면을 음악과 연계하여 표현하기

- 『도깨비를 빨아 버린 우리 엄마』 이야기를 〈천둥과 번개〉 폴카와 연계하여 음악극으로 표현한다.
- 이야기는 총 7개의 장면으로, 음악은 4개의 다른 부분으로 구성되어 있다. 이야기의 각 장면과 연계된 음악의 부분은 다음과 같다.

이야기 장면	1	2	3	4	5	6	7
	빨래를 좋아하는 엄마	빨리지 않으려고 도망가는 동물들	결국 모두 빨랫줄에 널림	천둥번개 도깨비의 등장	엄마가 도깨비도 빨래함	예뻐진 얼굴 보며 좋아하는 도깨비	빨아 달라고 아우성치는 도깨비들
연계된 음악 부분	ⓒ	ⓓ	ⓑ	ⓐ	ⓑ	ⓒ	음악 전체

- 교사가 이야기의 각 장면을 들려주고 해당 음악의 부분을 함께 노래하거나 음원에 맞춰 연주하는 방식으로 진행한다(활동 예시에는 이야기 장면 1~4까지 제시함).

장면 1

빨래하는 것을 너무너무 좋아하는 엄마가 있었습니다.
엄마는 팔을 둘둘 걷어붙이고 커튼을 '휙' 뗐습니다.
바지도 조끼도 양말도 홑이불도 베갯잇도
빨래통 안에 담아 놓고 엄마는 날씨를 살펴봅니다.
"오늘 날씨가 어떤가 볼까?"

활동

- 해당 장면의 이야기를 들려준 후, 다음에 제시된 가락을 노래로 부른다.
- 교사가 먼저 가락의 첫 프레이즈를 노래 부르면 학생들이 다음 프레이즈를 대답하듯이 노래 부르도록 지도한다(〈천둥과 번개〉 폴카 ⓒ 부분).

장면 2

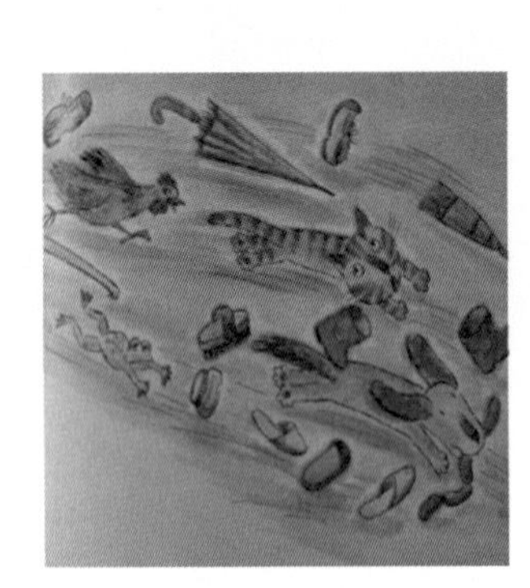

"그럼 빨래를 시작해 볼까?
얘들아, 아무거나 빨 것 좀 찾아오너라."
아이들이 근처를 보니 고양이가 보였습니다.
하지만 고양이는 "언제나 핥고 있으니까,
난 깨끗해요."하며 달아났습니다.
고양이는 개 옆을 달리면서 말했습니다.
"큰일 났어! 우리를 빨아 버린대."
개는 마침 소시지를 먹고 있다가, 이 말을 듣고 깜짝 놀라 달아났습니다.
고양이가 닭장 앞을 달리자, 이번에는 닭들이 깜짝 놀라 달아났습니다.
이 소동 때문에 신발장의 슬리퍼와 구두, 우산들도
모두 달아나기 시작했습니다.

활동

- 이야기를 들려주면서, 고양이, 개, 닭, 슬리퍼, 구두, 우산이 달아나는 장면을 실로폰의 글리산도로 연주한다.
- 해당 음악의 부분을 들으며, 빠르게 달아나는 느낌을 담아 악보의 사각형 부분에 맞춰 실로폰을 글리산도로 연주한다(〈천둥과 번개〉 폴카 ⓓ 부분).

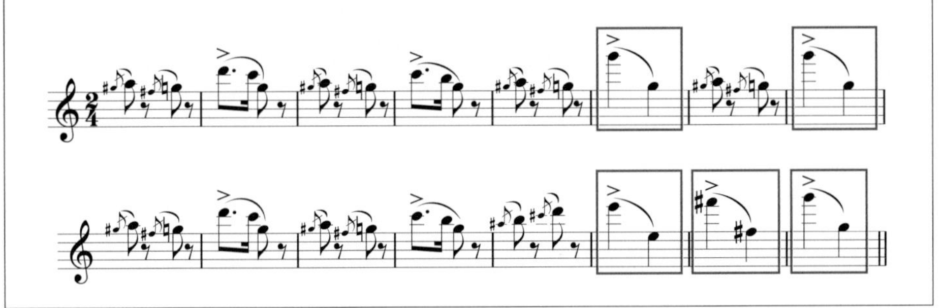

장면 3

그것을 본 엄마는 크게 소리쳤습니다. "꼼짝 마!"
엄마는 모두 한꺼번에 빨래통에 몰아넣고
눈 깜짝할 사이에 빨아 버렸습니다.
그리고 빨랫줄을 잔뜩 매서 줄마다
고양이도 개도 닭도 소시지도 구두도 슬리퍼도
모두 집게로 꽂아 널었습니다.

활동

- 이야기를 들려준 후, 엄마가 빨래하는 모습을 귀로를 이용하여 표현한다. 처음에는 말리듬으로 표현하고 익숙해지면 귀로를 채로 긁으며 연주한다.
  - 말리듬: 쭈왁 주왁 주왁 주왁 (점점 작게)
  - 귀로 연주: 2/4 ♫♫ | ♫♫ ||
- 해당 음악에 맞춰 이 리듬을 귀로로 연주한다(〈천둥과 번개〉 폴카 ⓑ 부분).

장면 4

그때 마침 천둥번개도깨비를 태운 구름이 움직이기 시작했습니다.
"어, 저게 뭐지? 재미있게 보이는데, 빨리 가 보자."
천둥번개도깨비는 구름을 운전해서 전속력으로
빨래에 다가갔습니다.
하늘이 캄캄해지고 빗방울이 한 방울 두 방울 내리기 시작했습니다.
"어? 비가 오잖아? 점점 세게 오네."
엄마는 허겁지겁 빨래를 거두어들였습니다.
갑자기 번쩍 번개가 치고 우르릉 쾅쾅 천둥이 울렸습니다.

활동

- 이야기를 들려주면서, 다양한 악기로 천둥번개를 표현하도록 한다(심벌즈, 탬버린, 큰북, 캐스터네츠, 작은북, 천둥드럼, 오션드럼 등).
- 해당 음악의 부분에 맞춰 악보의 사각형 부분의 리듬을 탬버린/심벌즈로 연주하거나 또는 2마디 동안 천둥드럼을 연주한다. ("천둥과 번개" 폴카 ⓐ 부분)

전체 음악 연주하기

- 이야기의 장면들과 해당 활동들을 떠올리며 〈천둥과 번개〉 폴카 음원에 맞춰 음악 전체를 다 같이 연주한다.

A		B			A		코다
ⓐ	ⓑ	ⓒ	ⓓ	ⓒ	ⓐ	ⓑ	
탬버린 연주	귀로 연주	노래	실로폰 연주	노래	탬버린 연주	귀로 연주	탬버린 연주

Tip

제시된 악기들이 없을 때는 비슷한 효과를 낼 수 있는 다른 타악기로 대체하거나 신체 타악기로 연주할 수 있어요.

음악 국어

3. 페르시아 시장에서 어떤 일이?

학년	고학년
통합활동	- 페르시아에 대해 알아보기 - 등장인물의 특징을 생각하며 〈페르시아의 시장에서〉 감상하기 - 등장인물을 중심으로 이야기 만들기/ 음악 뒤에 이어질 이야기 상상하여 적기
수업자료	음악의 장면을 표현한 그림 카드, 주제악보, 감상곡 음원

페르시아에 대해 알아보기

- 페르시아는 지금의 이란이며, 기원전 6세기에 가장 넓은 대륙을 차지하였으며, 상업이 발달한 나라였음을 안다.

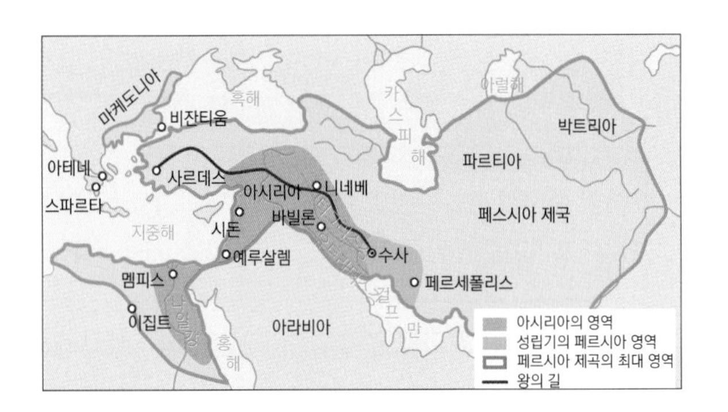

작곡가와 악곡 알아보기

- 케텔비(Albert William Ketelbey: 1875~1959): 영국의 작곡가이자 지휘자. 〈페르시아의 시장에서〉 〈중국사원의 뜰에서〉 등을 작곡했다.
- <페르시아 시장에서>: 1920년대에 작곡한 곡으로, 낙타를 타고 등장하는 상인, 거지들의 합창, 공주, 마술사, 뱀 장수, 왕의 행차 등을 묘사한 곡이다. 이 작품에 '페르시아' 이름을 붙이고 있지만, 케텔비가 실제로 페르시아(이란)를 방문한 적은 없으며, 동양적인 것을 상상하고 그 느낌을 살려 작곡한 것이다.

그림 카드를 보며 등장인물의 종류와 특징에 대해 이야기 나누기

예 상인: 낙타를 타고 등장함, 공주: 우아하게 걸어감, 왕: 장엄한 느낌이 들 것

같음, 거지: 소리를 내며 구걸함, 마술사: 신비스러운 느낌이 들 것 같음, 뱀 장수: 피리소리가 들릴 것 같음 등

중점적으로 들을 내용 안내하기

- 악곡의 각 부분과 표현하고 있는 등장인물을 연결하며 악곡 전체를 듣는다.

음악을 부분적으로 들으며 등장인물과 연결 짓고, 그렇게 생각한 이유 나누기

뱀 장수가 피리를 불자 뱀이 춤을 춘다.

거지가 구걸을 한다.

마술사가 구경꾼들에게 마술을 보여 준다.

왕의 행차가 시장을 통과한다.

상인들이 시장에 들어온다.

공주가 시장에 구경을 온다.

Tip

정답이 없다는 것을 알고, 앞에서 파악한 등장인물의 특징과 가장 잘 어울리는 음악과 자유롭게 연결시켜 보도록 하세요. 짝과 함께 또는 모둠별로 활동할 수 있습니다.

감상곡의 순서를 알려주고, 작곡가의 의도를 확인하기

- 감상곡의 순서를 통해 작곡가의 의도를 확인한다.
  상인 - 거지 - 공주 - 마술사 - 뱀 장수 - 왕의 행차 - 거지 - 공주 - 상인
- 작곡가의 생각과 자신의 생각의 다른 점과 같은 점을 찾는다.

모둠별로 각 장면에 어울리는 동작 만들기

- 모둠별로 그림 카드를 뽑고, 이에 어울리는 동작을 만든다.
- 상황에 따라 각 모둠이 전체 장면의 동작을 만들 수 있다.

1모둠	2모둠	3모둠	4모둠	5모둠	6모둠
왕	상인	마술사	뱀 장수	공주	거지

Tip

각 등장인물에 어울리는 대사 또는 노랫말을 만들어 붙일 수 있어요.

예 거지의 선율에 맞추어 노래 부르기

- 모둠별로 만든 동작을 발표한다.
- 음악 전체를 들으면서, 음악에 맞추어 동작을 연결한다.

악곡을 들으며 순서대로 카드 배열하기

- 악곡 전체를 들으면서 등장인물이 나오는 순서대로 카드를 배열한다.

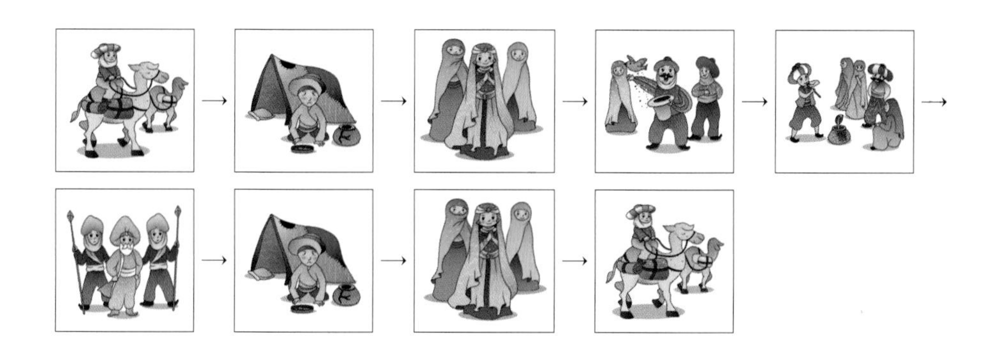

카드가 없는 경우 학습지를 활용할 수 있습니다.

음악의 등장인물을 중심으로 이야기 만들기

- 모둠별로 악곡의 순서대로 배열한 카드를 보면서 이야기를 만든다.

  ⓔ 페르시아 여행 중에 작은 마을에 시장이 열린다는 이야기를 듣고 찾아갔다. 저기 멀리서 상인들이 낙타를 타고 나타났다. 낙타방울 소리가 경쾌하게 들렸다. 방울 소리 사이로 노래 소리가 들려서 가 보니 거지들이 구걸을 하고 있었다. 그런데 거지들의 노랫소리가 힘차게 들렸다. 배가 많이 고프지는 않은 것 같다.

개인별 또는 모둠별로, 릴레이 형식으로 이야기를 연결해 보세요.

음악 뒤에 이어질 이야기 상상하여 적기

- 음악에 이어지는 이야기에 대해 자유롭게 이야기 나눈다.
- 음악에 이어지는 이야기 상상하여 적는다.
- 각자 적은 글을 발표하고 생각을 나눈다.

음악 수학

4. '음의 높낮이'와 '악기의 길이' 사이에 숨은 수학 비밀을 찾아라!

학년	고학년
통합활동	- 악기를 탐색하며 음의 높낮이에 따른 악기 길이의 관계 찾고 비율 계산하기 - 간이 악기(팬플룻) 만들어 연주하기
수업자료	악기 사진(글로켄슈필, 윈드차임, 붐웨커, 팬플룻 등), 붐웨커, 1m 자, 굵은 빨대, 가위, 자, 고무찰흙, 절연테이프

길이에 따라 음의 높낮이가 달라지는 여러 가지 악기 살펴보기

- 실제 악기를 살펴보거나 영상을 통해 악기의 길이에 따라 음의 높낮이가 달라지는 악기들의 특징을 살펴본다.

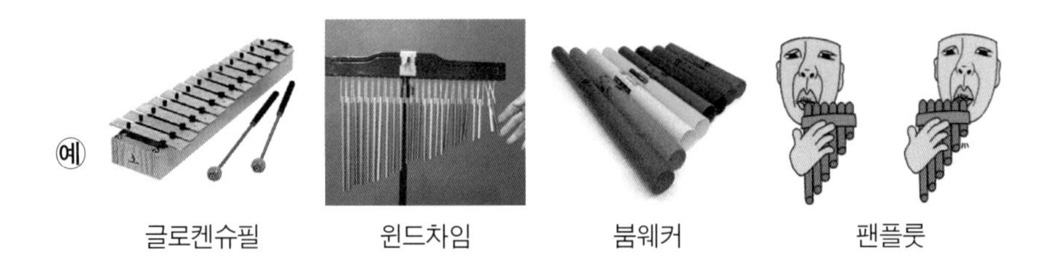
예

글로켄슈필 윈드차임 붐웨커 팬플룻

- 피타고라스 이야기를 통해 음의 높낮이와 악기 길이의 관계를 생각해 본다.

참고자료

그리스의 철학자, 수학자였던 피타고라스는 대장간의 망치 소리를 듣고 물체를 두드릴 때 망치의 무게나 줄의 길이에 따라 소리가 다르게 난다는 사실을 발견했어요. 그리고 두 음을 동시에 낼 때 듣기 좋은 소리 어울림을 만드는 간단한 정수비의 음정 비율을 찾아냈어요.

붐웨커를 탐색하며 음의 높낮이에 따른 악기의 길이 관계 찾기

- 붐웨커를 직접 두드려 보며 음의 높낮이와 붐웨커의 길이 관계를 생각해 본다.
  - ㉑ 길이가 짧을 때 높은 음의 소리가 난다.
  - ㉑ 길이가 길 때 낮은 음의 소리가 난다.

- 각 음에 해당하는 붐웨커의 길이를 직접 재어 보고, 음정 관계에 따른 길이의 비율을 찾아 계산하여 비교해 본다.

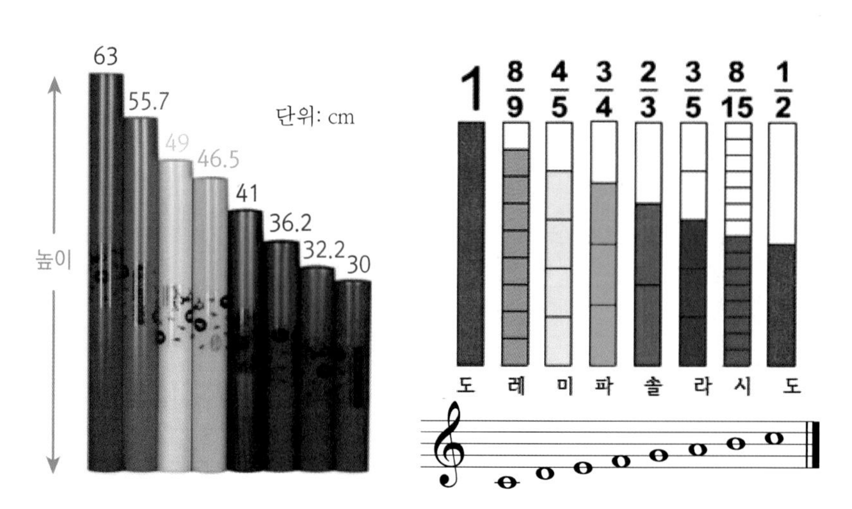

음	도	레	미	파	솔	라	시	도'
비율	1	$\frac{8}{9}$	$\frac{8}{9}$	$\frac{3}{4}$	$\frac{2}{3}$	$\frac{3}{5}$	$\frac{8}{15}$	$\frac{1}{2}$
붐웨커 길이(cm)	63	55.7	49	46.5	41	36.2	32.2	30
계산 예시	㉑ 도 : 도'(높은 도) = 63 : 30 ≒ 2 : 1 $= 1 : \frac{1}{2}$				㉑ 도 : 솔 = 63 : 41 ≒ 3 : 2 $= 1 : \frac{2}{3}$			

Tip

붐웨커를 직접 맞대어 보며 시각적으로 비율을 어림하고 확인해 보는 것이 좋아요. 계산할 때에는 여러 요인으로 인해 약간의 오차가 생길 수 있다는 것을 이해시키고, 편의상 가장 간단한 정수비로 어림해서 비율의 근사치를 나타내도록 해요.

비율 이용하여 간이 악기(팬플룻) 만들기

- 알게 된 음의 높낮이와 악기 길이의 관계 원리를 이용해 간이 악기(팬플룻)을 만들어 본다.

참고자료

- 준비물: 굵은 빨대, 가위, 자, 고무찰흙, 절연테이프 등
- 만드는 방법
  ① '도'를 기준으로 각각의 음에 따른 길이를 계산하여 빨대를 자릅니다(다음 표 참고).
  ② 고무찰흙을 동그랗게 뭉친 뒤 자른 빨대 한쪽 끝을 빈틈없이 막습니다.
  ③ 자른 빨대를 순서대로 놓고 절연테이프로 이어 붙입니다.
  ④ 빨대가 뚫린 쪽에 입을 대고 바람을 넣어 소리를 냅니다.

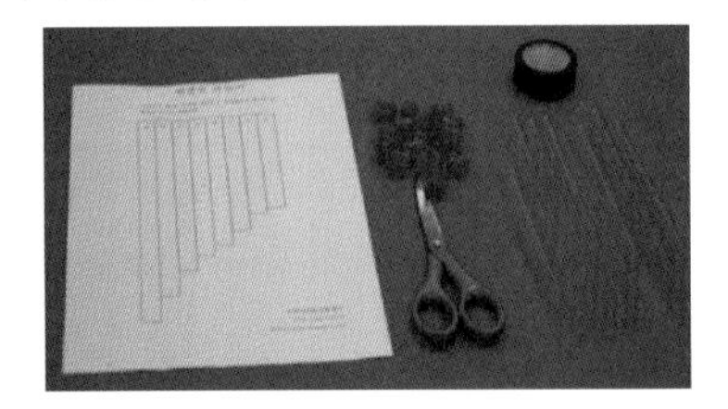

(출처: 황지애 외, 2018)

음	도	레	미	파	솔	라	시	도'
비율	1	$\frac{8}{9}$	$\frac{8}{9}$	$\frac{3}{4}$	$\frac{2}{3}$	$\frac{3}{5}$	$\frac{8}{15}$	$\frac{1}{2}$
빨대 길이 (cm)	20.0	17.8	16.0	15.0	13.3	12	10.7	10
계산 예시	예 도 : 레 $= 1 : \frac{8}{9}$ $= 20 : □$ ∴ □ = 17.8 (소수첫째자리 반올림) ➜ '레'에 해당하는 빨대의 길이를 17.8cm로 자른다.				예 도 : 미 $= 1 : \frac{4}{5}$ $= 20 : □$ ∴ □ = 16.0 ➜ '미'에 해당하는 빨대의 길이를 16.0cm로 자른다.			

앞의 예시는 ‘도’에 해당하는 빨대의 길이를 20cm로 한 경우예요. 모둠별로 ‘도’에 해당하는 빨대의 길이를 20cm, 10cm, 8cm 등 서로 다르게 해서 계산하고, 만든 후 소리의 차이를 비교해 보도록 하는 것도 좋습니다.

각 음에 해당하는 빨대의 길이를 계산할 때, 고무찰흙이 들어갈 부분의 길이(1~3mm 정도)까지 고려해서 계산하면 오차를 조금 더 줄일 수 있어요.

간이 악기로 가락 연주하기

- 짧고 간단한 곡을 계이름으로 노래하며 가락을 익힌다(〈작은 별〉, 〈학교 종〉 등).
- 직접 만든 간이 악기로 연주한다. 친구들과도 함께 연주해 본다.
- 간이 악기 연주회를 열고 연주한 소감을 나눈다.

음악 과학

5. 음악으로 표현한 우주

학년	고학년
통합활동	- 행성의 특징에 대해 알아보기 - 행성과 그리스 로마 신화에 나오는 신의 관계 이해하기 - 홀스트의 〈행성〉 중 〈화성〉과 〈금성〉 감상하기
수업자료	행성 사진, 주제악보, 감상곡 음원

태양계를 구성하는 행성에 대해 알아보기

- 태양계란 46억 년 전 성운이 뭉쳐서 태양이 만들어질 때 함께 만들어진 것으로 태양을 포함해 태양의 중력과 에너지를 직접 받는 천체와 그 천체가 포함하고 있는 영역을 뜻하는 것임을 안다.
- 태양계를 구성하는 행성에 태양, 수성, 금성, 지구, 화성, 목성, 토성, 천왕성, 해왕성 등이 있음을 안다.

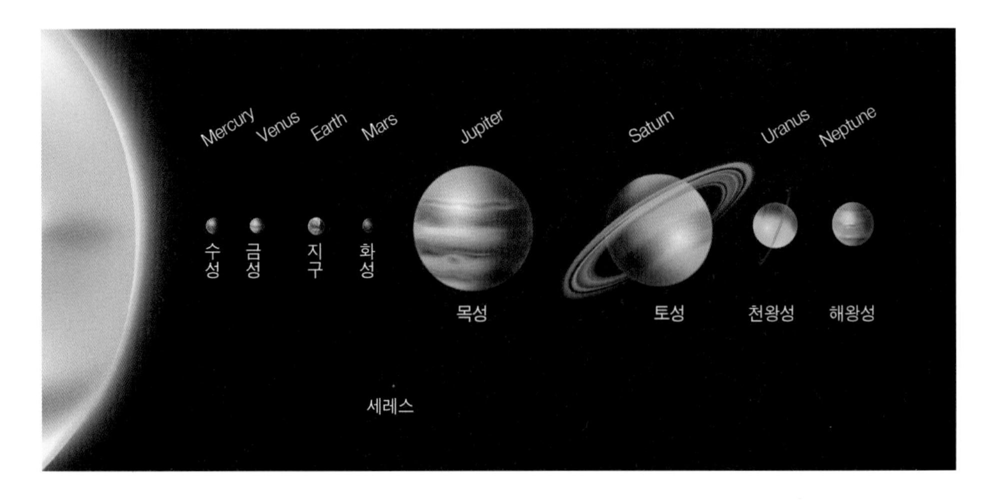

- 태양계 행성에 대한 질문을 만든다.

  예 '태양과 행성 사이의 거리는?' '행성의 크기는?' '행성의 주요 표면 색깔은?' 등

행성의 특징에 대해 알아보기

- 화성: 태양을 중심으로 네 번째 궤도를 도는 행성. 붉은 빛을 띄고 있어, 예로부터 전쟁이나 재앙과 결부시켜 생각한 민족이 많음.
- 금성: 노란 빛이고 지구와 크기가 비슷함. 샛별이라고도 함. 지구에서 볼 때 태양, 달에 이어 세 번째로 밝은 행성
- 수성: 부드러운 구슬 같은 표면을 가지고 있음. 가벼움. 태양 주위를 빠르게 도는 행성
- 목성: 태양계 내에서 가장 큰 행성. 반사율이 높아 매우 밝으며, 이 때문에서 서양에서는 로마 신화의 주신(主神)인 주피터의 이름을 따서 부름. 항성이 될 수도 있었던 행성으로 웅장함과 서글픔의 두 얼굴을 가진 밤하늘의 제왕.

Tip

개인별로 사전에 조사해 오거나, 학교에 비치된 태블릿 PC 등을 활용하여 모둠별로 1~2개의 행성을 맡아 조사한 후 발표할 수 있습니다.

Tip

참고 사이트[(Solar system scope(https://www.solarsystemscope.com/)]에 접속하여, 태양계 행성들이 태양을 중심으로 공전하는 모습, 태양을 중심으로 각 행성들이 어느 정도 거리에 떨어져 있는지 등을 영상으로 확인해 보세요.

행성과 그리스 로마 신화의 신의 관계 이해하기

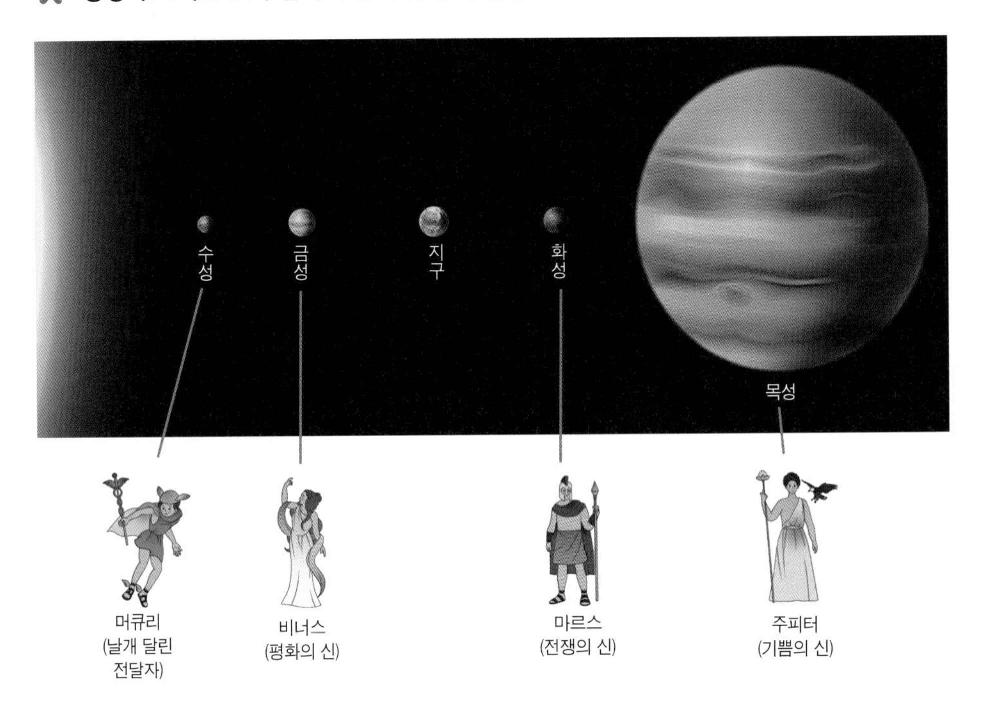

작곡가와 악곡 알아보기

- 홀스트(Gustar Theodore Holst: 1874~1934): 영국의 작곡가이자 트롬본 연주자. 점성술에 관심이 많았으며, 이에 대한 지식을 작품에 반영하였다. 대표적인 작품으로 〈행성〉 모음곡, 〈군대를 위한 모음곡〉 등이 있다.
- 〈행성〉: 홀스트가 1914년부터 3년에 걸쳐 작곡한 관현악 모음곡이다. 홀스트는 태양계의 7개 행성을 소재로 우주의 광대함과 신비함을 표현하였으며, 옛날부터 전해지는 여러 별의 성격과 느낌을 대규모의 오케스트라 음향으로 나타내었다.
  모음곡에 포함된 악곡의 제목과 부제는 다음과 같다.

	제목	부제
1	화성(Mars)	전생의 신(The Bringer of War)
2	금성(Venus)	평화의 신(The Bringer of Peace)
3	수성(Mercury)	날개 달린 메신저(The Winged Messenger)
4	목성(Jupiter)	기쁨의 신(The Bringer of Jollity)
5	토성(Saturn)	노년의 신(The Bringer of Old Age)
6	천왕성(Uranus)	마술사(The Magician)
7	해왕성(Neptune)	신비의 신(The Mystic)

<행성> 중 일부를 들려주고 무엇을 표현한 것인지 추측하기

- 〈화성〉 〈금성〉 〈수성〉을 듣고 무엇을 표현한 것인지 근거를 들어 이야기한다.
  예 긴박한 느낌이 들어서 붉은 빛을 띤 화성 같아요, 조용한 느낌이 새벽에 빛나는 금성 같아요, 작고 빠르게 움직이는 느낌이 수성 같아요 등

'화성'의 특징과 음악적 표현요소의 연관성을 생각하며 <행성> 중 <화성> 감상하기

- 화성의 영어 이름이 마르스(Mars)인 이유에 대해 생각해보고 이야기 나눈다.
  예 붉은색을 띄고 있어서, 표면이 울퉁불퉁해서 등
- 〈화성〉을 들으면서 특징적인 음악적 요소를 파악한다.
  예 5/4박자, 오스티나토 리듬, 세고 힘 있는 연주 등
- 〈화성〉이 5/4박자로 이루어졌음을 알고, 일정박을 치면서 악곡의 일부를 감상한다.
- 오스티나토 리듬이 반복됨을 알고, 반복되는 리듬을 치면서 악곡의 일부를 감상한다.

화성의 특징(붉은 빛, 울퉁불퉁한 표면 등)과 전쟁의 신 마르스의 이미지, 음악적 요소(5/4 박자, 오스티나토 리듬, 세고 강한 연주 등)를 연관 지으며 감상할 수 있도록 안내해 주세요.

'금성'의 특징과 음악적 표현요소의 연관성을 생각하며 <행성> 중 <금성> 감상하기

- 금성의 영어 이름이 비너스(Venus)인 이유에 대해 생각해 보고 이야기 나눈다.
  예 달에 이어 세 번째로 밝은 행성이기 때문에, 새벽에 빛나는 별이기 때문에 등
- 〈금성〉을 들으면서 특징적인 음악적 요소를 파악한다.
  예 4/4박자, 여리게 연주하는 것, 차분한 흐름의 음색 등
- 악곡의 느낌을 살려 4/4박자 지휘를 하며, 〈금성〉을 감상한다.

• 〈금성〉의 주제 가락에 노랫말을 붙여 노래 부른다.

<금성>과 <화성>의 차이점에 대해 정리하기

구분	화성	금성
박자	4/5	4/4
셈여림	전반적으로 세게	전반적으로 여리게
특징적인 악기	관현악 전체	관현악 중 호른
느낌	강하고 긴박함	조용하고 차분함

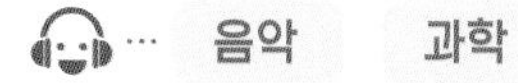

6. 소리의 성질? 다양한 실험으로 찾고, 음악으로 느껴 봐요!

학년	중학년
통합활동	- 다양한 악기 탐색 실험을 통해 소리의 성질 이해하기 - 음악 감상하며 다양한 방법(악기 연주, 신체 표현 등)으로 셈여림의 변화 표현하기
수업자료	스피커, 풍선, 도화지, 색연필, 쌀, 악기(징, 작은북 등), 음원 · 영상 · 리스닝맵(라벨 〈볼레로〉)

스피커 실험으로 소리의 성질 탐색하기

- 소리가 나지 않는 스피커에 직접 손을 대 보고 느낌을 이야기해 본다.
- 소리가 나는 스피커에도 손을 대 보고 손의 느낌을 비교해 본다.

Tip

스피커 대신 자신의 입이나 목에 직접 손을 댄 후, 소리를 낼 때와 소리를 내지 않을 때의 느낌을 비교해 보는 활동을 할 수도 있어요.

풍선을 이용한 악기 탐색 실험으로 소리의 성질 탐색하기

- 한 학생이 셈여림에 다양한 변화를 주며 자유롭게 악기(징, 작은북)를 연주한다.
- 다른 학생은 악기 주위에서 양손으로 풍선을 잡고 위치와 거리를 바꾸어 가며 떨림을 느껴 본다. 풍선을 통해 전달된 소리의 느낌을 그림으로 표현한다.
- 다함께 그림을 보면서 무엇을 느끼고 표현한 것인지 이야기를 나눈다.

Tip

풍선의 크기가 너무 작아 표면이 팽팽하지 않으면 악기 소리로 인한 진동이 잘 느껴지지 않을 수 있어요.

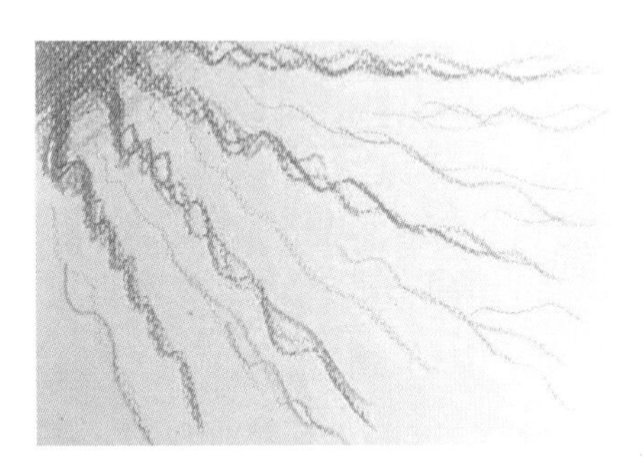

소리 나는 물체의 공통점 찾기

- 물체에서 소리가 날 때의 공통점을 이야기한다.
  - ㉠ 소리가 나는 물체에는 떨림이 있다.
  - ㉠ 소리가 나는 물체를 떨리지 않게 하면 더 이상 소리가 나지 않는다.

쌀을 이용한 악기 탐색 실험으로 소리의 세기(셈여림) 비교하기

- 작은북 위에 쌀을 뿌려 놓고 셈여림에 다양한 변화를 주며 연주를 한다.
- 쌀이 튀어 오르는 모습을 비교 관찰한 후 소리의 세기(셈여림) 특징에 대해 이야기한다.
  - ㉠ 작은북을 약하게 치면 북이 작게 떨리며 작은 소리가 나고 쌀이 낮게 튀어 오른다.
    작은북을 세게 치면 북이 크게 떨리면서 큰 소리가 나고 쌀이 높게 튀어 오른다.

다양한 방법으로 셈여림의 변화를 표현하며 <볼레로> 감상하기

- 음원, 영상, 리스닝맵 등을 활용해 곡의 특징을 파악하며 라벨의 〈볼레로〉를 감상한다.

참고자료

〈볼레로〉는 3박자의 스페인 춤곡을 토대로 모리스 라벨(Maurice Ravel)이 작곡한 발레 음악이에요. 곡 전체에 걸쳐 같은 리듬과 주제 가락을 반복하며, 여린 소리에서 센 소리로 변하는 셈여림의 변화가 특징이랍니다.

〈볼레로〉 애니메이션 영상
(https://www.youtube.com/watch?v=iOcu7GD8pcE)

- 음악에 맞추어 친구들과 함께 신체 동작으로 소리의 떨림과 셈여림의 변화를 표현한다.

학생 수준을 고려해서, 악상기호(*pp* ~ *ff*) 대신 크기가 다른 도형(• ~ ●) 또는 숫자(1~5) 등으로 제시하면 셈여림의 변화를 보다 직관적으로 이해하고 표현하도록 유도할 수 있어요.

악상 기호	*pp* → *ff*				
도형	·	•	•	●	⬤
숫자	1	2	3	4	5

• 악기(징, 작은북)로 다음의 리듬을 연주해 본다. 익숙해지면 음악에 맞추어 리듬을 반복 연주하고, 이때 셈여림의 변화를 직접 표현하며 연주한다.

악보 5-2 <볼레로> 리듬 반주

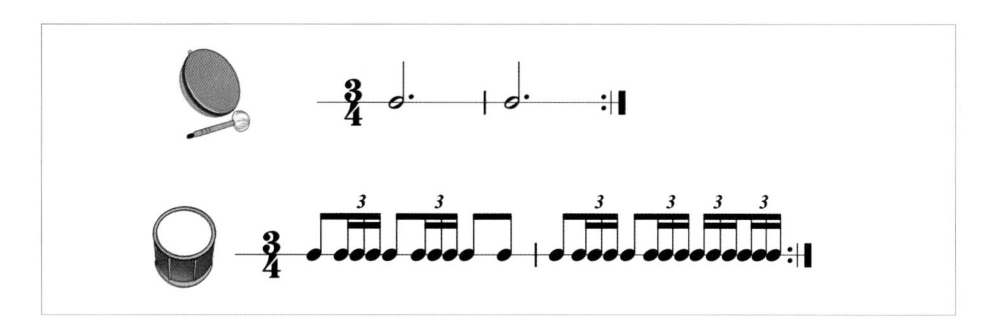

Tip

악기 탐색 실험과 〈볼레로〉 감상 활동의 연계를 고려해 징과 작은북을 활용하고 있는데, 학교 상황에 따라 다른 악기로 대체하여 진행할 수 있어요.

Tip

앞에서 했던 실험 활동을 〈볼레로〉 감상 활동에서 다시 적용해 보면 좋아요. 예를 들어, 징의 주변에서는 다른 학생이 풍선을 잡고 있고, 작은북 위에는 쌀을 올려 놓은 채 음악에 맞춰 연주하도록 해서 셈여림의 변화를 청각뿐 아니라 촉각 · 시각적으로도 함께 느껴 볼 수 있어요.

7. 세종의 문화업적을 조사하고 종묘제례악을 체험해요

학년	고학년
통합활동	- 세종의 문화 업적 조사하기 - 문화 업적 관련 퀴즈 맞히기 - '종묘제례악' 중 〈희문〉 리코더로 연주하기
수업자료	관련 활동 PPT, 종묘제례악('보태평' 중 〈희문〉) 연주 동영상(국악아카이브), 〈희문〉 리코더 계이름 가로 정간보 등

만원 지폐에 등장하는 인물을 알아맞히고 인물의 고민 엿보기

- 창작국악동요 〈세종대왕의 마음〉(e-국악아카데미/어린이국악누리 활용)을 듣고 만 원짜리 지폐에 등장하는 인물이 누구인지, 세종대왕의 고민은 무엇이었는지 짐작해 본다.

〈만원 지폐 속 인물과 세종대왕의 고민〉

세종의 문화 업적의 영상(사진)을 보고 백성에게 미친 영향 발표하기

- 세종의 문화 업적 영상이나 관련 사진 자료(사회 교과서 활용)를 살펴본다.
  예 문화 업적: 금속활자 인쇄술 발전, 훈민정음 창제, 음악 정비 업적 등

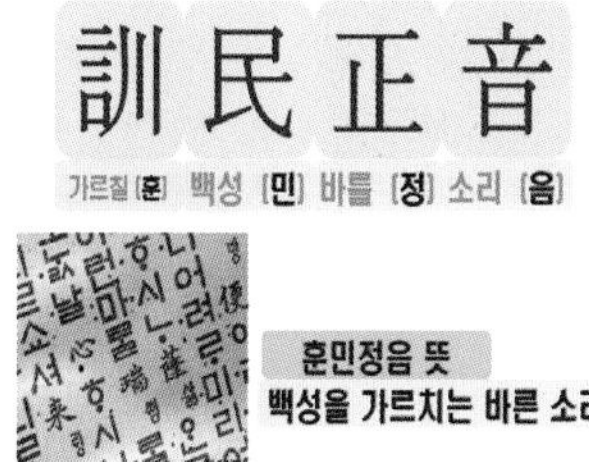

〈문화 업적 관련 사진〉

- 세종의 업적이 백성에게 미친 영향을 추측하여 발표한다.
  - 예 금속활자: 인쇄 기술이 발전하여 더 많은 책을 만들게 됨, 훈민정음 창제: 말과 글이 같아서 쉽게 글을 읽고 쓸 수 있게 됨, 음악 정비: 우리나라 상황에 맞는 악기를 제조할 수 있게 됨 등

도전 퀴즈왕 선발하기

- 세종의 문화 업적과 관련한 문제 PPT를 활용하여 퀴즈 맞히기 활동에 참여한다.
- 교사가 사전에 지도한 내용에 관한 'ㅇ×' 퀴즈나 5지 선다형 문제 등을 준비하여 활동을 독려한다(학습지 활용 가능).

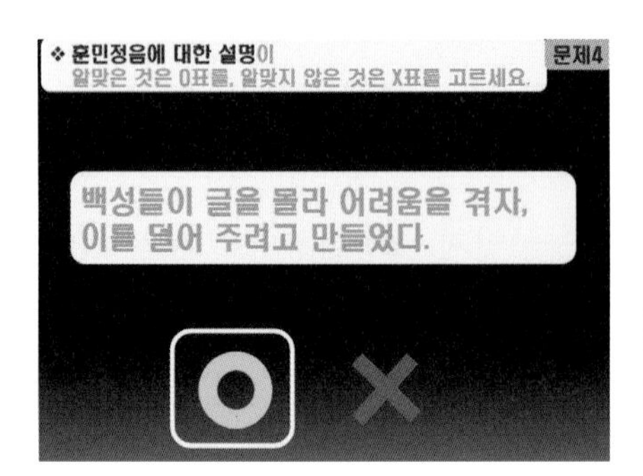

문제8
조국의 발전을 위해 노력했던 세종의 업적으로 알맞은 설명은 무엇인가요?
1 비의 양을 측정할 수 있는 자격루를 만들게 했다. 측우기
2 하늘의 별과 달의 움직임을 관찰할 수 있는 앙부일구를 만들게 했다. 혼천의
3 농사를 짓는 데 큰 도움이 되도록 용비어천가를 각 고을에 보급했다. 농사직설
4 백성들이 우리말과 글이 달라서 겪는 어려움을 해결하고자 훈민정음을 창제했다.
5 절기에 따라 달라지는 그림자 길이로 24절기를 알려 주는 측우기를 만들게 했다.

세종이 만든 음악 업적 중 종묘제례악 감상하기

- 종묘제례악으로 사용된 '보태평'과 '정대업' 등을 창제하였음을 이해한다.
- 종묘제례악 중 '보태평' 중 〈희문〉을 감상한다(e-국악아카데미/교과서 국악/종묘제례악-소개영상 활용).

〈종묘제례악 악가무 연주 장면〉

분수의 원리를 활용한 정간보 '도전 골든벨!'

- 세로 정간보 원리: '우물 정(井)'자 모양의 한 칸을 한 박으로 하여 음의 길이를 표시한 악보임을 이해한다.
- 세로 정간보 원리를 활용하여 가로 정간보 도전 골든벨 문제를 푼다.

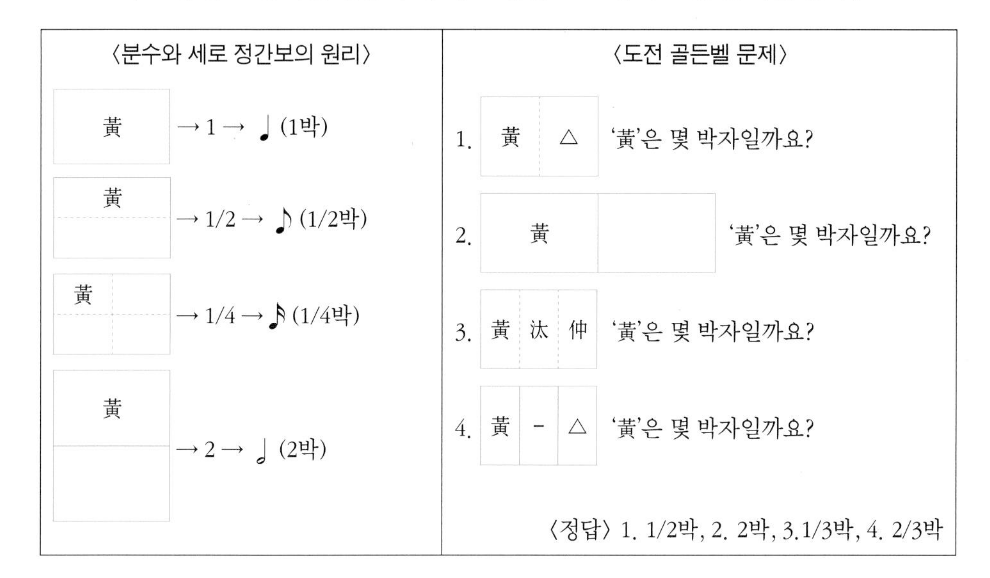

세로(가로) 정간보의 다소 복잡한 박자를 계산할 수 있도록 난이도를 조절하여 골든벨 문제를 제시하고 수학의 사각형 넓이와 분수 개념을 연계하여 복습할 수 있어요.

<희문> 일부 가락을 리코더로 연주하기

- 이전 활동을 통해 익힌 가로 정간보의 박을 알고 〈희문〉 중 일부분의 가락을 리코더로 연주한다.

악보 5-3 <희문> 리코더 계이름 일부 악보

도	레	레	레	△	파파	파파	△	솔	솔	솔	△	파파	파파	파파	△
레	솔	솔	솔	△	라	라	△	솔	솔	△	파	레	파	파	△

Tip

가로 정간보 1칸 1박의 길이를 느린 속도로 연주할 수 있도록 지도해야 하고, 가능하면 〈희문〉 전체 가락을 리코더로 연주해 볼 수 있어요.

8. 물질이 들려주는 소리 만나기

학년	중학년
통합활동	-『바람소리 물소리 자연을 닮은 우리 악기』를 읽고 국악기에 사용하는 여덟 가지 재료 발견하기 - 물질과 물체의 의미 이해하고, 돌, 금속, 나무 특징 발표하기 - 쇠, 돌, 나무로 만든 국악기 소리 유추하기
수업자료	쇠, 돌, 나무, 편종, 편경, 축 연주 영상

물체와 물질 이해하기

- 물체와 물질의 의미를 이해하고 그 차이를 설명한다.

  ㊈ 물체란 모양이 있고 공간을 차지하고 있는 것, 물질이란 물체를 만드는 재료

쇠, 돌, 나무의 특징 알아보기

- 교실과 우리 주변에서 쇠, 돌, 나무로 된 물질을 찾아본다.

  ㊈ 쇠: 필통, 컵/돌: 돌, 바위/나무: 책상

Tip

물질을 찾기 어려운 경우에는 교사가 미리 준비해 주세요.

- 각 물질의 특징을 찾아보고 발표한다.

	쇠	돌	나무
물질			

물질의 특징	예 단단하다. 차갑다. 불투명하다. 열이 잘 전달된다. 전기가 잘 통한다. 광택이 난다 녹이 슬기 쉽다.	예 단단하다. 차갑다. 불투명하다 열이나 전기가 전달되지 않는다.	예 따뜻한 느낌이다. 쉽게 부서지거나 깨지지 않는다. 잘 휘어지지 않는다. 열이나 전기가 전달되지 않는다.

- 악기 역시 물체이며, 악기 역시 물체를 만드는 재료인 물질의 성질에 따라 다른 소리를 낸다는 것을 안다.

『바람소리 물소리 자연을 닮은 우리 악기』를 읽고 국악기에 사용하는 여덟 가지 재료 발견하기

우리나라 악기들은 자연에서 얻은 여덟 가지 재료로 만들어졌어요. 명주실, 대나무, 박, 흙, 가죽, 쇠붙이, 돌, 나무 등 주변에서 흔히 볼 수 있고 쉽게 구할 수 있는 것들이지요. (중략). 명주실은 잘 끊어지지 않고 탄력이 있어서 가야금, 거문고, 아쟁, 해금 같은 악기의 줄로 쓰입니다. (중략) 그윽하고 평온한 소리가 울려 나오는 대금, 달빛이 빛나는 봄밤에 어울리는 악기인 피리를 만듭니다. 그리고 맑고 청아한 소리를 내는 단소도 만들 수 있습니다. (중략) 우리 악기 가운데 생황은 박으로 만든 악기입니다. (중략) 훈은 흙을 빚고 구워서 만든 악기로 입으로 불어 소리를 내요. (중략) 가죽으로 만든 악기에는 북과 장구가 있어요. (중략) 쇠를 녹여 만든 우리 악기에는 징, 꽹과리, 편종, 특종, 나발이 있어요. 나무로 만든 악기에는 박, 어 등에 있어요. (중략) 돌로 만든 악기에는 편경과 특경이 있어요.

(『바람소리 물소리 자연을 닮은 우리 악기』 중)

- 『바람소리 물소리 자연을 닮은 우리 악기』를 읽는다.
- 글을 통해 알게 된 정보를 통해 국악기의 재료와 해당 재료로 만들어진 악기를 연결하는 활동을 한다.

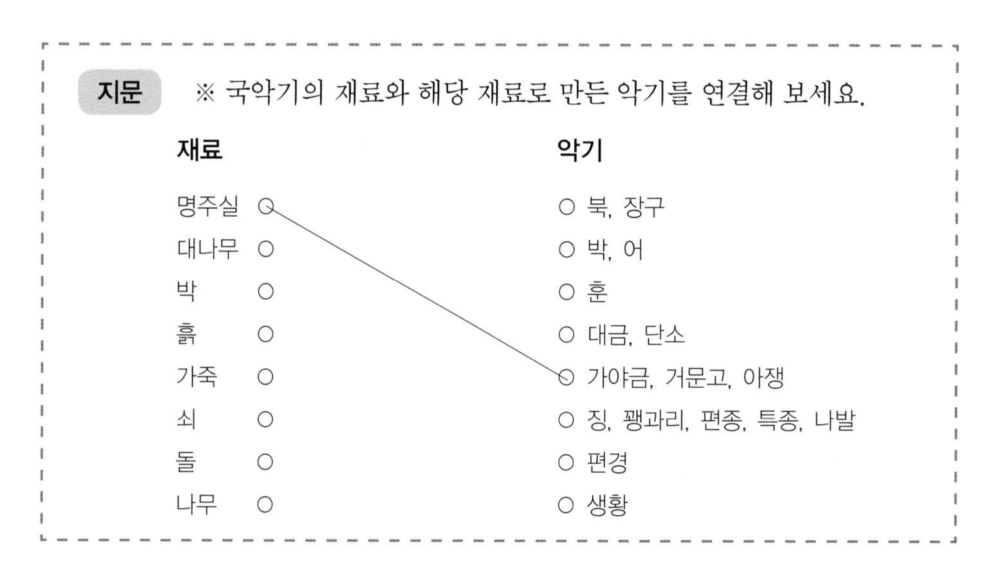

• 이러한 여덟가지 재료를 '팔음'이라고 함을 설명한다.

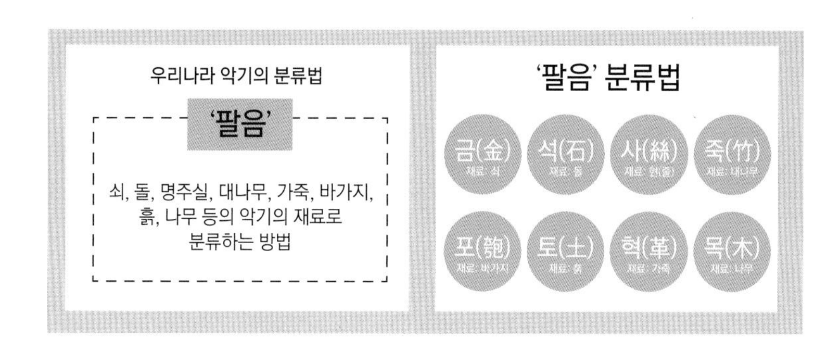

팔음 중 쇠, 돌, 나무로 된 악기 탐색하기

• 교실에서 찾은 쇠, 돌, 나무로 된 물질(책상다리, 벽, 책상, 연필 등)을 이용해 굿거리장단과 자진모리장단을 연주하며 각 물질이 만들어 내는 소리를 탐색한다.

• 쇠, 돌, 나무로 만들어진 국악기는 어떤 소리가 날지 상상해 본다.

• 각 악기의 소리를 들어 보고 상상했던 소리와 어떤 차이가 있는지 발표한다.

악기			
악기 이름	편종	편경	어
악기 재료	쇠	돌	나무
악기 연주 영상			
악기 연주 느낌	• 종소리가 난다. • 날카로운 느낌이다.	• 실로폰 소리와 비슷하다. 소리가 끝까지 울리지 않는다.	• 무엇인가 때리는 소리가 난다. • 둔탁한 소리가 난다.

Tip

교실에서 쉽게 구할 수 있는 다양한 악기를 재료별로 분류하여, 재료에 따라 다른 소리가 나는 것을 경험하는 기회를 주는 활동을 해 보는 것도 좋아요. 소리의 특징을 이야기하고 소리에 어울리는 다양한 음악 만들기 활동으로 발전시켜 보아요.

Tip

쇠, 돌, 나무 외에 명주실, 대나무, 가죽, 바가지, 흙으로 만들어진 물질을 찾아보고 어떤 소리가 나는지 관찰하는 활동과 해당 재료로 만든 악기의 소리를 들어 보는 활동으로 발전시켜 보는 것도 좋습니다.

9. 반복과 변화의 패턴을 이용해 음악을 만들어 봐요

학년	중학년, 고학년
통합활동	- 반복되는 부분을 넣어 동시 쓰기 - 반복과 변화의 패턴이 드러나게 그림 그리기 - 반복되는 부분을 이용해 음악 만들어 연주하기
수업자료	패턴이 있는 미술 작품, 동시나 동요, 여러 가지 타악기, 가락악기 등

내 주변에 있는 패턴 찾기

- 패턴이 무엇인지 생각해서 발표해 본다.
- 친구의 옷이나 주변의 물건들, 예술 작품 등에서 반복되는 패턴을 찾아본다.

	타일의 무늬
 	의류에서의 다양한 패턴
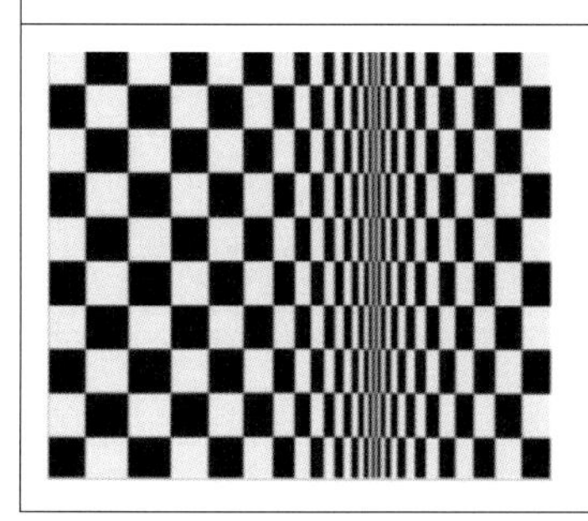 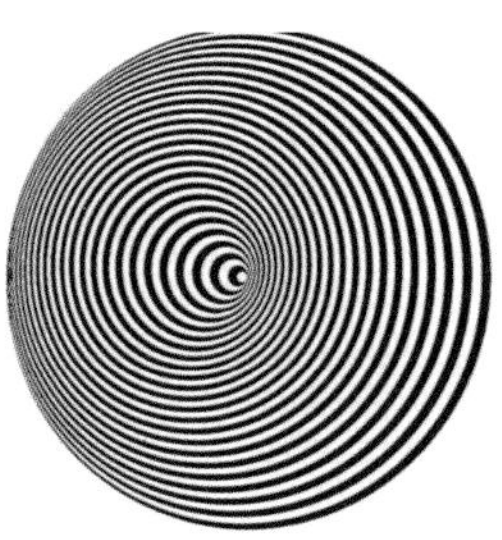	예술 작품(옵아트)에서의 패턴들

- 패턴이 주는 느낌을 이야기해 본다.
- 패턴 안에서 변화를 주는 방법에 대해 이야기한다.

  예 색을 바꾸어 보기, 이야기를 넣어 보기 등
- 반복과 변화의 느낌을 살려 패턴이 있는 미술 작품을 만들어 본다.

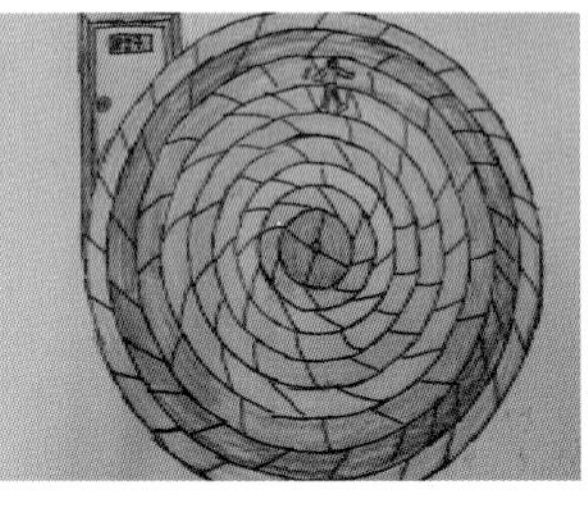
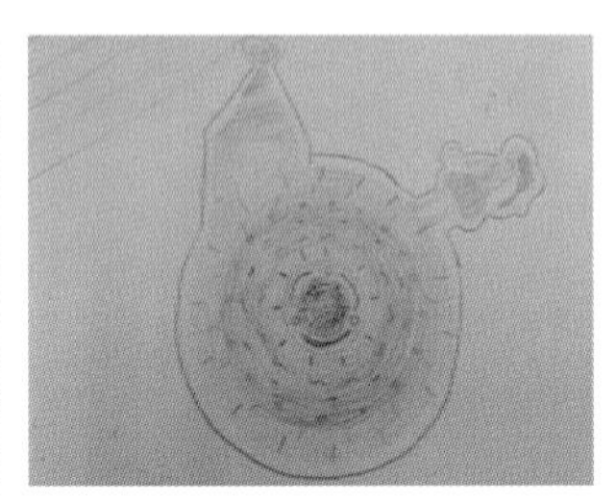

문학 작품에서 패턴 찾기

- 문학 작품에서 패턴은 어떤 것일지 이야기를 나눈다.
- 다양한 동시, 동요 등에서 반복되는 부분을 찾고 그것이 주는 느낌을 생각해서 발표해 본다.

  예 〈상어 가족〉 등

Tip

교과서에 나오는 후렴이 있는 동시, 아이들이 잘 알고 있는 동요 등을 활용할 수 있어요.

- 리듬감이 느껴지도록 동시를 만들어 본다. 감각적인 표현을 살려서 자신의 생각과 느낌을 시로 표현해 본다.

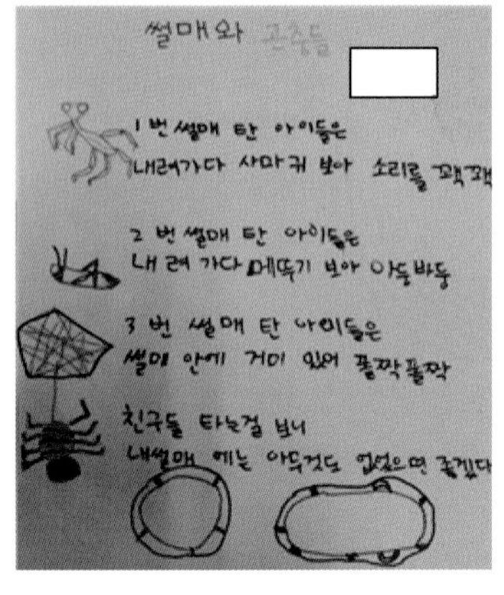

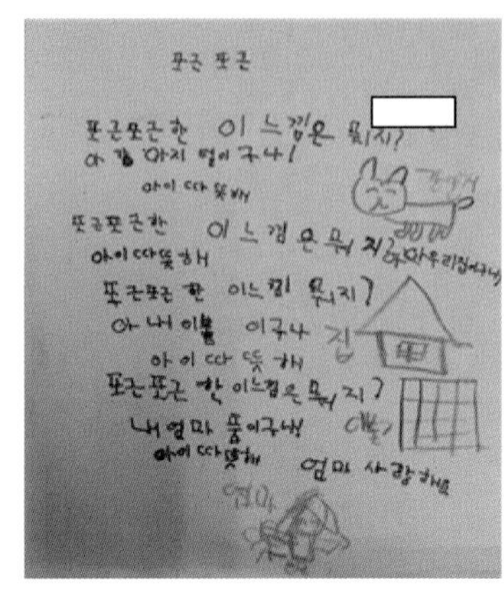

- 친구들의 작품을 감상하고 잘된 점을 칭찬한다.

음악 작품에서 패턴 찾기

- 음악 작품에서 패턴은 어떤 것일지, 패턴을 소리로 표현하면 어떻게 할 수 있을지 등을 생각해 본다.
- 교과서 속 제재곡에서 찾아보거나, 모두가 잘 알고 있는 곡에서 가락의 반복, 변화를 찾아본다.

악보 5-4 <쾌지나칭칭나네>

- 다양한 음악 작품을 감상하면서 가락의 반복, 변화 등을 느끼도록 한다.

참고자료

필립 글래스의 〈Music in Fifths〉 〈Modern Love Waltz〉, 스티브 라이히의 〈박수 음악(Clapping Music)〉 〈Music for Pieces of Wood〉 등을 참고 할만하다.

- 지금까지 나온 음악의 특징을 이야기한다.
- 앞에서 나온 미술 작품, 동시나 동요와 비슷한 점을 이야기한다.

  ㉮ 후렴처럼 같은 가락이 계속 반복되어 나온다.

  하나의 가락이 조금씩 달라지며 계속된다.

패턴을 이용하여 음악 만들기

- 지금까지 배운 내용을 참고로 음악 만들기를 한다. 반복과 변화를 활용하여 음악 작품을 만든다.
- 자신이 만들었던 패턴 작품(동시, 미술)을 음악으로 표현해 볼 수도 있다.
- 반복되는 부분(후렴구)을 소리 탐색을 통해 먼저 정해 본다. 그다음 사이사이 달라지는 부분의 표현 방법을 정한다.

예

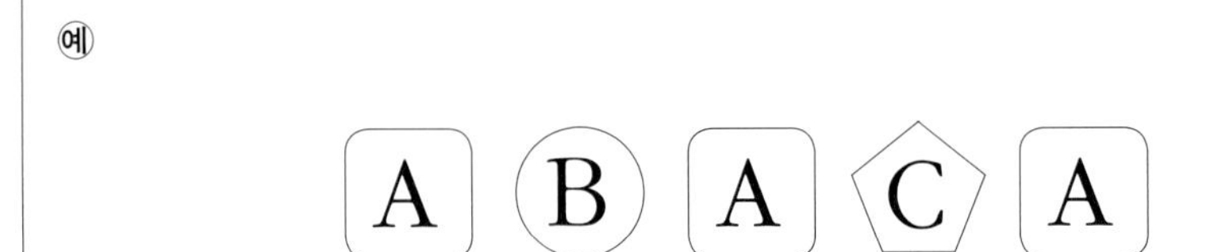

A: 마라카스 잘게 흔들기
B: 트라이앵글을 여리게 연주하기
C: 우드블록 치기

Tip '칸딘스키'를 활용한 미술과 연계 수업

구글 크롬 뮤직랩 기능 중 '칸딘스키'는 그림을 소리로 나타내는 기능이 있어요. 프로그램 화면에 선, 원, 삼각형 등과 같은 그림을 그리면 목소리, 악기 소리 등 특정한 소리가 나옵니다. 간단한 색상의 변화도 가능해요. 다양한 그림을 그리고 소리의 어울림을 느껴 보도록 할 수 있어요.

예

제6장
주제를 중심으로
수업 더하기

1. 회복탄력성: 나 스스로를 지켜 주는 힘

1) 주제 들어가기

회복탄력성은 '자신에게 닥치는 온갖 역경과 어려움을 오히려 도약의 발판으로 삼는 힘'을 뜻한다. 회복탄력성이 높다면, 살아가면서 겪게 될 크고 작은 실패나 어려움을 마주하더라도 쉽게 좌절하지 않고 오히려 무언가를 배우면서 새롭게 시작할 수 있는 힘을 가지게 된다.

음악이라는 예술은 본질적으로 회복탄력성과 연계되는 점이 많은 교과이다. 음악을 통해 자신의 생각과 감정을 표현하고 느끼며 함께 소통하는 즐거운 경험은 나 자신을 이해하게 하고 다른 사람과 연결되어 있다는 느낌을 갖게 하여 궁극적으로 자존감 향상에 큰 도움을 준다.

가볍게 떠올라야지
곧 움직일 준비되어 있는 꼴
둥근 공이 되어

옳지 최선의 꼴
지금의 네 모습처럼
떨어져도 튀어 오르는 공
쓰러지는 법이 없는 공이 되어.

정현종, 〈떨어져도 튀는 공처럼〉 중에서

회복탄력성: 자신에게 닥치는 온갖 역경과 어려움을 오히려 도약의 발판으로 삼는 힘

2) 수업 구성 예시

초등학교 3~6학년 수업에 적용할 수 있는 16차시의 수업을 구상하였다. 전체적인 구성이나 각 차시의 내용은 상황과 맥락에 따라 수정·보완하여 적용할 수 있다.

차시	주제	학습목표	주요 활동내용	관련 교과
1~2	나 살펴보기	• 다양한 방법으로 자신을 소개할 수 있다.	- 4박자에 맞추어 자신의 이름과 특징을 말리듬, 동작과 함께 표현하기 - 거울을 이용해 자신의 모습을 자세히 관찰하고 캐릭터로 그리기	음악 미술
3~4 (수업 실제 예시)	나의 모습 인정하기	• 나의 여러 가지 모습을 인정하고 받아들일 수 있다.	- 그림책 『치킨 마스크』를 읽으며 자신의 모습을 있는 그대로 인정하고 받아들이는 것의 중요성 이야기 나누기 - 노랫말의 의미를 생각하며 노래 〈모두 다 꽃이야〉 익히기 - 자신의 여러 가지 모습을 돌아보고 인정하며 노랫말 바꾸어 표현하기	국어 도덕 음악
5~6	나의 감정 표현하기	• 다양한 감정을 이해하고 다양한 방법으로 표현할 수 있다.	- 영화 〈인사이드 아웃〉 캐릭터를 통해 자신의 다양한 감정 알아보기 - 상황에 따른 여러 가지 감정을 악기로 즉흥연주하며 표현하기 - 상황에 따른 여러 가지 감정을 색종이 작품으로 표현하기	음악 미술
7~8	관계 에너지 느끼기	• 움직임 요소를 활용해 친구들과 연결되는 동작을 만들어 표현할 수 있다.	- 여러 가지 악기 소리를 듣고 움직이며 다양한 움직임 요소 탐색하기 - 음악에 맞추어 움직임 요소와 관계를 활용해 협동 조각상 만들기 - 다른 모둠의 조각상 작품 감상하며 제목 지어 주고 연결 확장하기	음악 체육
9~10	소리의 어울림 느끼기	• 소리의 어울림을 느끼며 몸타를 연주할 수 있다.	- 여러 가지 동작을 서로 모방하며 몸타 기본 동작 익히기 - 기본 동작을 응용하여 협동 작품 만들기 - 소리의 어울림을 느끼며 음악에 맞추어 작품 발표하고 감상하기	음악 체육

11~12	서로의 마음 표현하기	• 자신의 마음을 담은 노랫말로 랩을 만들어 서로에게 표현할 수 있다.	- 노래 〈난 네가 좋아〉의 의미를 생각하며 참된 우정에 대해 이야기 나누기 - 노래와 어울리는 4/4박자 말리듬 탐색하고 오스티나토 반주하기 - 노래 중 랩 부분의 노랫말을 바꾸어 부르며 서로의 마음 표현하기	도덕 음악
13~14	긍정 에너지 나누기	• 긍정의 말에 대한 중요성을 느끼며 노래에 맞추어 컵타를 연주할 수 있다.	- 그림책『틀려도 괜찮아』를 읽으며 서로 긍정의 말을 해 주는 것의 중요성 이야기 나누기 - 노래 〈틀려도 괜찮아〉와 컵타 기본 동작 익히기 - 기본 동작을 응용하여 협동 작품 만들고 발표하며 긍정의 말 나누기	국어 도덕 음악
15~16	행복 에너지 나누기	• 여러 가지 악기로 장면을 표현하며 음악을 통해 마음을 전할 수 있다.	- 그림책『천사의 날개』를 읽으며 갖고 싶은 날개와 이유에 대해 적기 - 의성어와 의태어를 따라하며 어울리는 악기 및 표현 방법 탐색하기 - 서로가 갖고 싶어 하는 날개를 그려 주고, 어울리는 악기를 선택하여 즉흥연주하며 날개와 함께 선물하기	국어 음악 미술

3) 수업의 실제

주제: 나의 모습 인정하기

관련 교과	국어, 도덕, 음악
통합활동	- 그림책『치킨 마스크』감상하며 나의 여러 가지 모습 인정하고 받아들이기 - 노랫말의 의미 생각하며 노래 〈모두 다 꽃이야〉 부르고, 나의 모습을 넣은 노랫말로 바꾸어 부르기
수업자료	그림책『치킨 마스크』, 노래 〈모두 다 꽃이야〉 악보 또는 음원, 고민상담소 활동 자료(쪽지, 상자 등)

'나 박수' 치며 감각 깨우기

• 박자에 맞춰 구호를 외치고 손뼉을 치며 스스로에 대한 마음을 연다.

나✋는✋ / 내✋가✋ / 정✋말✋ / 좋✋아✋
나는✋✋ / 내가✋✋ / 정말✋✋ / 좋아✋✋
나는내가 / ✋✋✋✋ / 정말좋아 / ✋✋✋✋
나는내가 / 정말좋아 / ✋✋✋✋ / ✋✋✋✋

그림책『치킨 마스크』감상하기

- 그림책『치킨 마스크』를 감상하며 자신의 모습을 있는 그대로 받아들이는 것에 대해 생각을 함께 나누며 이야기해 본다.

사람들은 저마다 재능이 담긴 그릇을 가졌다. 하지만 내 그릇은 텅 비었다. 나한테는 아무것도 없다. 나는 왜 나로 태어났을까? (중략) 교실에는 내가 있을 곳이 없디. (중략) 내기 내기 아니라면 얼마나 좋을까.

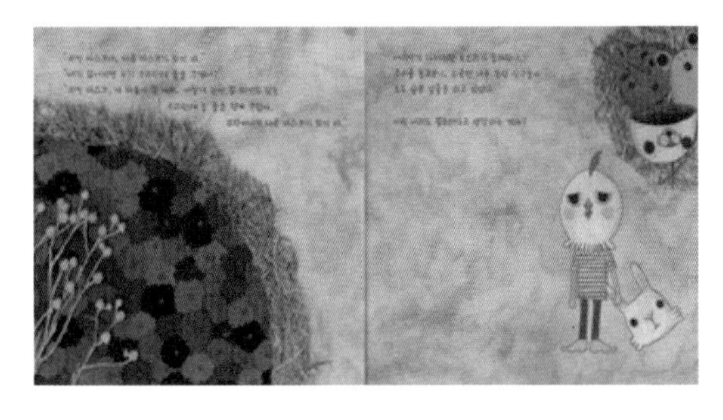

"치킨 마스크야, 다른 마스크가 되지 마."
"치킨 마스크, 넌 마음이 참 예뻐. 이렇게 눈에 잘 띄지도 않는 우리한테 늘 물을 챙겨 주잖아. 부탁이니까 다른 마스크가 되지 마." (중략) 이런 나라도 필요하다고 생각하는 거야?

Tip

그림책『치킨 마스크』는 자신감과 자존감이 부족한 주인공이 자신의 모습을 있는 그대로 받아들이고 사랑하게 되는 과정 속에서 스스로 존재의 가치를 찾아가게 되는 이야기예요. 주인공의 상황에 잘 어울리는 노래 〈괜찮아〉 등을 함께 부르며 그림책을 감상한다면 이야기에 더욱 몰입할 수 있어요.

〈괜찮아〉 –김철순 시 〈작은 꽃〉, 백창우 곡

학교 가는 길 옆에 / 작은 꽃이 피어 있었어
작은 꽃은 부끄러운지 / 자꾸만 풀숲에 몸을 숨기려 했어
괜찮아, 괜찮아 / 작아도 너는 꽃이야
괜찮아, 괜찮아 / 작아도 너는 꽃이야

그림책『치킨 마스크』
(우쓰기 미호 저/장지현 역/책읽는곰)

노랫말의 의미를 생각하며 노래 <모두 다 꽃이야> 익히기

- 노랫말의 의미를 파악하며 자신의 생각을 함께 이야기 나눈다.
- 노래를 듣고 따라 부르며 익히고, 노랫말의 의미를 생각하며 노래를 부른다.

악보 6-1 <모두 다 꽃이야>

Tip

노래 〈모두 다 꽃이야〉는 '언제 어디에서 어떻게 피어도 모두 꽃'이라는 노랫말로 누구나 소중한 존재라는 메시지를 담고 있는 국악동요예요. 그림책의 주제와 노랫말의 의미를 연결지어 충분히 생각하고 느낄 수 있도록 함께 이야기를 나눠요.

자신의 모습 돌아보고 '고민 상담소' 활동하기

- 각자 자신의 장점, 단점 등 여러 가지 모습을 돌아보고 세 가지 특징을 찾아본다.
- '고민 상담소' 활동을 통해 자신의 고민을 친구들과 나눈다.

  ① 자신의 단점이나 부족한 모습에 대한 고민을 익명으로 쪽지에 적는다.

  ② 쪽지를 상자에 모두 모은 후, 하나씩 꺼내어 읽는다.

  ③ 다른 친구의 단점을 장점으로 바꾸어 말해 주며 서로 격려한다.

  ④ 자신의 단점도 긍정적으로 생각해 볼 수 있도록 함께 이야기를 나눈다.

나의 단점은 (예) 성격이 급한 거) 야. 나의 단점이 장점이 될 수 있을까? 친구들아 도와줘!	→	- 그건 게으르지 않고 부지런한 거야. - 숙제를 빨리 끝내고 놀 시간이 많겠네. - 적극적이고 에너지가 넘치는 거야.

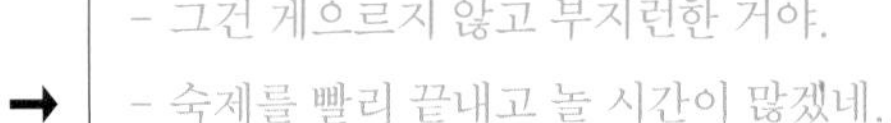

Tip

자신감이 부족하거나 자존감이 낮은 학생은 자신의 모습을 있는 그대로 인정하는 것을 다소 어려워하며 참여에 소극적일 수 있어요. 학급 구성원 모두가 함께 지속적으로 격려하는 분위기를 만들어 용기를 북돋아 주는 것이 필요해요.

자신의 모습을 인정하고 노랫말 바꾸어 노래 부르기

- 자신이 고른 세 가지 특징을 4~5글자 형용구로 표현한다.

  (예) 성격 급해도, 생각 많아도, 잘 울어도

- 모둠원과 함께 말리듬으로 자신의 모습을 표현한다. 모둠원 전체가 4박자 일정박을 치고(아이엠그라운드 하듯이 무릎, 손뼉, 왼손 엄지, 오른손 엄지), 한 사

람씩 각자 자신의 특징을 이름과 연결하여 말하면 모둠원들은 이를 듣고 따라 한다.

예) 성격/급한/○○/이, 생각/많은/○○/이, 눈물/많은/○○/이

- 각자 만든 형용구와 이름을 모두 연결하여 노래 〈모두 다 꽃이야〉 노랫말을 바꾸어 완성하고, 그 의미를 생각하며 함께 불러 본다.

  예) 성격 급해도 괜찮아, 생각 많아도 괜찮아, 눈물 많아도 괜찮아, 모두 다 소중해

자신의 모습에 감사하는 마음 갖기

- 자신의 모습을 있는 그대로 인정하고 감사하는 마음을 발표한다.

2. 환경: 환경문제 점점 작게, 환경보호 점점 크게

1) 주제 들어가기

루도비코 에이나우디의 〈북극을 위한 애가〉 연주 장면

〈연주 영상〉

깎아지른 빙하가 펼쳐진 북극에서 연주하고 있는 피아니스트! 그는 왜 그곳에서 연주하고 있는 것일까? 북극 빙하를 녹이는 지구 온난화를 경고하고 환경보호의 메시지를 전하려고 '북극'을 위한 연주회를 개최한 것이다. 음악을 통해 세상을 향한 메시지를 주고 있는 것이다.

전 세계에서 큰 이슈가 되고 있는 환경문제를 음악수업과 통합하여 환경에 대한 인지적 이해, 정서적 공감, 그리고 실생활에의 적용을 위한 효과적인 방법을 제공함으로써 환경문제의 심각성을 일깨우고 실천에 이르게 하고자 한다.

2) 수업 구성 예시

환경교육 수업을 위해 12차시로 주제 중심 수업을 구성하였으며 전체적인 구성이나 내용은 상황과 맥락에 따라 수정 · 보완하여 적용할 수 있다.

환경오염
기후변화
자원고갈
플라스틱

환경 감수성 키우기

환경교육

함께 사는 지구

친환경 에너지
함께 사는 지구

차시	주제	학습목표	주요 활동내용	관련 교과
1~2	환경감수성 키우기 (환경 오염)	• 주변의 환경문제에 관심을 가질 수 있다.	- 환경문제에 대한 자신의 경험과 생각 이야기하기 - 환경오염과 관련된 영상을 시청하고, 노래(예: 〈지구가 아프대요〉) 감상하기 - 환경문제를 생각하며 노래 가사 바꾸어 부르기 * 참고 사이트: 환경교육포털	국어 음악
3~4	환경감수성 키우기 (기후 변화)	• 지구 온난화 문제를 이야기 음악으로 표현할 수 있다.	- 그림책『북극곰에게 냉장고를 보내야겠어』를 함께 읽기 - 지구 온난화의 원인과 실태를 확인하기 - 좋아서 하는 밴드의 노래 〈북극곰아〉를 감상하며, 지구 온난화로 어려움을 겪고 있는 동식물의 입장이 되어 시나 이야기를 표현해 보기 - 시나 이야기에 어울리는 음악을 만들어 이야기 음악 발표하기 (3. 음악 만들기 + α 참고)	과학 국어 음악
5~6	환경감수성 키우기 (자원 고갈)	• 자원고갈을 막기 위한 홍보영상을 만들 수 있다.	- 식량자원, 에너지 자원 등 자원고갈 문제 실태를 알아보기 - 자원고갈 문제를 포스터나 표어로 표현하기 - 포스터, 표어에 어울리는 노래(노래 가사 바꾸기)나 음악을 넣어 홍보영상 만들어 발표하기	사회 미술 음악
7~8 (수업 실제 예시)	환경감수성 키우기 (플라스틱)	• 플라스틱을 주제로 한 랩을 만들 수 있다.	- 플라스틱의 성질(썩지 않지 않는 물질)에 대해 알아보기(물질의 성질) - 플라스틱과 환경에 대한 영상을 보고 플라스틱에 대한 생각을 모둠칠판에 작성하기 - 플라스틱과 환경에 대한 캠페인 문구를 만들기 - 캠페인 문구를 활용해 자진모리장단에 어울리는 랩 만들어 발표하기	과학 국어 음악

9~10	함께 사는 지구 (친환경 에너지)	• 친환경 에너지의 이미지를 다양한 악기로 표현할 수 있다.	- 친환경 에너지 이해하기(풍력발전, 전기·수소차, 태양광 에너지) - 친환경 에너지를 주제로 한 그림 그리기 - 다양한 악기를 활용하여 친환경 에너지 이미지에 어울리는 소리 만들기	과학 미술 음악
11~12	함께 사는 지구(지구는 우리만의 것이 아니야)	• '함께 사는 지구'를 주제로 한 음악극 만들고 발표하기	- 먹이사슬에 대해 알아보기 - '만약 꿀벌이 지구상에서 사라진다면 인류는 4년 이상 살 수 없을 것이다'는 아인슈타인의 이야기와 10차시까지 진행된 수업 내용을 통해 '함께 사는 지구'라는 주제로 음악극 만들기 - 음악극에는 10차시까지 진행된 수업에서 활용했던 음악, 그림, 시, 글 등을 활용하기	과학, 음악

3) 수업의 실제

주제: 이젠 안녕, 플라스틱

관련 교과	음악, 과학, 국어
통합활동	- 플라스틱의 특징을 생각해 보고 실생활에 많이 사용되는 이유에 대해 알아보기 - 플라스틱과 환경에 대한 영상을 감상하고 플라스틱에 대한 생각을 모둠 칠판에 작성하기 - 플라스틱을 주제로 한 캠페인 문구를 만들고, 자진모리장단에 어울리는 랩으로 만들기
수업자료	플라스틱 환경 관련 영상, 모둠 칠판, 색연필, 사인펜, 장단악기

플라스틱의 특징 생각해 보기

• 교실에서 플라스틱으로 만들어진 물체를 찾아본다.

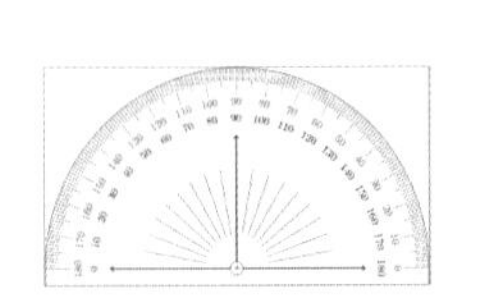

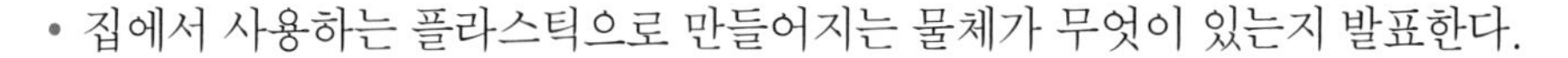

• 집에서 사용하는 플라스틱으로 만들어지는 물체가 무엇이 있는지 발표한다.

• 우리의 생활에 플라스틱 제품이 많은 이유에 대해 생각해 보고 자신의 의견을 발표한다.

㉠ 유리나 쇠와 같은 물질에 비해 안전하다.
다른 물질에 비해 비용이 저렴하다.
가공이 쉽다.
사용이 편리하다.

플라스틱으로 인해 생기는 환경문제 이해하기

• 플라스틱이 환경에 어떤 영향을 주는지 보여 주는 〈하나뿐인 지구-플라스틱 인류〉 영상을 감상한다(15분 17초 부분부터 감상).

• 영상을 보고 플라스틱이 환경에 주는 영향에 대해 발표해 본다.

• 플라스틱 사용을 줄이기 위해 할 수 있는 방법이 무엇인지 발표한다.

Tip

〈하나뿐인 지구-플라스틱 인류〉 영상뿐만 아니라 플라스틱과 관련된 다양한 영상이 있기 때문에, 다양한 종류의 영상을 함께 감상해도 됩니다.

플라스틱에 대한 생각을 모둠별로 함께 나누고 모둠칠판에 정리한다.

- 플라스틱 제품들, 플라스틱의 특징 및 장점, 문제점, 해결 방안 등을 생각그물로 나타낸다.

예

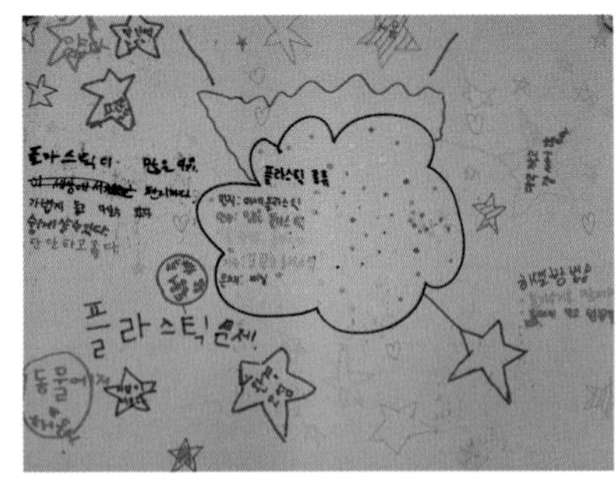

캠페인 문구 만들기

- 플라스틱을 주제로 한 문구를 만들어 작성한다.
- 캠페인 문구는 자진모리장단 2장단에 어울리는 랩의 가사가 될 것이기 때문에 한 행이 한 장단에 해당하도록 글자수를 고려하여 만든다.

캠페인 문구를 활용하여 자진모리장단에 어울리는 랩 만들어 발표하기

- 말붙임새를 고려하여 자진모리장단의 느낌이 나도록 만든다.
- 모둠별로 두 개의 장단씩 창작하고 발표한다.
- 전체 모둠이 창작한 내용을 모아 함께 랩으로 부른다.

Tip

자진모리장단의 느낌을 살리기 위해 각 장단의 파란색 부분에는 반드시 가사를 넣도록 해요.

㉮ 박	1			2			3			4		
① 장단	플		라	스	틱		줄		이	자		
② 장단	분		리	수	거		잘		좀	하	자	

Tip

교사가 장구 반주, 소고 반주 등의 장단악기를 활용하여 기본 장단을 연주해 주면 학생들보다 정확한 장단으로 발표할 수 있어요. 다음은 학생들이 직접 작성한 예시입니다.

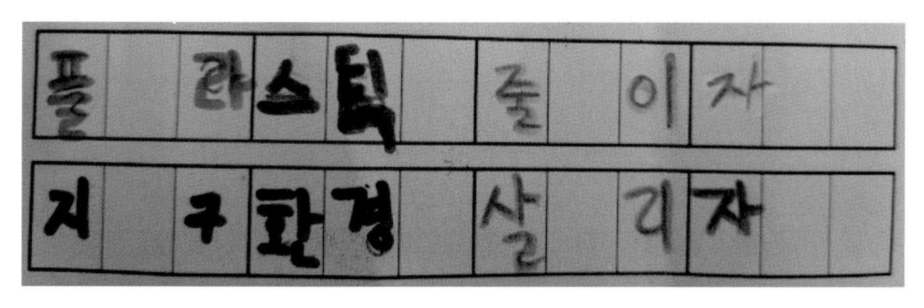

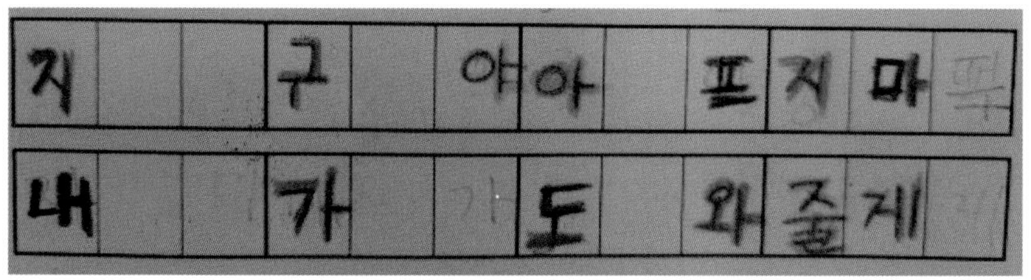

3. 다문화: 무지개 빛깔 아름다운 세상

1) 주제 들어가기

다문화 음악교육은 다른 나라의 문화와 음악에 대한 개방적이고 이해적인 태도를 가지게 하여 서로의 문화를 공유할 수 있게 하는 데 목적을 둔다. 단순히 다른 나라의 음악들을 접해 보는 겉핥기의 경험을 넘어 각 문화의 환경 및 삶의 방식과 밀접한 연관 속에서 음악을 다룰 필요가 있으며, 다양성을 인정하고 서로 간의 문화를 수용하고 발전시켜 나가는 역동적인 문화적 교류의 경험이 되도록 해야 한다.

2) 수업 구성 예시

다문화 음악교육을 위해 총 14차시의 수업을 구성하였으며, 세계 여러 나라의 문화를 이해하는 수업이 이루어진 후에 세계 여러 나라를 소개하고 홍보하는 활동으로 마무리될 수 있도록 하였다.

차시	주제	학습목표	주요 활동내용	관련 교과
1~2	세계 여러 나라의 인사말과 특징 파악하기	• 세계 여러 나라의 인사말과 대표적인 특징을 조사하여 발표할 수 있다.	- 세계 여러 나라의 인사말과 인사법 알아보기 - 인사말과 관련된 여러 나라의 노래 부르기 - 인사말을 노래로 부르며 신체 표현/놀이하기 - 모둠별로 가 보고 싶은 나라를 선택하여 그 나라를 대표하는 내용들을 조사 및 발표하기 - 세계 여러 나라의 특징들에 대한 퀴즈 풀기	사회 음악 실과 국어
3~4	세계 여러 나라의 놀이와 음악	• 다른 나라의 놀이요를 부르며 그 나라의 문화에 관심을 가질 수 있다.	- 세계 여러 나라의 놀이요 듣고 따라 부르기 - 세계 여러 나라의 놀이를 하며 노래 부르기 | 놀이요 예시 | 우리나라: 〈이거리 저거리 각거리〉 일본: 〈쎄쎄쎄〉 러시아: 〈골드문 놀이〉 프랑스: 〈족제비 달리네〉 스코틀랜드: 〈에이큰 드럼〉 탄자니아: 〈시마마카〉 미국: 〈옷장 열쇠〉	사회 음악 체육
5~6	세계 여러 나라의 춤과 음악	• 다른 나라의 춤과 음악의 특징을 이해하며 춤을 출 수 있다.	- 세계 여러 나라의 춤을 영상으로 살펴보기 - 각 나라의 음악에 맞춰 춤 동작 익히기 | 전통춤 예시 | 우리나라: 탈춤 필리핀: 티니클링 이스라엘: 마임 러시아: 폴카 프랑스: 캉캉 네덜란드: 버디 댄스 부르키나파소: 만딩고 하와이: 훌라 댄스 뉴질랜드: 하카	사회 음악 체육
7~8	세계 여러 나라의 악기와 음악	• 다른 나라 악기와 음악의 특징을 바르게 이해하며 연주할 수 있다.	- 하와이의 악기와 음악 살펴보기(우쿨렐레: 현악기) - 이탈리아의 악기와 음악 살펴보기(오카리나: 관악기) - 인도네시아의 악기와 음악 살펴보기(앙클룽: 유율타악기) - 아프리카의 악기와 음악 살펴보기(젬베: 무율타악기) - 세계 여러 나라의 악기들로 〈아리랑〉 합주하기	사회 음악

9~10	세계 여러 나라의 전래동화	• 다른 나라에서 전해 내려오는 이야기를 들으며 그 나라의 문화를 이해할 수 있다. • 이야기를 음악으로 표현할 수 있다.	- 세계 여러 나라의 전래동화 듣기 - 우리나라 동화와 비슷한 점, 다른 점 찾아 비교하기 - 모둠별로 이야기에서 인상 깊은 장면을 골라 어울리는 음악 만들기 - 모둠별로 만든 이야기 음악 발표하기	국어 사회 음악
11~12	세계 여러 나라의 축제	• 우리나라와 세계 여러 나라의 축제를 비교하며 조사할 수 있다. • 축제에 사용되는 음악의 특징을 이해하며 신체 표현할 수 있다.	- 우리나라에서 전해 오는 다양한 축제를 살펴보기 ❙ 우리나라 축제 예시 ❙ 정선아리랑제 서울 아리랑 페스티벌 영동 난계국악축제 전주세계소리축제 강릉 단오제 안동국제탈춤페스티벌 통영국제음악제 - 세계 여러 나라의 다양한 축제를 조사하여 발표하기 ❙ 세계 여러 나라 축제 예시 ❙ 파푸아뉴기니 '싱싱축제' 브라질 '리우카니발' 일본 '삿포로 눈 축제' 태국 '송크란 축제' 몽골 '나담 축제' 독일 '뮌헨 옥토버페스트 축제' 이탈리아 '베니스 카니발 축제' 영국 '에든버러 축제' 스페인 '토마토 축제' - 축제에 사용되는 음악과 춤을 파악하고, 음악에 맞춰 춤 동작 익히기	사회 음악 체육
13~14 (수업 실제 예시)	가자! 세계로~	• 다른 나라의 지리적 · 문화적 특징을 조사하여 알맞은 방식으로 발표 자료를 구성할 수 있다. • 발표하려는 주제에 적절하게 음악을 활용하여 발표할 수 있다.	- 세계 여러 나라의 전반적인 특징 확인하기 - 모둠별로 홍보할 나라를 정하고, 지리적 · 문화적 특징 조사하기 - 모둠별로 세계 여러 나라를 소개하는 홍보 영상과 노래 만들기 - 모둠별로 홍보영상 발표하기 - 다양한 나라의 문화와 음악에 대한 생각과 느낌 나누기	사회 음악 실과 국어

3) 수업의 실제

주제: 가자! 세계로~

관련 교과	사회, 음악, 실과, 국어
통합활동	- 세계 여러 나라의 지리적 · 문화적 특징 조사하여 정리하기 - 세계 여러 나라의 음악과 문화에 대한 홍보영상 제작하기
수업자료	다문화 놀이용 카드, 컴퓨터 또는 태블릿, 영상 편집 프로그램

세계 여러 나라 특징 확인하기

- 그동안 학습했던 다양한 나라들의 전반적인 특징을 살펴본다. 세계지도를 보며 여러 나라에 대한 정보를 발표하고 이야기 나누거나, 카드 놀이 등을 통해 그동안 학습했던 내용을 확인할 수 있다.

| 메모리 카드 놀이 |

1. 교사는 네 종류의 카드들(나라이름 카드, 수도이름 카드, 나라별 문화 카드, 나라별 음악 카드)을 준비한다.
2. 4~5명씩 놀이에 참여할 수 있도록 카드를 나누어 주고, 시작 전 카드의 내용을 함께 확인한다.
3. 주어진 카드들을 모두 뒤집고 놀이를 시작한다.
4. 한 명씩 돌아가며 자신의 차례에 카드 네 장을 열어 본다. 처음 선택한 카드와 나머지 세 개의 카드가 짝을 이루면 그 카드들을 가질 수 있으며, 한 번 더 할 수 있다.
5. 카드가 모두 없어질 때까지 진행하며, 카드를 많이 가진 학생이 승리한다.

조사할 나라 정하기

- 모둠별로 소개하고 싶은 나라를 정한다. 교사는 대륙별로 골고루 나라를 선택할 수 있도록 조정한다. 주사위 돌리기로 조사할 대륙을 선택하도록 할 수도 있다.

나라별 특징 조사 및 정리하기

- 모둠별로 선택한 나라의 지리적 · 문화적 특징들을 조사한다. 조사할 내용은

모둠별로 의논하면서 달라질 수 있지만, 조사 항목의 예시를 제시하면 학생들이 보다 신속하고 체계적으로 활동하는 데 도움을 줄 수 있다.

| 조사 항목 |

- ☐ 어디에 위치한 나라인가요?
- ☐ 수도는 어느 곳인가요?
- ☐ 문화적 · 환경적으로 어떤 특징이 있는 나라인가요?
- ☐ 그 나라의 전통 옷이나 전통 가옥의 생김새가 어떤가요?
- ☐ 대표적인 음식은 무엇인가요?
- ☐ 대표적인 인물이 있다면 누구인가요? 어떤 일을 하는 사람인가요?
- ☐ 그 나라 전통 노래나 음악, 악기, 춤, 축제 등이 있나요? 어떤 특징이 있나요?
- ☐ 그 나라에 간다면 꼭 방문하고 싶은 곳, 그곳에서 하고 싶은 일은 무엇인가요?

- 모둠별로 함께 조사하여 내용을 정리한다. 조사 및 정리 작업 시, 교사는 모둠별로 하나의 프레젠테이션을 온라인으로 공유하며 정리할 수 있도록 온라인 환경을 미리 설정한다.

나라별 홍보영상 만들기

- 모둠별로 조사한 내용 중 홍보영상에 들어갈 내용들을 선별하고, 영상 만들기를 위한 시나리오를 구성한다.
- 영상 내용에 앞에서 정리했던 프레젠테이션 자료의 슬라이드가 들어가도록 편집할 수 있다.
- 영상의 내용에 적절하게 해당 나라의 음악을 배경음악으로 사용하고, 알맞은 설명 자막을 넣는다.

| 노래 예시 |

우리나라	〈아리랑〉	가나	〈투에 투에〉
뉴질랜드	〈포 카레카레 아나〉	베트남	〈하이 꽁 땅랑 꽁〉
중국	〈모리화〉	케냐	〈잠보〉
호주	〈쿠카부라〉	러시아	〈칼린카〉
일본	〈소란 부시〉	탄자니아	〈시마마 카〉

프랑스	〈아비뇽 다리 위에서〉	네덜란드	〈툼바〉
멕시코	〈달레 달레 달레〉	브라질	〈삼바 레레〉
이탈리아	〈산타 루치아〉	영국	〈그린 슬리브스〉
미국	〈난 산이 좋아〉	페루	〈철새는 날아가고〉

- 흥미로운 영상 편집을 위해서 뉴스, 연극, 뮤지컬 등의 방식으로 학생들이 영상을 찍고 내용을 제작할 수 있다.
- 홍보영상의 마지막 부분에는 모둠 학생들이 직접 부른 노래를 삽입한다. 익숙한 노래를 해당 나라의 특징이 드러나도록 가사를 바꾸고, 학생들이 직접 노래 부르는 영상이나 음원이 삽입되도록 편집한다.

| 가사 바꾸기 예시 |

즐거운 멕시코

원곡 〈멋쟁이 토마토〉

반짝 반짝 멋진 멕시코
수도는 멕시코 시티
전통옷은 판초, 챙모자
반갑게 인사해, 올라!
마야 유적, 치첸 이트사
맛있어, 또르띠야!
재밌어, 할라스코 춤 (예!)
즐거운 멕시코, 멕시코!

스위스로 가요

원곡 〈열 꼬마 인디언〉

스위스 퐁듀를 먹으러 가지요.
레데호젠 드린딜 옷 입고 가지요.
기차 타고 알프스 산맥으로 올라가
반갑게 인사해요. (요들레히요~)

Tip

무료 영상 편집 프로그램인 키네마스터(KineMaster), 비타(VITA) 등을 이용하여, 스마트폰, 태블릿, pc에서 간단하게 영상 제작 및 편집을 할 수 있어요.

홍보영상 발표하기

- 모둠별로 만든 홍보영상을 발표한다.
- 세계 여러 나라의 문화와 음악에 대한 생각을 자유롭게 이야기 나눈다.

부록: 초등학교 음악수업에서 사용하는 악기들

초등학교 음악수업에서 주로 사용하는 다양한 악기를 리듬악기, 가락악기, 그 외의 악기(효과음 악기, 협동악기)로 나누어 소개하고, 각 악기별로 바른 연주방법과 활용 Tip 등을 소개하고자 한다.

1. 리듬악기

캐스터네츠	
 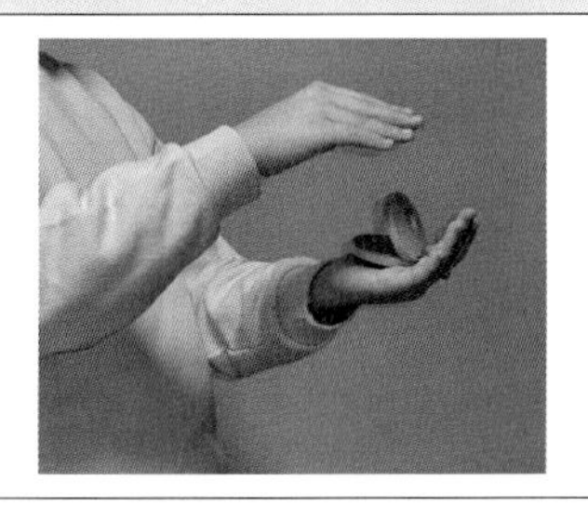	
연주방법	• 벌려진 쪽이 몸쪽을 향하도록 손바닥 위에 악기를 올려놓는다. • 다른 손의 검지, 중지로 손뼉을 치듯이 가볍게 내려친다.

리듬막대(리듬스틱, 클라베)	
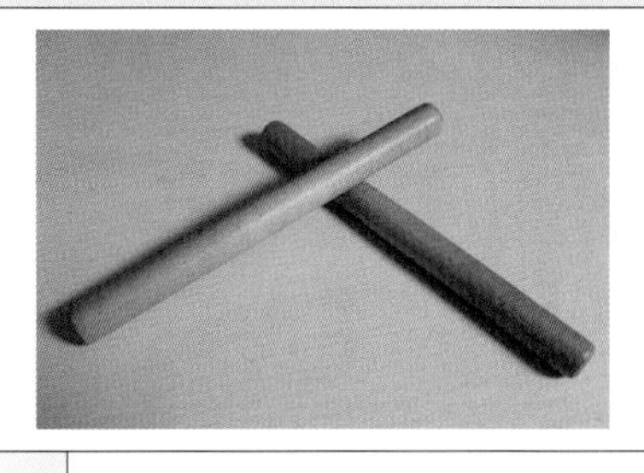 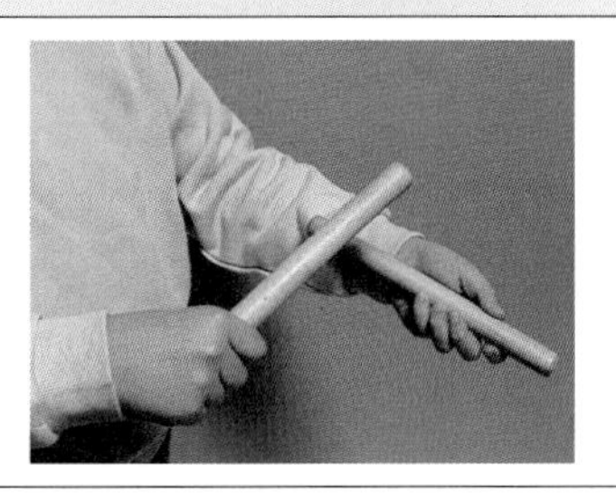	
연주방법	• 벌려진 쪽이 몸쪽을 향하도록 손바닥 위에 악기를 올려놓는다. • 다른 손의 검지, 중지로 손뼉을 치듯이 가볍게 내려친다.
활용 Tip	소리의 울림이 생기게 하기 위해 악기를 세게 쥐지 않고 공간을 만들어 준다.

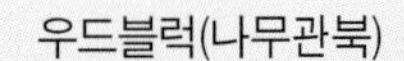

우드블럭(나무관북)	
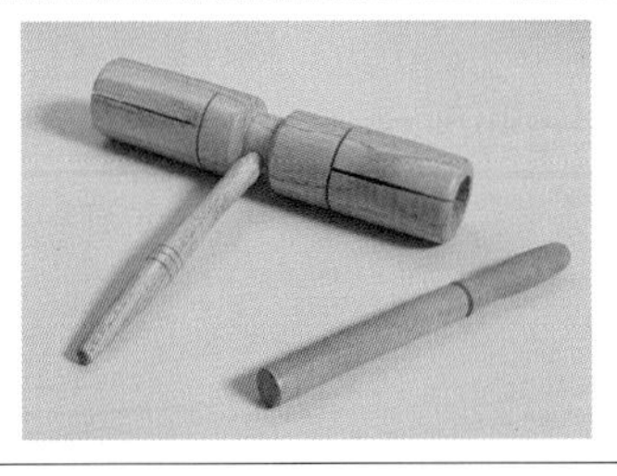 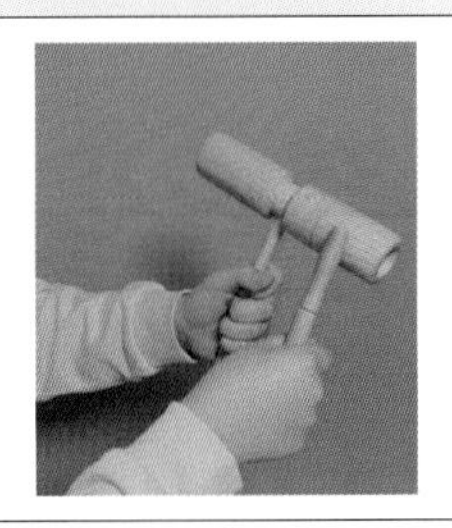	
연주방법	한 손으로 악기의 손잡이 부분을 잡고, 다른 손으로 채를 잡고 연주한다.
활용 Tip	양쪽 나무관이 음높이가 다른 특성을 활용하여 번갈아 가며 연주한다.

귀로	
 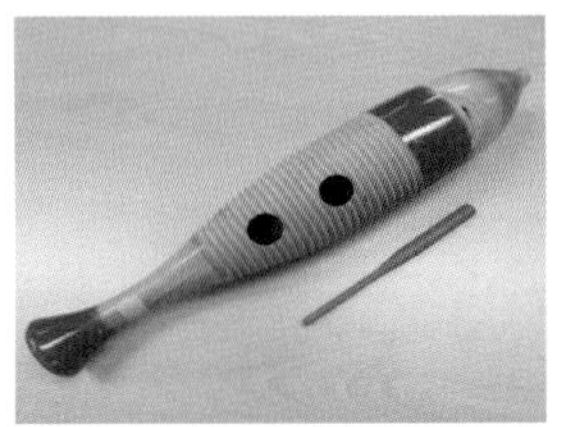 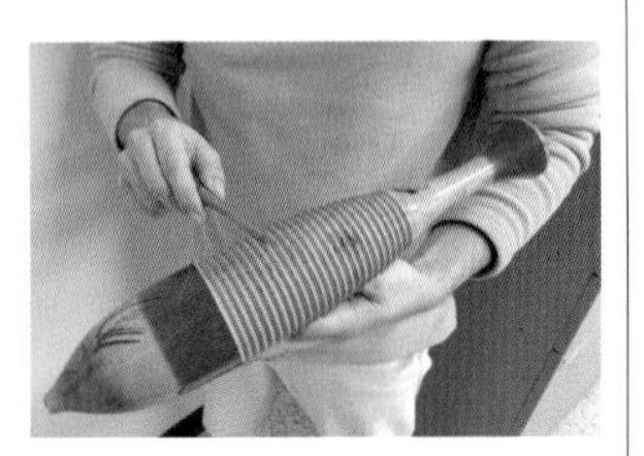	
연주방법	• 스틱을 위아래로 긁어서 연주하며 악기에 있는 홈과 스틱의 마찰을 통해 소리가 난다. • 악기의 몸체를 두드려 리듬에 맞게 연주할 수도 있다.
활용 Tip	원통형, 물고기 모양, 개구리 모양 등 생김새가 다양하며, 긁어서 연주할 때에는 개구리 울음소리를 연상케 한다.

마라카스	
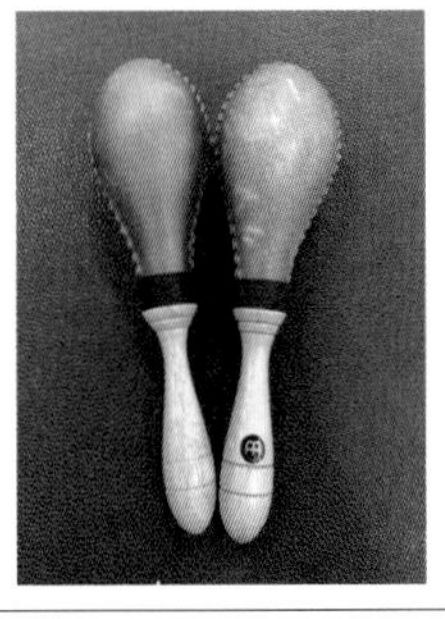 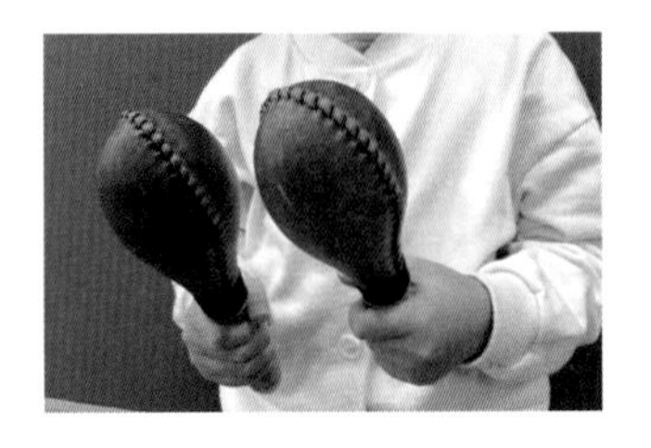	
연주방법	양손에 한 개씩 악기의 손잡이 부분을 잡고 흔들어 연주한다.
활용 Tip	표현하고자 하는 리듬에 따라 짧게 끊어 치거나 길게 흔들며 연주할 수 있다.

쉐이커

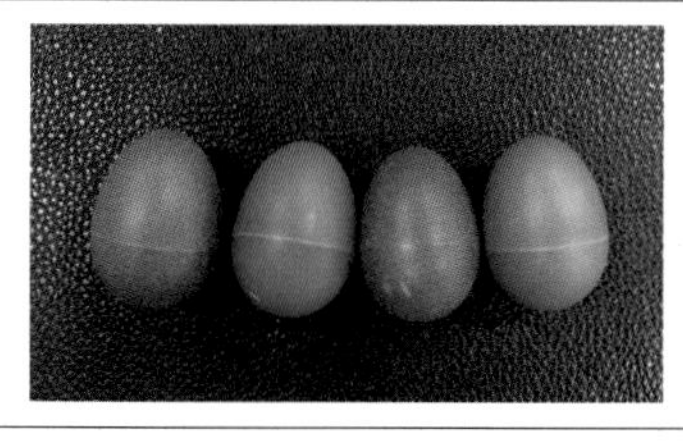
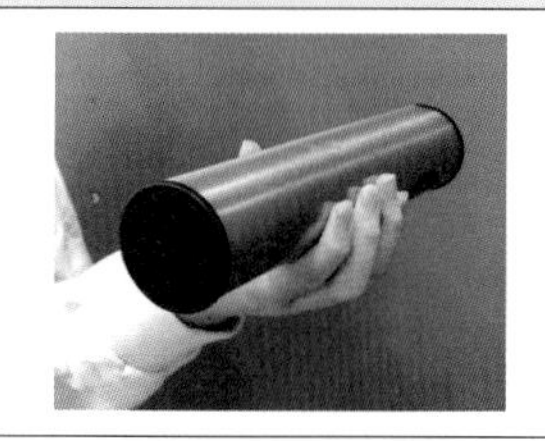

연주방법	악기를 가볍게 쥐고 앞뒤로 흔들어 움직이며 소리를 낸다.
활용 Tip	재료와 종류, 모양이 굉장히 다양하다.

트라이앵글

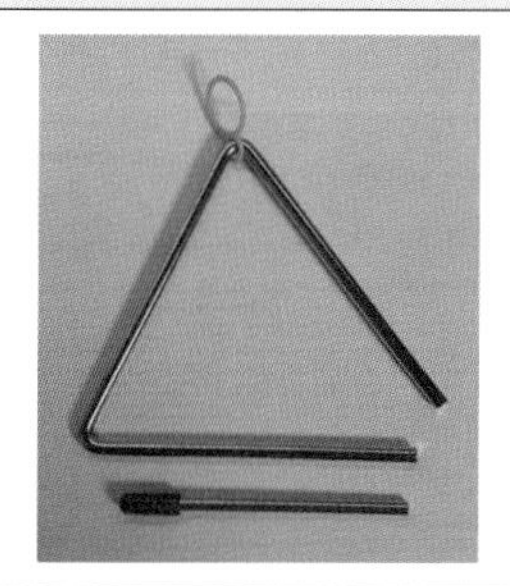

연주방법	• 왼손 검지를 악기의 고리에 걸고, 오른손으로 채를 가볍게 쥐고 악기의 가운데 또는 변의 바깥쪽을 가볍게 친다. • 트레몰로 주법: 왼쪽이나 오른쪽 변의 안쪽을 빠르게 번갈아 가며 친다.
활용 Tip	줄이 너무 길면 악기가 불안정하여 빙글빙글 돌아가기 쉬우므로, 손가락이 들어갈 정도의 고리를 만들어 악기를 고정할 수 있도록 한다.

핑거심벌즈

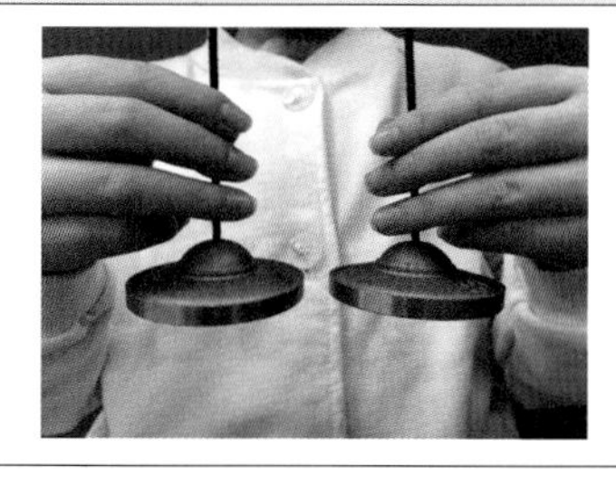
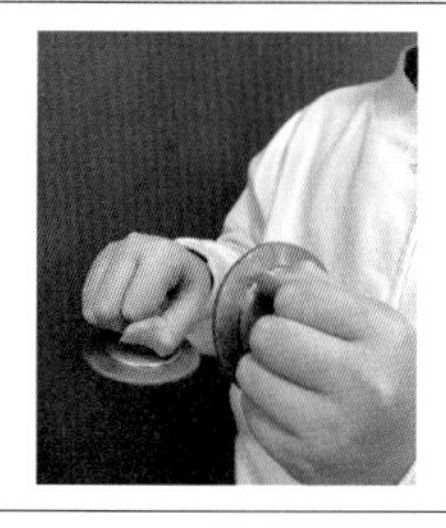

연주방법	• 손잡이에 검지손가락을 끼우거나 가운데에 연결된 줄을 잡는다. • 악기를 수평이 되게 놓고 빗겨 칠 수도 있고, 서로 수직이 되게 하여 십자(+) 모양을 만들어 부딪치며 연주할 수도 있다.
활용 Tip	공명되는 여음이 매우 길다. 필요한 경우 손으로 잡아 뮤트(Mute) 시킨다.

아고고 벨	
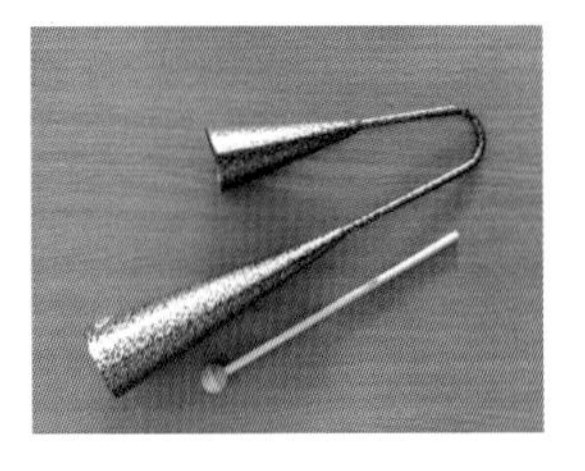 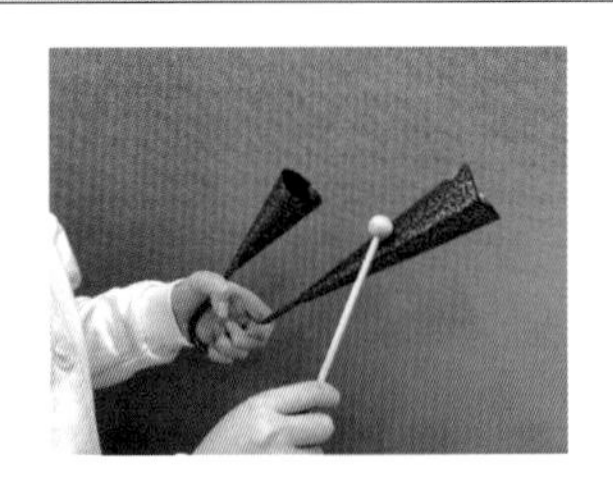	
연주방법	한 손으로 악기의 뒷부분을 잡고, 다른 손으로는 스틱을 들어 악기를 친다.
활용 Tip	양쪽 벨이 음높이가 다른 특성을 활용하여 번갈아 가며 연주한다.

카바사	
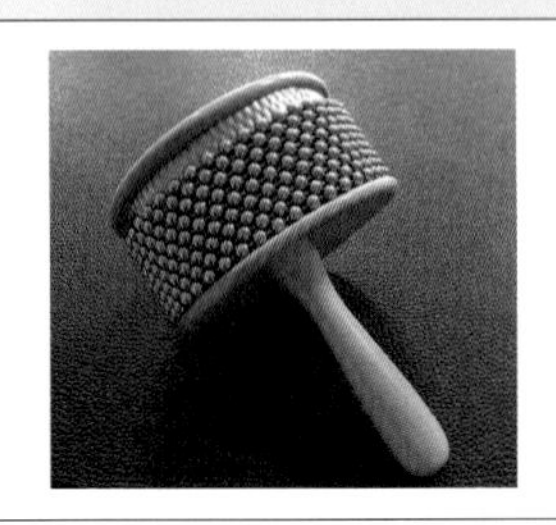 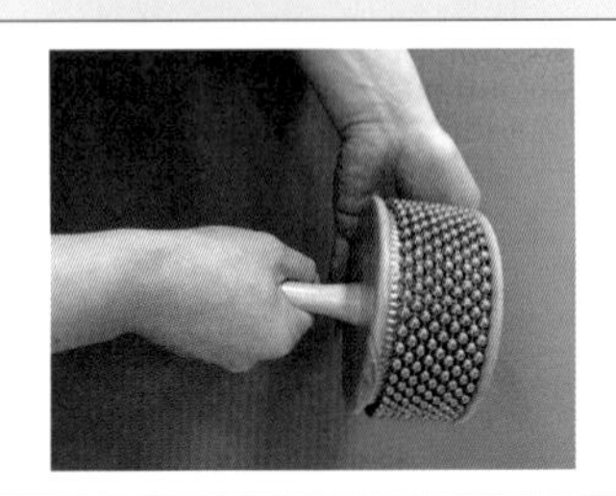	
연주방법	한 손바닥 위에 악기의 금속 부분을 얹고, 다른 손으로 손잡이 부분을 잡은 후 비비듯이 비튼다.
활용 Tip	금속이 마찰하며 나는 특유의 소리를 활용해 효과음 악기로 사용할 수도 있다.

탬버린	

연주방법	• 한 손으로 악기를 들고 다른 손으로 탬버린의 중앙을 치거나 흔든다. • 손을 편 상태로 치기도 하고, 주먹을 쥐어 치기도 한다. • 트레몰로 주법: 울림쇠가 잘 울리도록 손목을 좌우로 잘게 흔든다.

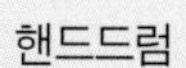 핸드드럼	
 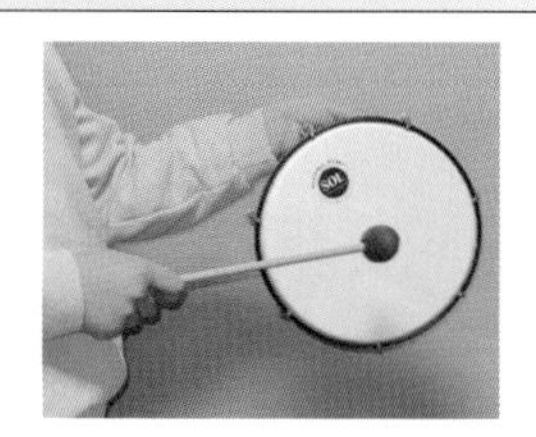	
연주방법	• 한 손으로 악기의 테두리를 잡고, 다른 손에 말렛(채)을 잡고 표면을 두드리며 연주한다. • 채 없이 손톱이나 손바닥으로 표면을 긁어서 소리를 낼 수도 있다.
활용 Tip	악기의 크기에 따라 음의 높낮이가 달라지므로 합주 시에는 다른 악기 소리와의 조화를 고려하여 구성한다.

소고	
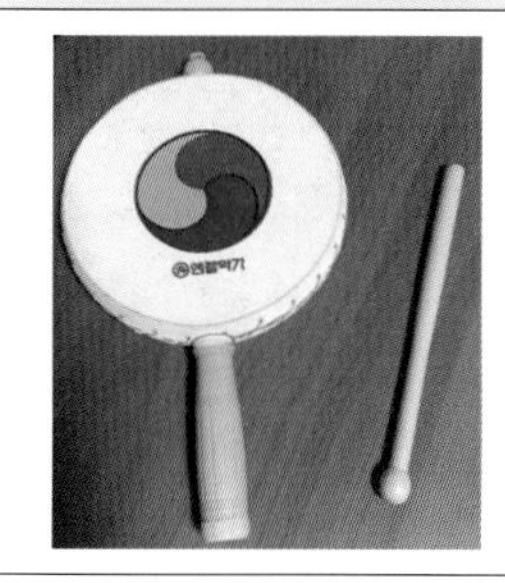 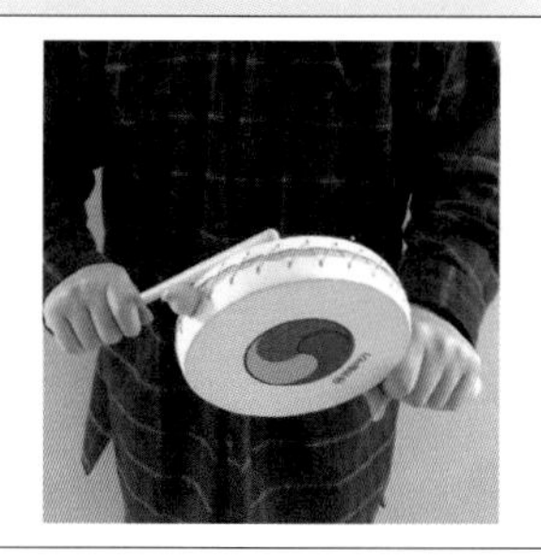	
연주방법	• 한 손으로 손잡이를 잡고 검지로 손잡이 바로 위의 가죽을 받치도록 잡는다. • 다른 손으로는 채를 들고 악기의 중앙 또는 테두리를 친다. • 두 팔을 둥근 느낌으로 벌려 박수를 치듯이 양손으로 같이 쳐서 연주한다.
활용 Tip	장단에 어울리는 다양한 팔동작을 곁들여 표현하며 연주할 수 있다.

꽹과리	
 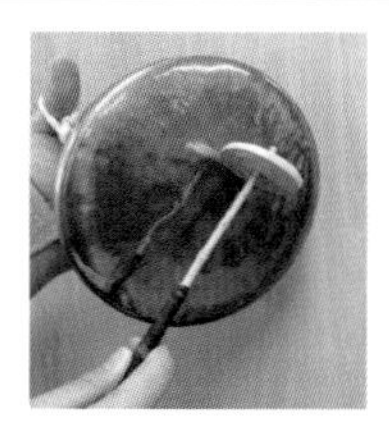	
연주방법	한 손으로는 악기를 들고 다른 손으로는 채를 들어 악기의 중앙을 친다.
활용 Tip	악기를 들고 있는 손의 손가락을 활용해 가운데를 눌렀다가 떼면서 음색을 조절한다.

<table>
<tr><th colspan="2">징</th></tr>
<tr><td colspan="2"> </td></tr>
<tr><td>연주방법</td><td>• 징틀에 걸어서 연주해도 되며, 끈을 매달아 손으로 들어도 된다.
• 징채를 들고 악기의 중앙을 친다.</td></tr>
<tr><td>활용 Tip</td><td>징틀에 걸고 연주할 때에는 채를 잡지 않은 손으로 끈을 잡고 연주하여 징이 지나치게 흔들리지 않도록 주의한다.</td></tr>
</table>

<table>
<tr><th colspan="2">사물북</th></tr>
<tr><td colspan="2"> </td></tr>
<tr><td>연주방법</td><td>• 사물북의 아랫부분은 양발 다리 사이에 끼고 왼손으로 북을 지지한다.
• 오른손으로 북채를 들고 악기의 중앙을 친다.</td></tr>
</table>

<table>
<tr><th colspan="2">장구</th></tr>
<tr><td colspan="2"> </td></tr>
<tr><td>연주방법</td><td>• 장구의 조이개를 조인 쪽이 오른쪽으로 가도록 하고 몸의 가운데에 놓는다.
• 왼손에는 궁굴채를 쥐고 북편을 치고, 오른손에는 열채를 쥐고 채편을 친다. 이때 열채가 사선으로 복판의 중앙을 지나도록 한다.</td></tr>
<tr><td>활용 Tip</td><td>사물놀이를 할 때는 궁굴채와 열채를 사용하지만, 노래 반주할 때는 열채만 사용하고 북편은 손으로 연주한다.</td></tr>
</table>

2. 가락악기

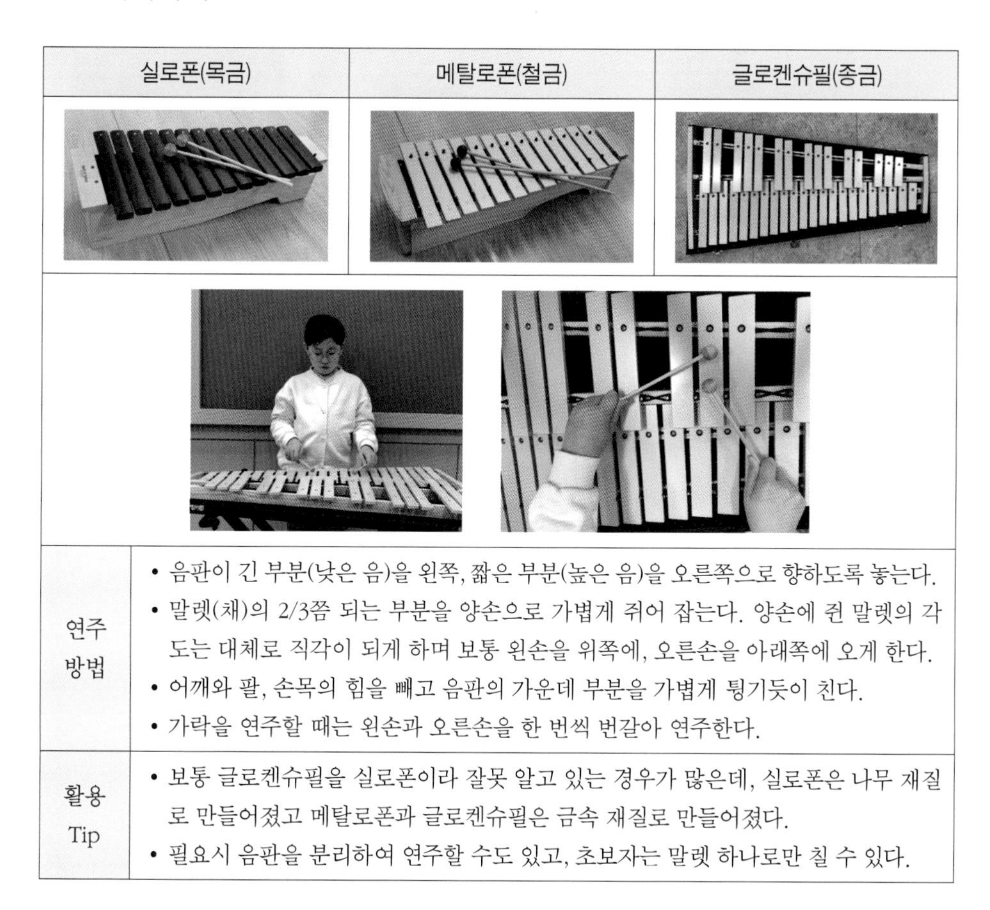

실로폰(목금)	메탈로폰(철금)	글로켄슈필(종금)

연주 방법	• 음판이 긴 부분(낮은 음)을 왼쪽, 짧은 부분(높은 음)을 오른쪽으로 향하도록 놓는다. • 말렛(채)의 2/3쯤 되는 부분을 양손으로 가볍게 쥐어 잡는다. 양손에 쥔 말렛의 각도는 대체로 직각이 되게 하며 보통 왼손을 위쪽에, 오른손을 아래쪽에 오게 한다. • 어깨와 팔, 손목의 힘을 빼고 음판의 가운데 부분을 가볍게 튕기듯이 친다. • 가락을 연주할 때는 왼손과 오른손을 한 번씩 번갈아 연주한다.
활용 Tip	• 보통 글로켄슈필을 실로폰이라 잘못 알고 있는 경우가 많은데, 실로폰은 나무 재질로 만들어졌고 메탈로폰과 글로켄슈필은 금속 재질로 만들어졌다. • 필요시 음판을 분리하여 연주할 수도 있고, 초보자는 말렛 하나로만 칠 수 있다.

멜로디언	
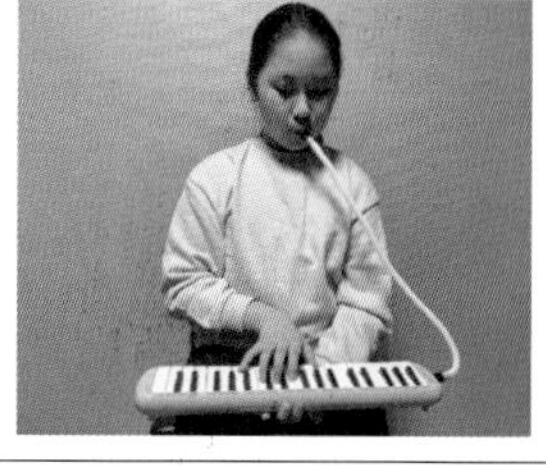 	
연주방법	• 허리를 펴고 어깨, 팔, 손가락에 힘을 주지 않고 건반을 가볍게 누른다. • 연주할 손은 공을 쥔 듯이 둥근 모양을 만든다. • 호스를 악기에 끼우고 취구를 가볍게 문다. '후' 하고 숨을 불어넣거나 '투' 하고 혀를 사용하여 불어넣는다.
활용 Tip	서서 연주할 때에는 마우스피스를 끼워 연주한다. 이때 왼손으로 악기를 받쳐 잡고, 약간 경사지게 하여 건반이 잘 보이도록 한다.

<table>
<tr><th colspan="2">오카리나</th></tr>
<tr><td></td><td>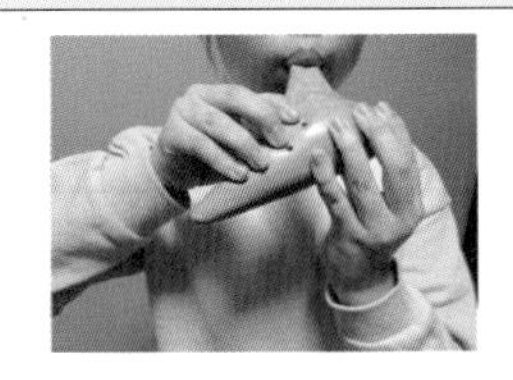 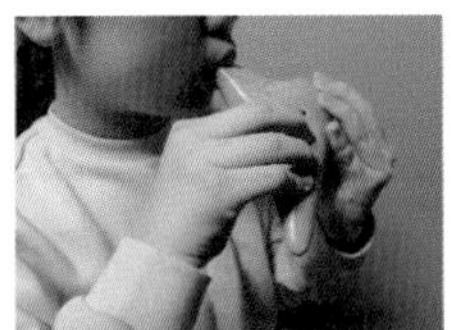 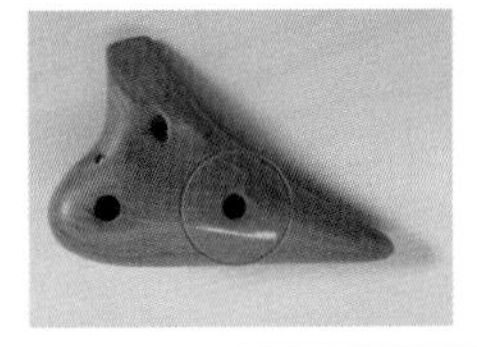</td></tr>
<tr><td>연주방법</td><td>• 입술에 힘을 빼고 '에' 발음을 하는 듯한 상태로 자연스럽게 취구를 문다.
• 머리를 오른쪽으로 약간 기울인 상태에서 시선은 정면의 약간 아래쪽을 향한다.
• 어깨에 힘을 빼고, 양팔은 몸통에 붙지 않도록 팔을 들어 악기를 잡는다.
• 텅잉 주법: 리코더와 같다(하단 참고).</td></tr>
<tr><td>활용 Tip</td><td>학생의 손이 작아서 구멍을 다 막기 어려워하는 경우, 뒷면의 엄지로 막는 구멍에 테이프로 일부분을 막아주면 비교적 쉽게 소리를 낼 수 있다(사진 참고).</td></tr>
</table>

<table>
<tr><th colspan="2">리코더</th></tr>
<tr><td colspan="2">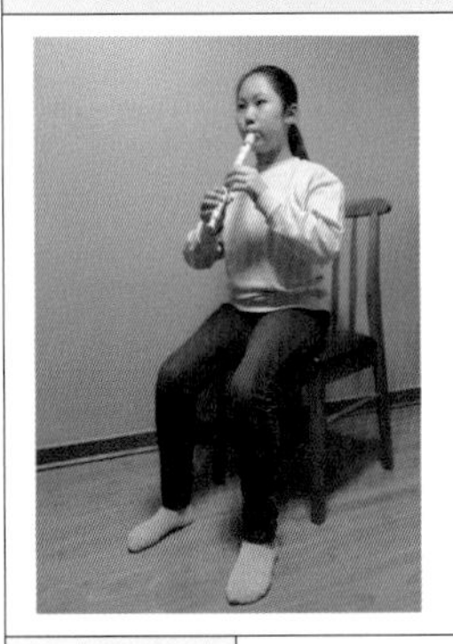  </td></tr>
<tr><td>연주방법</td><td>• 등은 곧게 펴고, 팔은 자연스럽게 벌린다. 얼굴은 정면을 향하고, 악기와 몸의 각도는 45도 정도를 유지한다.
• 왼손을 위쪽에 오도록 잡고, 오른쪽 엄지손가락으로 리코더를 받친다.
• 손모양은 둥글게 만들고, 손가락 끝부분으로 구멍을 막는다.
• 입술로 가볍게 취구를 문다. 혀나 이가 취구에 닿거나 깊게 물지 않도록 주의한다.
• 텅잉 주법: 혀를 사용하여 호흡을 불어넣고 끊는 주법이다. '두'에 가깝게 발음한다.
• 쉼표가 있을 때는 혀끝을 윗잇몸 안쪽에 닿게 하여 매끄럽게 마무리한다.</td></tr>
</table>

활용 Tip	• 참고: 리코더에서 운지법을 익히는 효과적인 순서(참고 p. 83) • 리코더는 바로크식과 독일식 두 가지 종류가 있다. 바로크식은 음색이 좋고, 독일식은 운지가 더 쉽다는 특징이 있다. 가급적 같은 모델 또는 같은 회사의 리코더를 사용하는 것이 소리의 어울림에 좋다. • 일반적으로 학교에서 사용하는 소프라노 리코더 외에도 소프라니노·알토·테너 리코더 등을 적절히 활용하여 리코더 중주를 하면 폭넓은 음역대와 소리의 어울림으로 인해 훨씬 더 풍성한 화음감을 느낄 수 있다(소프라노와 테너 리코더, 소프라니노와 알토 리코더는 각각 운지법이 서로 같으며 옥타브 차이의 음역을 낸다).

단소	
 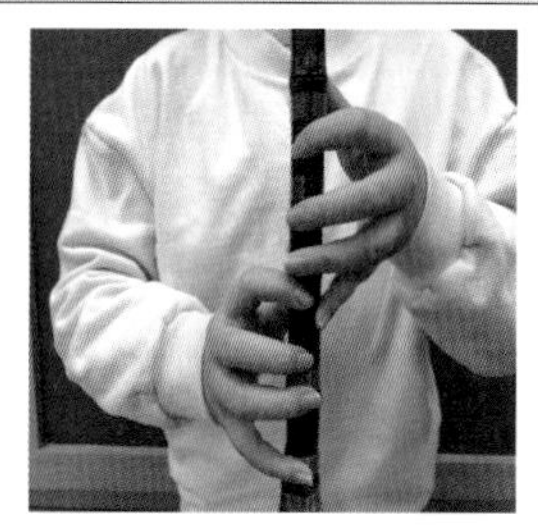 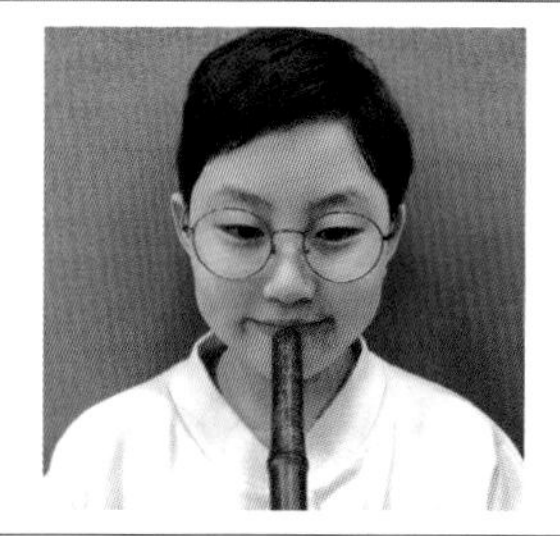	
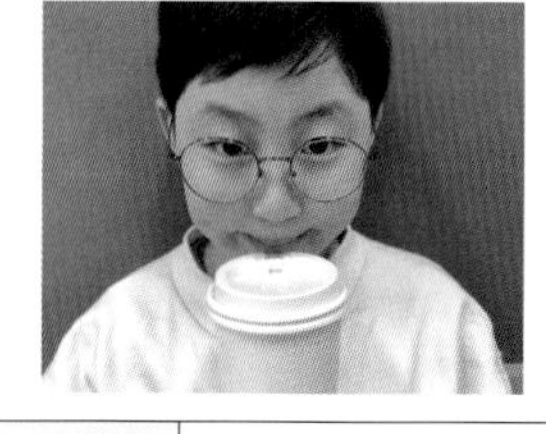 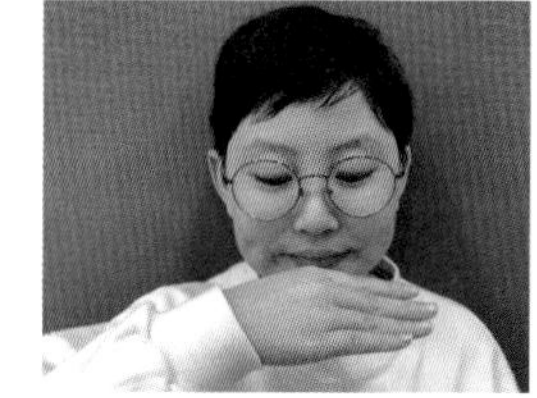 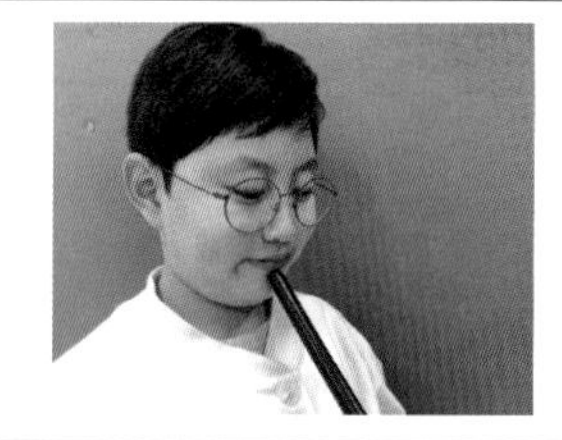	
연주방법	• 고개를 살짝 숙여 시선은 15도 아래를 보고, 악기와 몸의 각도는 45도 정도 유지한다. • 왼손 엄지로 제1지공(뒤)을 막고, 오른손 엄지로 단소를 받쳐서 든다. 제5지공(맨 아래)은 막지 않는다. 지공에 틈이 없도록 손가락으로 완전히 막아야 한다. 지공을 막지 않고 있는 손가락들이 단소에서 떨어지거나 단소 뒤로 들어가지 않게 한다. • 입술 위치: 단소를 입술의 정중앙에 둔다. 아랫입술의 윗부분에 취구를 닿게 한다. • 입술 모양: '이' 소리를 내면서 양옆으로 입술을 당겨 평평하게 만든다. • 소리내기: 숨을 깊게 들이마신 후 '후~' 하고 소리를 낸다.
활용 Tip	• 참고: 단소에서 운지법을 익히는 효과적인 순서(참고 p. 84) • 텅잉 주법으로 소리 내지 않도록 지도한다. • 단소의 소리가 잘 안 나는 경우 다음의 유의사항을 참고하여 지도한다.

	① 입술의 바람구멍과 악기의 취구가 일치하는지 확인한다(입술의 정중앙에 두기). ② 악기가 지나치게 높거나 낮은 경우 각도를 조절하면서 입김의 방향을 조절해 본다. ③ '이' 소리를 내면서 만든 입술 모양이 변하지 않도록 연습한다. ④ 좁은 면적에 날카롭게 바람을 불어넣어 소리 날 수 있게 연습한다. 이를 위해 윗입술과 아랫입술의 간격을 좁히고 입김을 조금씩 내 본다. 악기를 입에서 뗀 후 티슈, 뚜껑이 있는 종이컵, 빨대 등에 입김을 불어 보거나 손바닥을 턱 아래 두고 입김을 내보내는 연습을 할 수도 있다(사진 참고). • 머리가 아픈 경우 쉬면서 호흡하도록 해야 한다. 긴 소리를 내기 위해서 복식호흡을 먼저 연습하도록 하고, 그 후 한 음에서 맑고 깨끗하게 긴 소리내기를 연습한다.

소금	

연주방법	• 악기를 수평이 되도록 하며 허리를 곧게 펴고 양팔을 자연스럽게 벌린다. 머리는 약간 왼쪽으로 돌려서 살짝 숙인다. • 소금을 잡을 때는 소금이 오른쪽(본인 기준)으로 향하게 잡는다. 소금은 취구 외에 여섯 개의 지공과 한 개의 칠성공이 있는데 왼손으로 제1, 2, 3공을 막고, 오른손으로 제4, 5, 6공을 막는다. • 입술 모양: 단소와 유사하다. 입술이 취구를 2/3~4/5 정도로 덮어야 한다. 입김의 반은 취구 안으로, 나머지 반은 취구 밖으로 내보낸다(사진 참고).
활용 Tip	단소에 비해 지공 수가 많아 서양음악의 음계도 자연스럽게 연주할 수 있어 다양한 악곡을 연주하기에 용이하다.

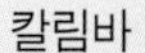

칼림바	
 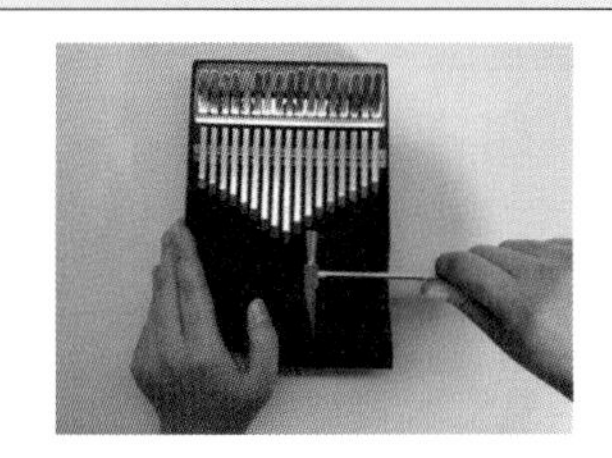	
연주방법	양손으로 칼림바 몸통을 잡고 엄지손가락으로 건반 끝을 쓸어내리듯이 가볍게 튕겨서 연주한다.
활용 Tip	• 조율 시 튜닝망치로 음쇠를 두드려 준다(음정을 높일 때는 아래에서 위로, 음정을 낮출 때는 위에서 아래로). • 인접한 음쇠 3개 또는 4개를 미끄러지듯 동시에 연주하는 글리산도 주법으로 코드 연주도 가능하다.

우쿨렐레	

연주방법	• 악기 몸통을 오른팔과 오른쪽 가슴에 대고 안듯이 끼운다. • 헤드를 약간 위쪽으로 향하게 왼손으로 받쳐 주고, 왼손 엄지를 목의 뒷부분에 붙여 가볍게 지탱한다. • 줄을 누른 손가락이 누워 옆줄에 닿는 경우 깨끗하지 않은 소리가 나므로 손가락을 조금 세워 누른다.
활용 Tip	연주하는 원리는 기타와 비슷하지만 악기 크기가 작아 저학년도 보다 쉽게 연주할 수 있다.

3. 그 외의 악기

1) 효과음 악기

구체적인 장면을 묘사하거나 특별한 음향을 효과적으로 표현하기 위해 사용되는 악기들이 있다. 이러한 악기들을 이 책에서는 '효과음 악기'라고 부르려 한다. 효과음 악기는 저마다 독특한 생김새와 주법, 음색으로 인해 학생들의 흥미를 유발하고 음악적 상상력을 자극하기 좋다. 또한 연극이나 음악극 만들기 활동 등에 적절히 활용할 수 있다.

오션드럼	

연주방법	악기를 수평으로 잡고 천천히 기울여 구슬이 움직이게 하거나 바닥을 쳐서 소리를 낸다.
활용 Tip	천천히 또는 빨리 기울이는지에 따라 다양한 바닷가의 파도 소리를 효과적으로 표현할 수 있다.

천둥드럼(스프링드럼)	
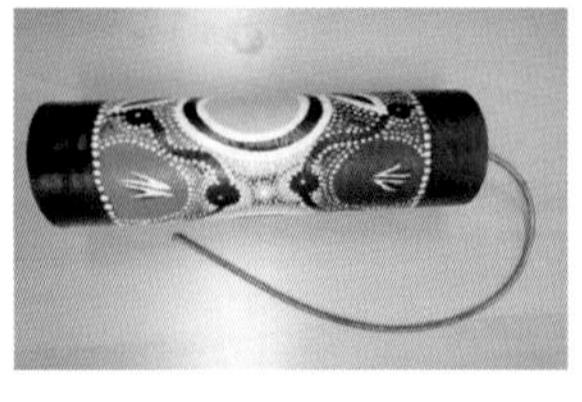 	
연주방법	줄이 아래쪽을 향하도록 악기를 세로로 잡고 흔들면서 줄이 진동하도록 한다.
활용 Tip	줄을 세게 잡아당기면 울림판이 악기의 몸통에서 분리되기 쉬우므로 주의하도록 한다.

레인스틱(레인메이커)	
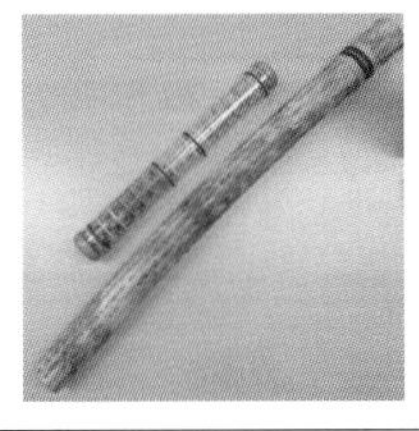 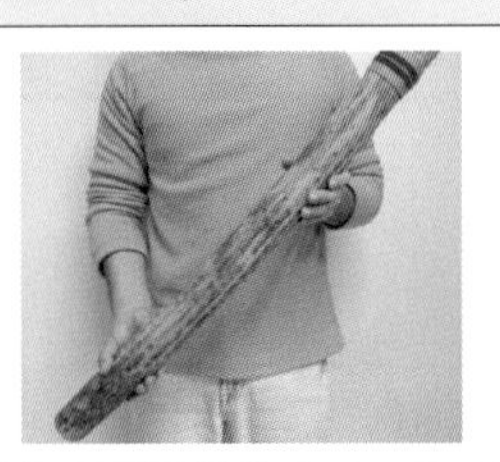	
연주방법	악기를 양손으로 잡고 천천히 기울이며 살짝 돌려주어 악기 내부의 작은 구슬이나 쌀 또는 모래 등이 떨어지도록 한다.
활용 Tip	빗소리나 밀려오는 소리 등을 효과적으로 나타낼 수 있다. 악기는 선인장의 가지나 대나무 통, 플라스틱 등으로 만들어진다.

샌드블럭	
 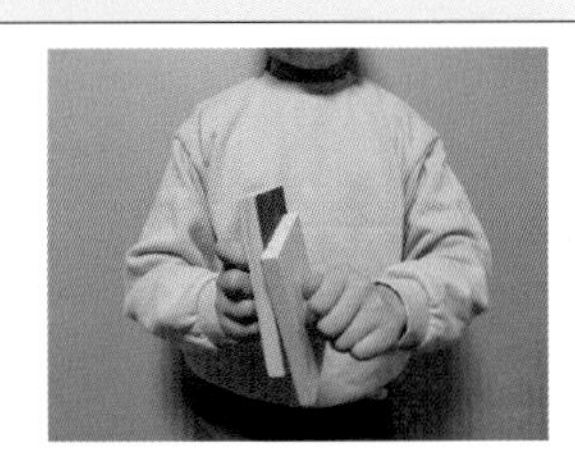	
연주방법	사포(샌드페이퍼)가 부착된 면을 서로 마주 대고 문질러 소리를 낸다. 양쪽을 마주치거나 두드려 리듬을 만들 수도 있다.
활용 Tip	나무블록 사이에 사포(샌드페이퍼)를 부착한 악기로 톱질하는 장면, 빗자루질을 하는 장면 등에 활용하면 효과적이다.

슬라이드 휘슬	
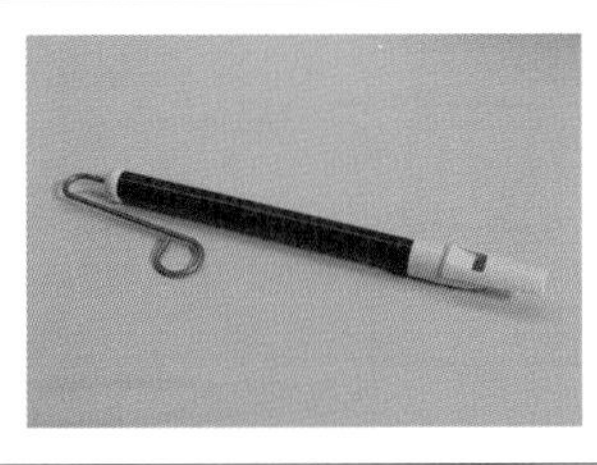 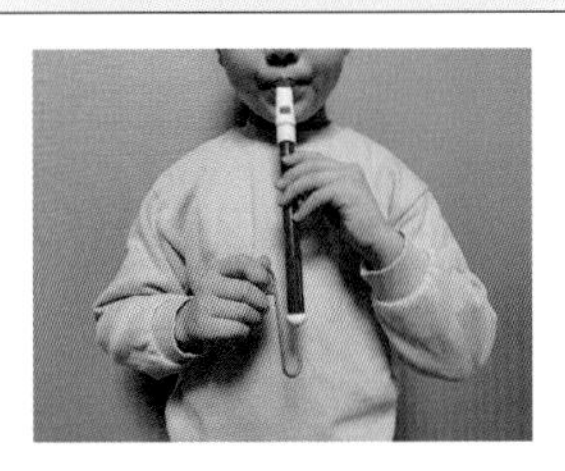	
연주방법	슬라이드 손잡이를 잡고 길게 넣었다 뺐다 하면서 분다.
활용 Tip	음악극에서 장면의 전환을 알리거나 미끄러지는 동작, 가라앉거나 솟아오르는 등 높낮이를 표현하는 장면에 효과적이다.

라쳇	
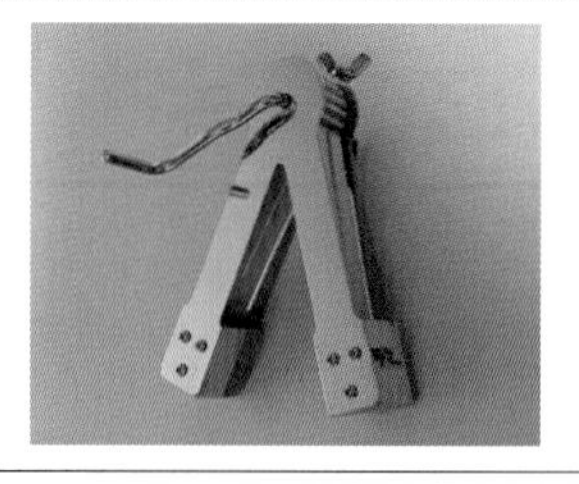 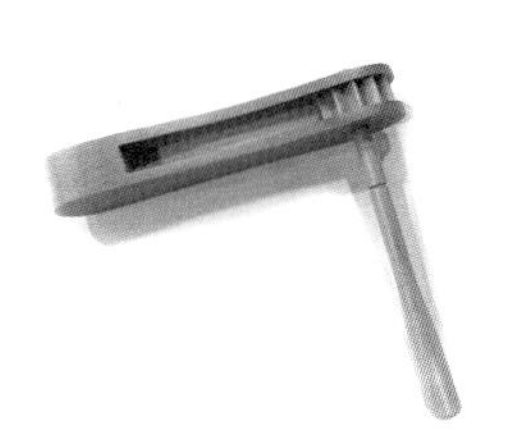	
연주방법	손잡이를 잡고 천천히 돌린다.
활용 Tip	기계 돌아가는 소리, 톱니바퀴 돌아가는 소리, 태엽 감는 소리, 로봇 움직이는 소리 등을 표현하기에 효과적이다.

비브라 슬랩	
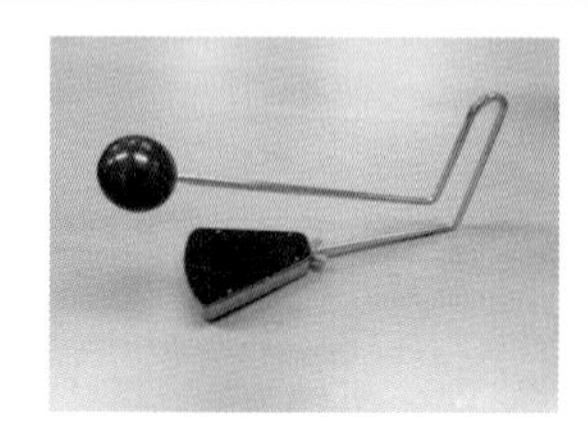 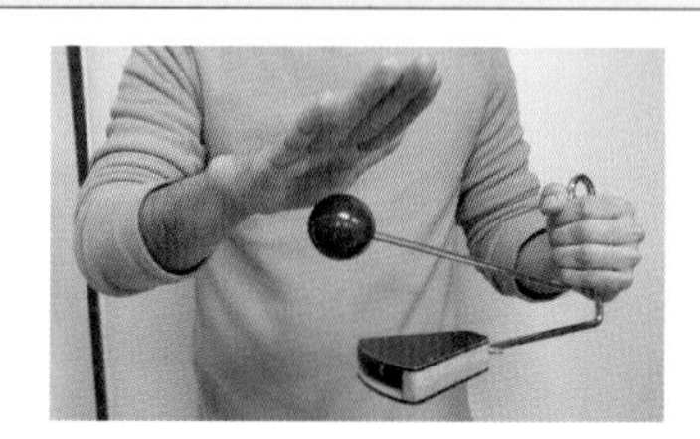	
연주방법	쇠 기둥 부분을 한 손으로 잡고, 공 모양 부분을 내려친다.
활용 Tip	음악극에서 시작 또는 끝을 알리거나 점프하는 동작, 부딪히거나 넘어지는 장면 등에 활용하면 효과적이다.

핸드차임/윈드차임	
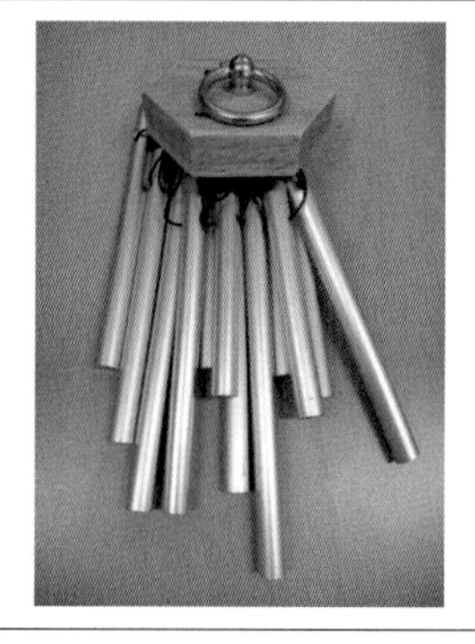 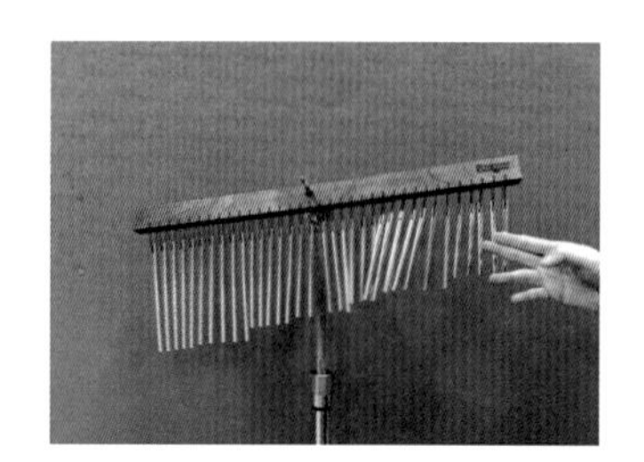	
연주방법	손이나 채를 이용하여 금속으로 나열된 바를 훑어내리듯이 친다.
활용 Tip	여러 음의 금속 바 울림이 길게 울리도록 하기 위해 중심점에 고정되어 있다. 반짝이거나 신비스러운 느낌 등을 표현하기에 효과적이다.

슬레이벨	
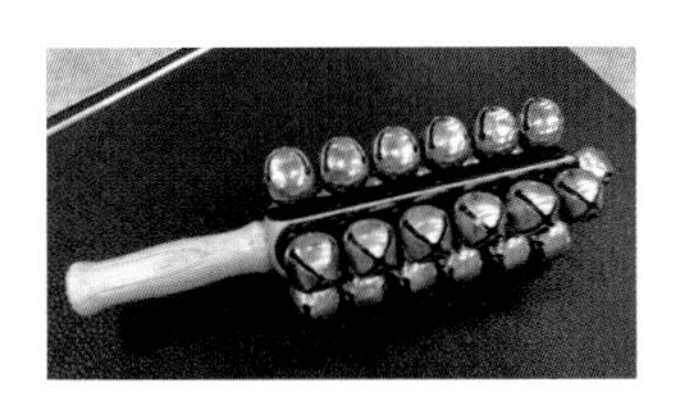 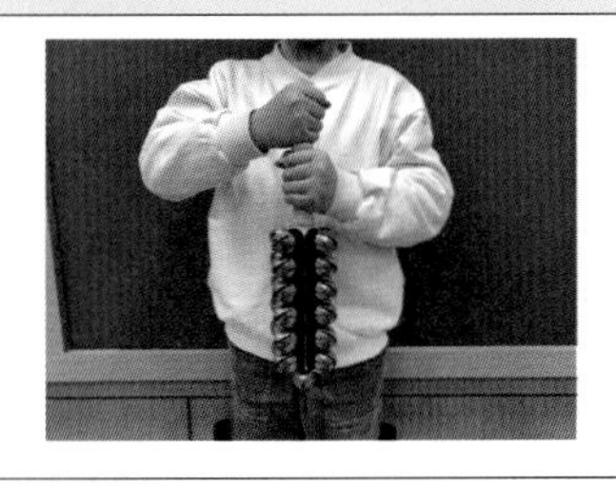	
연주방법	손잡이를 잡고 흔들어 소리를 내거나, 방울이 아래쪽을 향하게 한 상태로 손잡이를 잡은 후 손잡이 끝부분을 다른 손으로 주먹 쥐고 치면서 연주한다.
활용 Tip	경쾌한 방울 소리로 인해 흥을 돋우는 역할을 하거나 캐롤 반주 등에 잘 어울린다.

버드휘슬	
 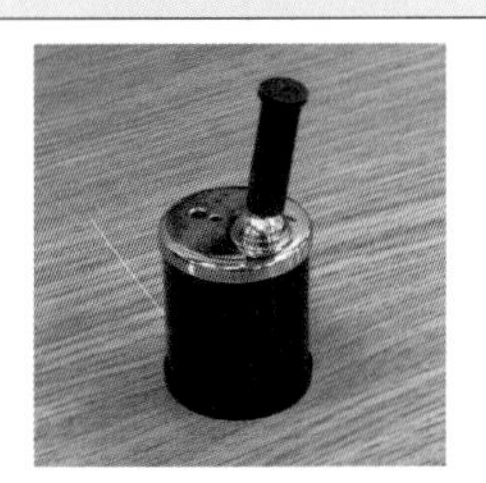	
연주방법	도자기 안에 물을 약간 넣은 후 불거나 손으로 잡고 돌려서 소리 내는 등 종류에 따라 다양하다.
활용 Tip	다양한 모양이 있는데, 도자기로 된 버드휘슬은 안에 넣는 물의 양에 따라서 다양한 새소리를 만들 수 있다.

카주	
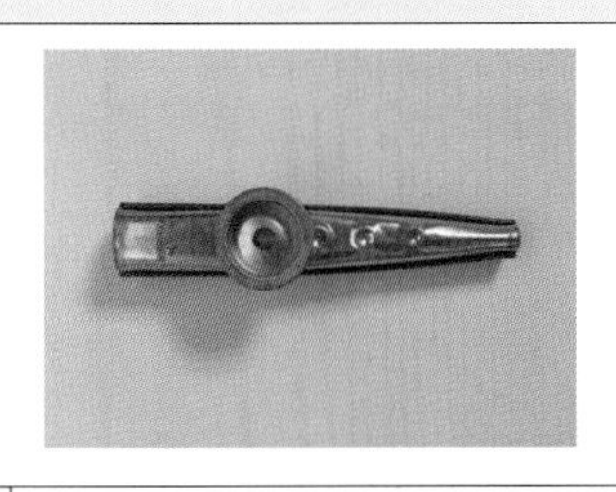 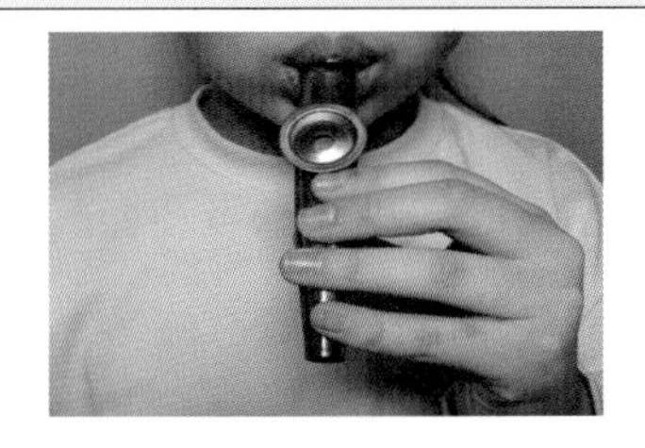	
연주방법	취구(넓은 쪽 부분)을 입에 가볍게 문 후 말하거나 노래하듯이 '부–' '음–' '뚜뚜–' 하는 소리를 낸다. '후–' 하고 바람을 불면 소리가 나지 않는다.
활용 Tip	별다른 기술 없이도 쉽고 흥이 나게 연주할 수 있다. 얇은 종이로 된 울림막이 진동하며 소리가 나는 원리이므로 울림막이 물에 젖거나 찢어지지 않도록 주의한다.

2) 협동악기

핸드벨, 붐웨커, 공명벨 등의 악기는 각자 낱개의 음으로 된 악기를 맡아서 연주하며 여러 사람이 함께 가락, 화음 등을 연주함으로써 함께 음악을 만들어 가는 악기이다. 이러한 악기들을 이 책에서는 '협동악기'라고 부르려 한다.

핸드벨	
 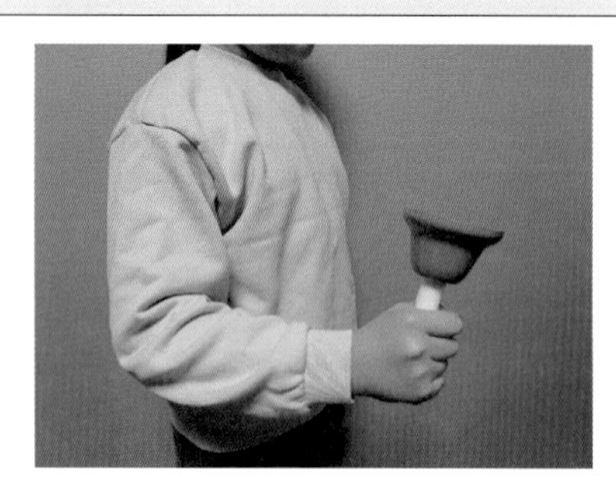	
연주방법	앞으로 내밀어 아래에서 위로 원을 그리며 소리를 내고, 가슴에 대어 소리를 멈춘다.
활용 Tip	너무 세게 흔들어 안쪽 구슬이 떨어지거나 튕겨져 나가지 않도록 주의한다.

터치벨	
 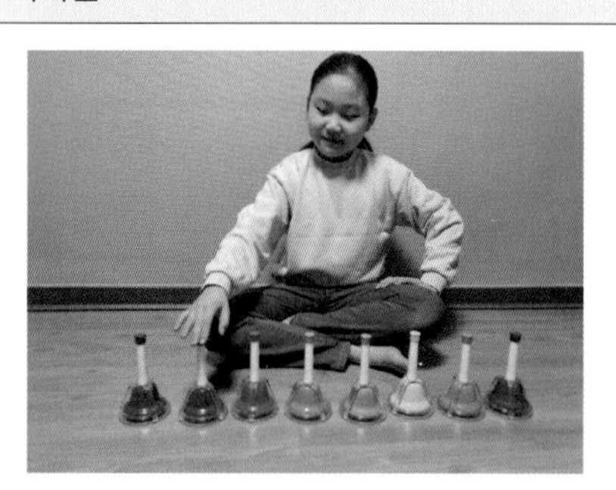	
연주방법	종 모양 위의 버튼을 가볍게 누르거나 쳐서 소리를 낸다.
활용 Tip	핸드벨에 터치 기능을 추가하여 버튼을 눌러 손쉽게 연주하도록 만들어진 것이다.

<table>
<tr><th colspan="2">붐웨커(뮤직 파이프)</th></tr>
<tr><td colspan="2">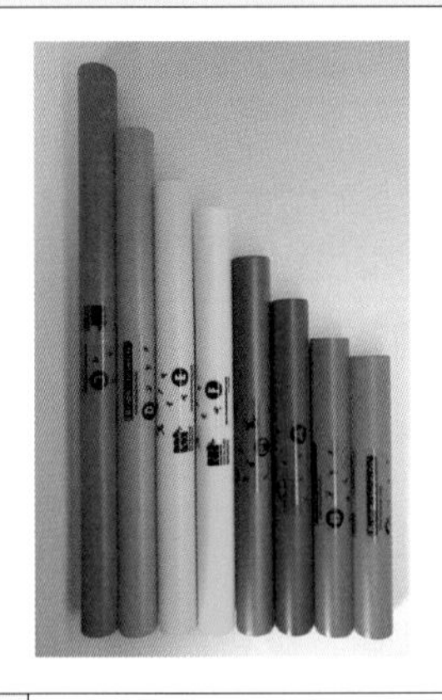 </td></tr>
<tr><td>연주방법</td><td>악기를 쥐고 땅바닥이나 신체, 물체 등을 두드리거나 가볍게 내리치며 소리 낸다.</td></tr>
<tr><td>활용 Tip</td><td>베이스용 캡을 씌우면 한 옥타브 낮은 소리를 낼 수 있다.</td></tr>
</table>

<table>
<tr><th colspan="2">공명벨(공명실로폰)</th></tr>
<tr><td colspan="2">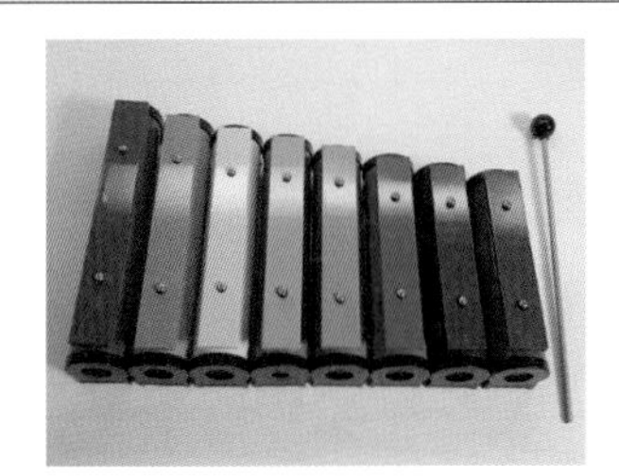 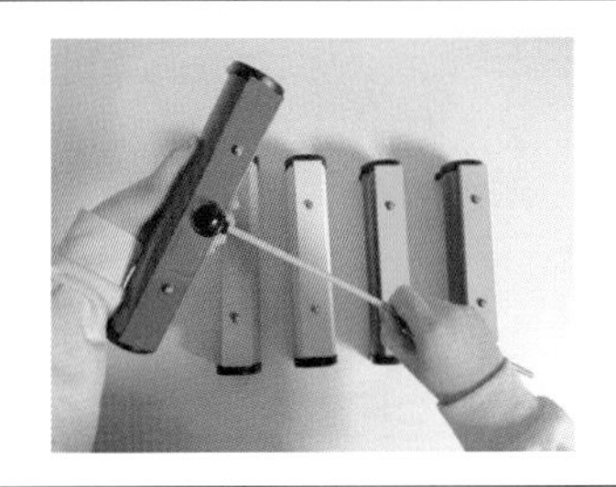</td></tr>
<tr><td>연주방법</td><td>낱개로 된 악기의 가운데 부분을 채로 가볍게 두드려 친다.</td></tr>
<tr><td>활용 Tip</td><td>소리의 여음이 있고 울림소리가 아름다워 가락 연주보다는 화음 반주 활동에 적합하다.</td></tr>
</table>

참고문헌

같이교육(2018). 초등 수업을 살리는 음악 레시피. 서울: 천재교육.

고선미(2015). 스토리텔링을 활용한 노래가사 지도방안: 스토리 구성을 중심으로. 교사교육연구, 54(4), 561-572.

길애경, 임미경(2013). 초등음악지도법. 서울: 수문당.

김성지(2020). 은유적 내러티브를 활용한 초등 가창 지도방안 연구. 예술교육연구, 18(3), 35-58.

김영운(1989). 한국 토속악기의 악기론적 연구. 한국음악연구, 제17, 18합병호. 서울: 한국국악학회.

김항성, 김수형, 김해동, 윤지혜, 조태희, 최준기, 홍훈희(2019). 수업이 즐거워지는 5분 음악놀이. 전북: 기역.

방금주, 김용희(2000). 음악창작 아카데미. 서울: 학지사.

승윤희, 민경훈, 양종모, 정진원(2012). 초등 음악교육하기. 서울: 학지사.

석문주 외(2019). 초등5학년 음악. 서울: 동아출판.

이상규(2012). 구음을 활용한 대취타 장단 지도 연구. 국악교육, 33. 서울: 한국국악교육학회.

이용식(2006). 민속, 문화, 그리고 음악. 경기: 집문당.

임미경, 장기범, 함희주(2002). 음악교육의 이론과 실제. 서울: 벨로체.

장기범 외(2019). 초등학교 6학년 음악. 서울: 미래엔.

정일영(2014). 입김의 성질에 따른 단소의 단계적 지도방법. 국악교육연구, 제8권 제2호. 경기: 한국국악교육연구학회.

조순이 외(2018a). 초등 3학년 음악. 서울: 비상교육.

조순이 외(2018b). 초등 5학년 음악. 서울: 비상교육.

조은숙(2002). 강강술래 놀이요의 지도단계 및 지도방법에 관한 연구. 전주교육대학교 대학원 석사학위논문.

최은아(2019). 초등학생의 회복탄력성 신장을 위한 음악과 교육 프로그램 개발 및 효과. 초등교육연구, 32(2), 51-73.

허훈영(2018). 초등학교 아카펠라 동아리 지도 방안 연구. 춘천교육대학교 교육대학원 석사 학위논문.

황지애 외(2018). 융합인재교육(STEAM) 교사연구회 결과보고서. 서울: 잠전초.

Anderson, W. M., & Lawrence, J. E. (2014). *Integrating Music into the Elementary classroom, Ninth Edition*. Boston, MA: Cengage Learning.

Campbell, P. S., & Scott-Kassner, C. (2014). *Music in Childhood: From Preschool through the Elementary Grades*. Boston, MA: Schirmer, Cengage Learning.

찾아보기

최은아(Choi Euna)

한국교원대학교 음악교육학 박사
현 전주교육대학교 음악교육과 교수

〈역서〉
미래를 향한 새로운 음악교육(공역, 학지사, 2020)

〈논문〉
예비교사의 멀티리터러시 함양을 위한 국어-음악과 통합 수업안 개발 및 효과 (2022, 음악교육공학)
Music Curriculum in International Baccalaureate Primary Years Programme (2020, 음악교육연구)

김경태(Kim Kyoungtai)

단국대학교 교육학 박사
현 국립국악고등학교 교사
　가천대학교 겸임교수

〈논문〉
국악 전문 중등교육기관의 원격 전공 수업 실태 연구(2021, 국악교육연구)
ADDIE모형을 활용한 종묘제례악 원격수업도구 개발(2020, 음악교육공학)
ARCS기반 국악창작수업자료 개발(2019, 음악교육연구)

김성지(Kim Sungji)

한국교원대학교 음악교육학 박사
현 제주 도남초등학교 교사

〈역서〉
미래를 향한 새로운 음악교육(공역, 학지사, 2020)

〈논문〉
은유적 내러티브를 활용한 초등 가창 지도방안 연구(2020, 예술교육연구)
IB PYP기반 음악중심 통합수업 방안(2022, 음악교육연구)

박은실(Park Eunsil)

서울대학교 음악교육학 박사
현 대전 홍도초등학교 교사
한국교원대학교 강사

〈역서〉
미래를 향한 새로운 음악교육(공역, 학지사, 2020)

〈논문〉
음악교육 국제학술지를 중심으로 살펴본 발달연구 동향(2021, 음악교육연구)
생각의 도구를 활용한 음악중심 창의융합 프로그램 설계방안 연구(2020, 예술교육연구)

양병훈(Yang Byounghun)

한국교원대학교 초등교육과 학사
현 나룰초등학교 교사

조은숙(Jo Eunsuk)

서울대학교 한국음악학 박사
현 서울신남초등학교 교사

〈역서〉
미래를 향한 새로운 음악교육(공역, 학지사, 2020)

〈논문〉
금합자보(琴合字譜)의 음악 교육적 의의(2021, 국악원논문집)
조선후기 수파형(水波形) 악보의 전승 양상과 음악 교육적 효용성(2021, 국악교육연구)

감수자 소개

임미경(Rim Mikyung)

현 전주교육대학교 명예교수

KOMCA 승인 필

plus more
더해 보고, 더 해 보는
음악 중심 통합수업
Music-Centered Integrating Class

2022년 8월 20일 1판 1쇄 인쇄
2022년 8월 25일 1판 1쇄 발행

지은이 • 최은아 · 김경태 · 김성지 · 박은실 · 양병훈 · 조은숙

펴낸이 • 김진환
펴낸곳 • (주) 학지사
04031 서울특별시 마포구 양화로 15길 20 마인드월드빌딩
대표전화 • 02)330-5114 팩스 • 02)324-2345
등록번호 • 제313-2006-000265호

홈페이지 • http://www.hakjisa.co.kr
페이스북 • https://www.facebook.com/hakjisabook

ISBN 978-89-997-2739-9 93370

정가 20,000원

저자와의 협약으로 인지는 생략합니다.
파본은 구입처에서 교환해 드립니다.